# O CAMINHO ABERTO POR JESUS

## LUCAS

Dados Internacionais de Catalogação na Publicação (CIP)
(Câmara Brasileira do Livro, SP, Brasil)

Pagola, José Antonio
O caminho aberto por Jesus : Lucas / José Antonio Pagola ; tradução de Gentil Avelino Titton. – Petrópolis, RJ : Vozes, 2012.

Título original: El camino abierto por Jesús : Lucas

6ª reimpressão, 2025.

ISBN 978-85-326-4425-1

1. Bíblia. N.T. Lucas – Comentários I. Título.

12.09345                                                                                    CDD-226.407

Índices para catálogo sistemático:
1. Evangelho de Lucas : Comentários   226.407
2. Lucas : Evangelho : Comentários   226.407

# O CAMINHO ABERTO POR JESUS

JOSÉ ANTONIO PAGOLA

## LUCAS

Tradução de Gentil Avelino Titton

EDITORA VOZES

Petrópolis

© José Antonio Pagola / PPC Editorial y Distribuidora, 2012.

Tradução do original em espanhol intitulado
*El camino abierto por Jesús – Lucas*

Edição brasileira publicada sob licença de PPC Editorial y Distribuidora.

Direitos de publicação em língua portuguesa – Brasil:
2012, Editora Vozes Ltda.
Rua Frei Luís, 100
25689-900 Petrópolis, RJ
www.vozes.com.br
Brasil

Todos os direitos reservados. Nenhuma parte desta obra poderá ser reproduzida ou transmitida por qualquer forma e/ou quaisquer meios (eletrônico ou mecânico, incluindo fotocópia e gravação) ou arquivada em qualquer sistema ou banco de dados sem permissão escrita da editora.

**CONSELHO EDITORIAL**

**Diretor**
Volney J. Berkenbrock

**Editores**
Aline dos Santos Carneiro
Edrian Josué Pasini
Marilac Loraine Oleniki
Welder Lancieri Marchini

**Conselheiros**
Elói Dionísio Piva
Francisco Morás
Teobaldo Heidemann
Thiago Alexandre Hayakawa

**Secretário executivo**
Leonardo A.R.T. dos Santos

**PRODUÇÃO EDITORIAL**
Anna Catharina Miranda
Eric Parrot
Jailson Scota
Marcelo Telles
Mirela de Oliveira
Natália França
Priscilla A.F. Alves
Rafael de Oliveira
Samuel Rezende
Verônica M. Guedes

*Editoração*: Maria da Conceição B. de Sousa
*Diagramação*: Alex M. da Silva
*Capa*: Ignacio Molano / Estudio SM
*Arte-finalização*: Editora Vozes
*Ilustração*: Arturo Asensio

ISBN 978-85-326-4425-1 (Brasil)
ISBN 978-84-288-2408-8 (Espanha)

Este livro foi composto e impresso pela Editora Vozes Ltda.

# Sumário

*Apresentação*, 9

*Evangelho de Lucas*, 13

1 Um anúncio prazeroso, 21

2 A alegria de crer, 29

3 Nascimento de Jesus, 37

4 Abrir caminhos para Deus, 45

5 O que podemos fazer?, 53

6 Batismo de Jesus, 61

7 As tentações de Jesus, 69

8 O programa de Jesus, 77

9 Rejeitado em seu povo, 85

10 Uma palavra diferente, 93

11 Felicidade não convencional, 101

12 Perdoar, 109

13 Frutos bons, 115

14 Fé humilde, 123

15 Não chores, 131

16 Não excluir ninguém, 139

17 Quem dizeis que eu sou?, 147

18 Escutar Jesus, 155

19 Seguir Jesus, 163

20 Enviados por Jesus, 171

21 Amor compassivo, 179

22 Só uma coisa é necessária, 187

23 Pedir, buscar e bater, 195

24 Insensatez, 203

25 Viver despertos, 211

26 Fogo, 219

27 Figueira estéril, 225

28 Porta estreita, 233

29 Gratuitamente, 241

30 Lucidez, 247

31 O Pai bom, 255

32 Deus ou o Dinheiro, 263

33 Um mendigo chamado Lázaro, 271

34 Aumenta-nos a fé, 279

35 Dar graças, 287

36 Não desanimar, 293

37 Parábola desconcertante, 301

38 Na casa de um rico, 309

39 Deus de vivos, 317

40 Para tempos difíceis, 325

41 Viver despertos, 333

42 Crucificado, 341

43 Zombar ou invocar, 349

44 Os discípulos de Emaús, 357

45 Testemunhas do Ressuscitado, 365

46  A bênção de Jesus, 373
*Índice litúrgico*, 381
*Índice temático*, 385

# Apresentação

Os cristãos das primeiras comunidades sentiam-se, antes de tudo, seguidores de Jesus. Para eles, crer em Jesus Cristo é enveredar por seu "caminho", seguindo seus passos. Um antigo escrito cristão, conhecido como carta aos Hebreus, diz que é um "caminho novo e vivo". Não é o caminho transitado no passado pelo povo de Israel, mas um caminho "inaugurado para nós por Jesus" (Hb 10,20).

Este caminho cristão é um percurso que vai sendo feito passo a passo ao longo de toda a vida. Às vezes parece simples e plano, outras duro e difícil. No caminho há momentos de segurança e prazer, e também horas de cansaço e desânimo. Seguir as pegadas de Jesus é dar passos, tomar decisões, superar obstáculos, abandonar sendas equivocadas, descobrir horizontes novos... Tudo faz parte do caminho. Os primeiros cristãos esforçam-se por percorrê-lo "com os olhos fixos em Jesus", pois sabem que só Ele é "o autor e consumador da fé" (Hb 12,2).

Infelizmente, da maneira como é vivido hoje por muitos, o cristianismo não suscita "seguidores" de Jesus, mas apenas "adeptos de uma religião". Não gera discípulos que, identificados com seu projeto, se dedicam a abrir caminhos para o reino de Deus, mas membros de uma instituição que cumprem bem ou mal suas obrigações religiosas. Muitos deles correm o risco de não conhecer nunca a experiência cristã originária e apaixonante: enveredar pelo caminho aberto por Jesus.

A renovação da Igreja está exigindo de nós hoje o seguinte: deixar de ser comunidades formadas majoritariamente por "adeptos" e passar a ser comunidades de "discípulos" e "seguidores" de Jesus. Precisamos disto para aprender a viver mais identificados com seu projeto, menos escravos de um passado nem sempre fiel ao Evangelho e mais livres de medos e servidões que podem impedir-nos de escutar seu chamado à conversão.

A Igreja parece não ter nos tempos atuais o vigor espiritual necessário para enfrentar os desafios do momento. Sem dúvida, são muitos os fatores, tanto internos como externos, que podem explicar esta mediocridade espiritual, mas provavelmente a causa principal esteja na ausência de adesão vital a Jesus Cristo. Muitos cristãos não conhecem a energia dinamizadora contida em Jesus quando é vivido e seguido por seus discípulos a partir de um contato íntimo e vital. Muitas comunidades cristãs não suspeitam da transformação que hoje mesmo se produziria nelas se a pessoa concreta de Jesus e seu Evangelho ocupassem o centro de sua vida.

Chegou o momento de reagir. Precisamos esforçar-nos para colocar o relato de Jesus no coração dos crentes e no centro das comunidades cristãs. Precisamos fixar nosso olhar em seu rosto, sintonizar com sua vida concreta, acolher o Espírito que o anima, seguir sua trajetória de entrega ao reino de Deus até à morte e deixar-nos transformar por sua ressurreição. Para tudo isso, nada nos pode ajudar mais do que adentrar-nos no relato que nos oferecem os evangelistas.

Os quatro evangelhos constituem, para os seguidores de Jesus, uma obra de importância única e irrepetível. Não são livros didáticos que expõem doutrina acadêmica sobre Jesus. Tampouco são biografias redigidas para informar detalhadamente sobre sua trajetória histórica. Estes relatos nos aproximam de Jesus tal como Ele era recordado com fé e com amor pelas primeiras gerações cristãs. Por um lado, neles encontramos o impacto causado por Jesus nos primeiros que se sentiram atraídos por Ele e o seguiram. Por outro, foram escritos para suscitar o seguimento de novos discípulos.

Por isso, os evangelhos convidam a entrar num processo de mudança, de seguimento de Jesus e de identificação com seu projeto. São relatos de conversão, e nessa mesma atitude devem ser lidos, pregados, meditados e guardados no coração de cada crente e no seio de cada comunidade cristã. A experiência de escutar juntos os evangelhos transforma-se então na força mais poderosa que uma comunidade possui para sua transformação. Nesse contato vivo com o relato de Jesus, nós crentes recebemos luz e força para reproduzir hoje seu estilo de vida e para abrir novos caminhos ao projeto do reino de Deus.

Esta publicação intitula-se *O caminho aberto por Jesus* e consta de quatro volumes, dedicados sucessivamente aos evangelhos de Mateus, Marcos, Lucas e João. Foi elaborada com a finalidade de ajudar a enveredar pelo caminho aberto por Jesus, centrando nossa fé no seguimento de sua pessoa. Em cada volume propõe-se uma aproximação ao relato de Jesus tal como é recolhido e oferecido por cada evangelista.

No comentário ao evangelho seguimos o percurso traçado pelo evangelista, detendo-nos nas passagens que a Igreja propõe às comunidades cristãs para serem proclamadas quando se reúnem para celebrar a eucaristia dominical. Em cada passagem apresenta-se o texto evangélico e cinco breves comentários com sugestões para aprofundar-se no relato de Jesus.

O leitor poderá comprovar que os comentários foram redigidos a partir de algumas chaves básicas: destacam a Boa Notícia de Deus, anunciada por Jesus, fonte inesgotável de vida e de compaixão para com todos; sugerem caminhos para segui-lo, reproduzindo hoje seu estilo de vida e suas atitudes; oferecem sugestões para impulsionar a renovação das comunidades cristãs acolhendo seu Espírito; recordam seus apelos concretos a comprometer-nos no projeto do reino de Deus no seio da sociedade atual; convidam a viver estes tempos de crise e de incertezas arraigados na esperança no Cristo ressuscitado[1].

Ao escrever estas páginas pensei sobretudo nas comunidades cristãs, tão necessitadas de alento e de novo vigor espiritual; tive bem presentes

---

1. Pode-se conferir minha obra *Jesus – Uma aproximação histórica*. Petrópolis: Vozes, 2010.

tantos crentes simples nos quais Jesus pode acender uma nova fé. Mas quis também oferecer o Evangelho de Jesus aos que vivem sem caminhos para Deus, perdidos no labirinto de uma vida sem rumo ou instalados num nível de existência em que é difícil abrir-se ao mistério último da vida. Sei que Jesus pode ser para eles a melhor notícia.

Este livro nasce de minha vontade de recuperar a Boa Notícia de Jesus para os homens e as mulheres de nosso tempo. Não recebi a vocação de evangelizador para condenar, mas para libertar. Não me sinto chamado por Jesus para julgar o mundo, mas para despertar esperança. Ele não me envia para apagar a mecha que vai se extinguindo, mas para acender a fé que está querendo brotar.

# Evangelho de Lucas

O evangelho de Lucas é sem dúvida o mais atraente. É a primeira coisa que devemos ler para descobrir prazerosamente Jesus, o Salvador enviado por Deus "para buscar e salvar o que estava perdido". Ao mesmo tempo, é o mais acessível para captar a mensagem de Jesus como Boa Notícia de um Deus compassivo, defensor dos pobres, curador dos doentes e amigo de pecadores.

Não sabemos com certeza o nome do autor. Tradicionalmente é atribuído a um médico cristão, companheiro de Paulo, chamado Lucas. Foi escrito fora da Palestina, provavelmente em Roma, entre os anos 80 e 90. O autor dirige-se a leitores de cultura grega. Seu escrito não parece destinado a uma comunidade claramente identificável. O livro está dedicado a um cristão chamado Teófilo, para que o difunda entre cristãos provenientes do paganismo.

Lucas é o primeiro escritor cristão a narrar uma espécie de "história da salvação" seguindo certa ordem. Lucas compõe sua obra em duas partes. A primeira é constituída pelo *Evangelho* e está centrada em Jesus; depois da infância de Jesus narra-se sua trajetória desde a Galileia até Jerusalém, onde culmina com sua crucificação, sua ressurreição e a cena da ascensão. A segunda parte chama-se *Atos dos apóstolos* e está centrada na primeira Igreja. Neste escrito observa-se uma direção inversa ao evangelho: começa em Jerusalém com a ascensão e depois narram-se os primeiros passos dos discípulos de Jesus, que serão suas testemunhas "em Jerusalém, em toda a Judeia, na Samaria e até os confins da terra".

• O evangelho de Lucas é o "evangelho da alegria". Ao longo de suas páginas somos convidados a acolher Jesus com prazer. Não devemos sair ao seu encontro com medo, preocupação ou receio, mas com alegria e confiança. Quem por primeiro escuta este convite é Maria: "Alegra-te, cheia de graça, o Senhor está contigo" (1,28). Já antes de nascer, Lucas apresenta Jesus difundindo alegria messiânica desde o seio de sua mãe (1,44). Seu nascimento em Belém é motivo de grande alegria. Assim o anuncia o enviado de Deus: "Não temais, trago-vos a boa notícia, a grande alegria para todo o povo: hoje, na cidade de Davi, vos nasceu um Salvador, que é o Messias, o Senhor" (2,11).

Mais tarde, Lucas apresenta Jesus irradiando alegria onde se faz presente. As curas que realiza nas aldeias da Galileia despertam a alegria e o louvor a Deus: quando Jesus chega, as pessoas sentem que "Deus está visitando seu povo" (7,16). Em suas parábolas, Jesus lhes fala da alegria que Deus experimenta quando um pecador se converte (15,7.10.32). Ao entrar em Jerusalém, "toda a multidão dos discípulos, cheios de alegria, se pôs a louvar a Deus em altas vozes" (19,37). Quando Jesus sobe ao céu, seus discípulos retornam a Jerusalém "com grande alegria" e "estavam sempre no templo louvando a Deus" (24,53). Este evangelho de Lucas nos ajudará a descobrir Jesus como algo novo e bom, que pode encher nossa vida de prazer e agradecimento a Deus.

• Na origem desta alegria está a grande notícia da salvação que Deus nos oferece em Jesus. Por isso, Lucas o apresenta como *Salvador*. Assim anuncia o anjo do Senhor seu nascimento: "Nasceu-vos hoje, na cidade de Davi, um Salvador, que é o Messias, o Senhor" (2,11). Ao tomar Jesus em seus braços, Simeão canta: "Agora, Senhor, de acordo com tua palavra, podes deixar teu servo ir em paz, porque meus olhos viram tua salvação" (2,30). Em Jesus podemos ver, tocar, sentir e apalpar a salvação de Deus. Por isso, Lucas o apresenta "salvando" do pecado (7,50), do maligno (8,36), da morte (8,50). De acordo com Lucas, Jesus "veio procurar e salvar o que estava perdido" (19,10).

Lucas insiste em que Jesus é o "hoje da salvação". Em Cristo, Deus nos está oferecendo sua salvação hoje, agora mesmo, sempre: "Nasceu-vos hoje, na cidade de Davi, um Salvador" (2,11). Em casa de Zaqueu Jesus diz: "Hoje chegou a salvação a esta casa" (19,9). Na cruz promete ao bom ladrão: "Hoje estarás comigo no paraíso" (23,43). O evangelho de Lucas nos convida a acolher Jesus, o Cristo, que vem às nossas vidas para salvar o que estamos deitando a perder, para ressuscitar o que está morrendo em nós; para sanar o que está enfermo; para libertar-nos do pecado que nos escraviza. Este relato vai ensinar-nos a viver o seguimento de Jesus como uma experiência de salvação.

• Esta salvação que Lucas anuncia é fruto da *misericórdia de Deus*. Em Jesus se nos revela a bondade, o perdão e a graça de Deus. Já no canto de Zacarias nos é anunciado que "pelas entranhas da misericórdia de nosso Deus nos visitará a luz que nasce do alto, para iluminar os que se encontram nas trevas e nas sombras da morte e guiar nossos passos pelo caminho da paz" (1,78-79). Toda a atuação salvadora de Jesus revela a misericórdia de Deus e se manifesta de formas diversas.

Em primeiro lugar, no *perdão* que Ele oferece aos pecadores. Jesus é como o "pai" da parábola, que acolhe os filhos perdidos e celebra com eles refeições festivas; como o "pastor" que procura as ovelhas perdidas e, ao encontrá-las, faz festa com seus amigos; como a "pobre mulher" que procura sua moedinha perdida e a encontra e celebra o fato com suas vizinhas (15,1-32). Em Lucas encontramos duas cenas inesquecíveis, nas quais Jesus oferece o perdão de Deus a uma prostituta (7,36-50) e a Zaqueu, o publicano (19,1-10). Veremos Jesus morrer pedindo a Deus perdão para os que o estão crucificando: "Pai, perdoa-lhes, porque não sabem o que fazem" (23,34).

A misericórdia de Deus se revela também nas *curas* de Jesus, que Lucas apresenta mais como gestos de misericórdia do que como manifestações de seu poder (17,11-19). Jesus é como o bom samaritano que, ao ver em seu caminho alguém caído, "se comove", se aproxima e, movido de compaixão, cura-lhe as feridas (10,33-37). O evangelho de Lucas nos convida a acolher a cura e o perdão como um dom da bondade de Deus encarnada em Jesus. Em suas páginas ouviremos o apelo a confiar em Jesus sempre que nos virmos perdidos ou nos sentirmos pecadores.

• De acordo com o evangelho de Lucas, a salvação de Deus nos chega pela força do Espírito. Jesus é o "portador do Espírito de Deus". Nele se torna presente no mundo o Espírito Santo, doador de vida. O Batista está "cheio do Espírito Santo já desde o seio de sua mãe" (1,15). Mas Jesus é inclusive concebido da Virgem Maria por esse Espírito Santo. Assim anuncia-se a Maria: "O Espírito Santo virá sobre ti e o poder do Altíssimo te cobrirá com sua sombra. Por isso, aquele que há de nascer será santo e será chamado Filho de Deus" (1,35). O Salvador do mundo não aparece na história humana como fruto do amor de dois esposos que se amam mutuamente, mas como fruto do amor que Deus tem por nós. Este Espírito é aquele que "desce sobre Ele" enquanto está em oração depois do batismo (3,22).

Este Espírito "o conduz ao deserto" (4,1) e o guia "com sua força" pelos caminhos da Galileia (4,14). Ungido por esse mesmo Espírito, Jesus vive anunciando aos pobres, aos oprimidos e desgraçados a Boa Notícia de sua libertação (4,17-20). "Cheio de alegria pelo Espírito Santo" (10,21), dá graças a Deus, que se revela aos "pequenos". "Ungido por Deus com o Espírito Santo e com poder, passou fazendo o bem e curando todos os oprimidos pelo diabo, porque Deus estava com Ele" (Atos dos Apóstolos 10,38). Jesus promete a seus discípulos o Espírito Santo, que lhes "ensinará" o que convém dizer (12,12) e os ajudará a cumprir sua missão (24,49). O evangelho de Lucas nos convida a ser dóceis a esse Espírito de Jesus, o Cristo ressuscitado. A comunidade cristã se constrói a partir do Espírito de Jesus. O evangelho é anunciado difundindo seu Espírito. Abrem-se caminhos para o reino de Deus introduzindo no mundo seu Espírito. É preciso não esquecer isso.

• Lucas é o "evangelho dos pobres". Seu relato de Jesus vem preparado por dois textos programáticos de grande importância. Em primeiro lugar, o canto de Maria proclama um Deus revolucionário, o Deus do Reino que Jesus anuncia: um Deus "que derruba de seus tronos os poderosos e exalta os humildes: enche de bens os pobres e despede os ricos sem nada" (1,52-53). Em segundo lugar, o programa traçado por um texto de Isaías, que Jesus aplica a si mesmo na sinagoga de Nazaré: "O Espírito do Senhor está sobre mim, porque me ungiu e me enviou para anunciar aos pobres a Boa Notícia" (4,18).

Por isso Jesus é o *Profeta pobre* que "não tem onde reclinar a cabeça" (9,59). O profeta indignado que adverte os ricos: "Não podeis servir a Deus e ao Dinheiro" (16,13). Aquele que critica duramente a falta de compaixão e a insensatez dos ricos em duas parábolas inesquecíveis: a do pobre Lázaro e o rico sem entranhas (16,19-31) e a do rico insensato (12,16-21). O evangelho de Lucas nos revelará que "aquele que não renunciar a seus bens não pode ser discípulo de Jesus" (14,33). A cena de Zaqueu repartindo seus bens nos mostrará que devemos seguir Jesus compartilhando (19,8). Percorrendo o evangelho de Lucas, aprenderemos a viver de maneira sadia na sociedade do consumo, sem viver como escravos do dinheiro, sem cair na obsessão do bem-estar, aprendendo a conviver de maneira mais solidária, compartilhando o nosso com os mais necessitados.

• Lucas é o "evangelho da oração". Apresenta-nos Jesus como alguém que vive tudo a partir do interior, invocando o Pai, abrindo-se ao Espírito, dando graças e louvando a Deus. Nos momentos mais importantes e decisivos, Jesus aparece em oração, comunicando-se com o Pai: no batismo no Jordão (3,21); ao escolher os Doze (6,12); antes de perguntar a seus discípulos: "Quem dizeis que eu sou?" (9,18); antes de ensinar-lhes a oração do Pai-nosso (11,1); no episódio da transfiguração (9,28-29). Jesus bendiz a Deus porque se revela aos pequenos (10,21-22); intercede por Pedro para que sua fé não desfaleça (22,31-32); ora no Getsêmani para acolher a vontade do Pai (22,39-45); ora na cruz pedindo ao Pai o perdão para seus verdugos (23,34); morre abandonando-se confiantemente ao Pai (23,46). Toda a sua vida é sustentada na oração e se alimenta dela.

Por outro lado, Jesus exorta a orar sempre, sem desfalecer. No evangelho de Lucas encontramos catequeses inesquecíveis sobre a oração: parábola do amigo importuno (11,5-13); parábola do juiz e a viúva (18,1-8); parábola do fariseu e o publicano (18,9-14). Seus discípulos deverão viver vigiando e orando "a fim de ter força e para escapar de tudo o que está por vir" (21,34-36). Não devemos esquecer também o caráter litúrgico e festivo de seu "evangelho da infância", impregnado de cantos de louvor e bênção (Glória, *Magnificat, Benedictus, Nunc dimittis*). Lendo Lucas, aprenderemos a cuidar mais da oração, da vida interior, da comunicação sincera com Deus.

• Lucas proclama a salvação e a misericórdia de Deus, mas não oculta as *exigências* contidas na acolhida da salvação e no seguimento de Jesus. Por isso encontramos neste evangelho um forte contraste: à Boa Notícia de Deus podemos responder de maneira positiva ou negativa. Jesus é "sinal de contradição" que "está posto para ser ocasião de queda e elevação de muitos em Israel" (2,34). Por isso apresenta as quatro bem-aventuranças (6,20-23) e as quatro maldições (6,24-26); a atuação tão antagônica do fariseu Simão e da mulher pecadora (7,36-50); a reação tão diferente do bom ladrão e do mau (23,39-43); o contraste entre a oração do fariseu e a do publicano (18,9-14); o contraste entre o pobre Lázaro e o rico sem entranhas (16,19-31).

Por outro lado, Lucas insiste como nenhum outro evangelista na radicalidade do seguimento de Jesus. Precisamos seguir Jesus "sem olhar para trás (9,62); precisamos renunciar a nós mesmos e tomar a cruz "cada dia" (9,23); precisamos seguir Jesus "deixando tudo" (5,11), "renunciando a todos os bens" (14,33). No evangelho da bondade de Deus não encontraremos um tranquilizante que nos dispense do esforço da conversão. Pelo contrário, crer no amor de Deus revelado em Jesus é a coisa mais exigente e radical.

• O evangelho de Lucas presta uma *atenção especial à mulher*. Em seu relato aparecem personagens femininos de uma força extraordinária: Maria mãe de Jesus, Isabel, Ana, a viúva de Naim, a pecadora na casa de Simão, suas amigas Marta e Maria, Maria de Mágdala, a mulher anônima que tece elogios à sua mãe... Lucas tem um interesse especial em apresentar Jesus curando mulheres enfermas (a sogra de Simão, a mulher que sofria de hemorragia, a anciã encurvada, Maria de Mágdala, da qual liberta "sete demônios" (8,2). Também sublinha sua compaixão e sua ternura com a mulher pecadora (7,36-50), com a viúva de Naim (7,11-17), com as que saem chorando ao seu encontro no caminho para a cruz (23,27-31).

As mulheres são "seguidoras" de Jesus e acompanham os Doze: Maria Madalena; Joana, mulher de Cuza; Susana e "muitas outras que o serviam com seus bens" (8,1-3). Quando os varões abandonam Jesus, elas permanecem fiéis até o fim junto à cruz (23,49). São elas as primeiras a anunciar a ressurreição de Jesus, embora os discípulos não acreditem nelas (24,22). O evangelho de Lucas nos ajudará a olhar a mulher como Jesus a olhava, para defender sua dignidade e para fazer com que elas ocupem em sua comunidade o lugar que lhes corresponde.

• O protagonista do evangelho de Lucas não é só um personagem histórico. É o *Senhor* ressuscitado, que continua vivo na comunidade de seus seguidores. Ele é apresentado assim desde o começo: "Nasceu-vos [...] um Salvador, que é o Messias, o Senhor" (2,11). Sobretudo a partir do episódio de Naim (7,13), Lucas o designa constantemente dessa maneira: o Senhor.

Desta maneira, Lucas nos recorda que estamos lendo a Boa Notícia de alguém que continua vivo, porque foi ressuscitado por Deus. Suas *palavras* não são o testamento de um mestre falecido; são palavras vivas de alguém que continua a nos falar agora com palavras de vida eterna. Os *fatos* que nos são narrados não são a biografia de alguém que já morreu; são os gestos salvadores de alguém que está curando e salvando nossas vidas. Devemos ler o evangelho de Lucas não como algo de ontem, mas como algo de hoje e para nós.

• A partir desta perspectiva, adquire uma importância especial o episódio do encontro de Jesus com os *discípulos de Emaús* (24,13-35). Estes discípulos, que caminham tristes e desanimados, refletem muito bem nossa situação de hoje. Aparentemente têm tudo o que os poderia levar a uma fé prazerosa: conhecem as Escrituras de Israel, ouviram o Evangelho, conheceram a cruz, ouviram a mensagem pascal anunciada pelas mulheres... Tudo é inútil. Falta-lhes a experiência pessoal: o encontro com Cristo vivo. Lucas aponta um duplo caminho para despertar nossa fé no Ressuscitado:

- *A escuta da palavra de Jesus.* Enquanto caminham em direção a Emaús, os discípulos recordam Jesus e conversam sobre ele. É precisamente nesse momento que o Senhor se faz presente em seu caminho. Onde dois ou três discípulos falam de Jesus, Ele se faz presente, embora sua presença não seja reconhecida: mais tarde dirão que "seu coração ardia" (24,32). De acordo com Lucas, é uma presença de alguém que acompanha no caminho; uma presença que não é fácil captar (seus olhos estavam impedidos de ver); uma presença crítica (Jesus os corrige); uma presença que ilumina suas vidas (ensinava-os); uma presença que desperta neles a esperança. Lucas quer que, ao ler seu relato, os discípulos desanimados sintam "arder seu coração".

- *A ceia do Senhor.* Além disso, é necessária a ceia para descobrir o Senhor, não só como alguém que ilumina nossa vida com sua Palavra, mas como alguém que nos alimenta com seu Pão. Ao chegar a Emaús, os caminhantes param para descansar, compartilham com Jesus a ceia e, ao receber de suas mãos o pão, descobrem o Senhor. Basta reconhecê-lo, mesmo que apenas por uns instantes. Com o coração inflamado, correm para Jerusalém para "contar o que lhes havia acontecido pelo caminho" (24,35). Lucas quer que seus leitores se encontrem com o Senhor ressuscitado e anunciem a outros sua experiência.

# 1

## UM ANÚNCIO PRAZEROSO

*No sexto mês, o anjo Gabriel foi enviado por Deus a uma cidade da Galileia, chamada Nazaré, a uma virgem desposada com um homem chamado José, da estirpe de Davi; e a virgem chamava-se Maria.*

*Entrando onde ela se encontrava, o anjo disse:*

*– Alegra-te, cheia de graça, o Senhor está contigo; bendita és tu entre todas as mulheres.*

*Ela se perturbou ao ouvir estas palavras e perguntava-se a si mesma que saudação era aquela.*

*O anjo disse-lhe:*

*– Não temas, Maria, porque encontraste graça diante de Deus. Conceberás em teu ventre e darás à luz um filho, e lhe porás o nome de Jesus. Ele será grande, chamar-se-á Filho do Altíssimo, o Senhor Deus lhe dará o trono de Davi, seu pai; Ele reinará sobre a casa de Jacó para sempre e seu reino não terá fim.*

*E Maria disse ao anjo:*

*– Como será isto, pois não conheço varão?*

*O anjo respondeu-lhe:*

*– O Espírito Santo virá sobre ti e a força do Altíssimo te cobrirá com sua sombra; por isso, o santo que vai nascer será chamado Filho de Deus. Eis que tua parenta Isabel, apesar de sua velhice, concebeu um filho, e já está no sexto mês aquela que chamavam de estéril, porque para Deus nada é impossível.*

*Maria respondeu:*

*– Aqui está a escrava do Senhor; faça-se em mim segundo a tua palavra (Lc 1,26-38).*

## ANÚNCIO SURPREENDENTE

Lucas narra o anúncio do nascimento de Jesus em estreito paralelismo com o do Batista. O contraste entre as duas cenas é tão surpreendente que nos permite entrever sob uma nova luz o mistério do Filho de Deus encarnado em Jesus.

O anúncio do nascimento do Batista acontece em "Jerusalém", a grandiosa cidade de Israel, centro político e religioso do povo judeu. O nascimento de Jesus é anunciado num povoado desconhecido das montanhas da Galileia: uma aldeia sem importância nenhuma, chamada "Nazaré", donde ninguém espera que possa vir algo de bom. Anos mais tarde, os povoados humildes da Galileia acolherão a mensagem de Jesus anunciando a bondade de Deus. Jerusalém, pelo contrário, a rejeitará. Serão sempre os pequenos e insignificantes os que melhor entendem e acolhem a Boa Notícia de Deus.

O anúncio do nascimento do Batista ocorre no espaço sagrado do "templo". O de Jesus numa casa pobre de uma "aldeia". Jesus se fará presente onde as pessoas vivem, trabalham, se alegram e sofrem. Vive entre elas aliviando o sofrimento e oferecendo o perdão do Pai. Deus se fez carne, não para permanecer no templo, mas para "fazer sua morada entre os humanos" e compartilhar nossa vida.

O anúncio do nascimento do Batista ouve-o um "varão" venerável, o sacerdote Zacarias, durante uma solene celebração ritual. O de Jesus é feito a Maria, uma "jovem" de uns doze anos. Não se indica onde ela está, nem o que está fazendo: a quem pode interessar o trabalho de uma mulher? No entanto, Jesus, o Filho de Deus encarnado, olhará para as mulheres de maneira diferente, defenderá sua dignidade e as acolherá entre seus discípulos.

Por último, do Batista se diz que nascerá de Zacarias e Isabel, um casal estéril abençoado por Deus. De Jesus se anuncia algo absolutamente novo. O Messias nascerá de Maria, uma jovem virgem. O Espírito de Deus estará na origem de sua aparição no mundo. Por isso "será chamado Filho de Deus". O Salvador do mundo não nasce como fruto do amor de dois esposos que se amam mutuamente. Nasce como fruto do Amor de Deus a toda a humanidade. Jesus não é um presente que Maria e José nos dão. É um presente que Deus nos dá.

## ALEGRA-TE

O relato da anunciação a Maria é um convite a despertar em nós algumas atitudes básicas que devemos cultivar para viver nossa fé de maneira prazerosa e confiante. Basta percorrermos a mensagem que é posta na boca do anjo.

"Alegra-te". É a primeira coisa que Maria ouve de Deus, e a primeira coisa que devemos ouvir também nós. "Alegra-te": essa é a primeira palavra de Deus a toda criatura. Nestes tempos, que a nós nos parecem de incerteza e escuridão, cheios de problemas e dificuldades, a primeira coisa que se nos pede é não perder a alegria. Sem alegria, a vida se torna mais difícil e dura.

"O Senhor está contigo". A alegria a que somos convidados não é um otimismo forçado nem um autoengano fácil. É a alegria interior que nasce em quem enfrenta a vida com a convicção de que não está só. Uma alegria que nasce da fé. Deus nos acompanha, nos defende e busca sempre nosso bem. Podemos queixar-nos de muitas coisas, mas nunca poderemos dizer que estamos sós, porque não é verdade. Dentro de cada um, no mais profundo de nosso ser, está Deus, nosso Salvador.

"Não temas". São muitos os medos que podem despertar em nós. Medo do futuro, da doença, da morte. Coisas que nos causam medo: sofrer, sentir-nos sós, não ser amados. Podemos sentir medo de nossas contradições e incoerências. O medo é mau, causa dano. O medo sufoca a vida, paralisa as forcas, nos impede de caminhar. Precisamos de confiança, segurança e luz.

"Encontraste graça diante de Deus". Não só Maria, mas também nós precisamos ouvir estas palavras, pois todos nós vivemos e morremos sustentados pela graça e pelo amor de Deus. A vida prossegue, com suas dificuldades e preocupações. A fé em Deus não é uma receita para resolver os problemas diários. Mas tudo é diferente quando vivemos procurando em Deus luz e força para enfrentá-los.

Nestes tempos, nem sempre fáceis, não precisamos despertar em nós a confiança em Deus e a alegria de saber-nos acolhidos por Ele? Por que não nos libertamos um pouco de medos e angústias, enfrentando a vida a partir da fé num Deus próximo?

## ACOLHER JESUS COM ALEGRIA

O evangelista Lucas temia que seus leitores lessem seu escrito de qualquer jeito. O que ele queria anunciar-lhes não era uma notícia a mais, como tantas outras que corriam pelo império. Eles deviam preparar seu coração: despertar a alegria, desterrar medos e crer que Deus está perto, disposto a transformar nossa vida.

Com uma arte difícil de igualar, Lucas recriou uma cena evocando a mensagem que Maria ouviu no íntimo de seu coração para acolher o nascimento de seu Filho Jesus. Todos nós podemos unir-nos a ela para acolher o Salvador. Como preparar-nos para receber com alegria o Deus encarnado na humanidade entranhável de Jesus?

"Alegra-te". É a primeira palavra que escuta aquele que se prepara para viver uma experiência boa. Hoje não sabemos esperar. Somos como crianças impacientes, que querem tudo imediatamente. Não sabemos estar atentos para conhecer nossos desejos mais profundos. Simplesmente nos esquecemos de esperar Deus, e já não sabemos como encontrar a alegria.

Estamos perdendo o melhor da vida. Contentamo-nos com a satisfação, o prazer e a diversão que o bem-estar nos proporciona. Sabemos que é um erro, mas não nos atrevemos a crer que Deus, acolhido com fé simples, pode revelar-nos novos caminhos para a alegria.

"Não tenhas medo". A alegria é impossível quando vivemos cheios de medos, que nos ameaçam a partir de dentro e de fora. Como pensar, sentir e agir de maneira positiva e cheia de esperança? Como esquecer nossa impotência e covardia para enfrentar o mal?

Esquecemos que cuidar de nossa vida interior é mais importante do que tudo o que nos vem de fora. Se vivemos vazios por dentro, somos vulneráveis a tudo. Vai-se diluindo nossa confiança em Deus e não sabemos como defender-nos do que nos prejudica.

"O Senhor está contigo." Deus é uma força criadora que é boa e nos quer bem. Não vivemos sozinhos, perdidos no cosmos. A humanidade não está abandonada. Donde tirar verdadeira esperança, a não ser do Mistério último da vida? Tudo muda quando o ser humano se sente acompanhado por Deus.

## A ALEGRIA É POSSÍVEL

A primeira palavra da parte de Deus a seus filhos, quando o Salvador se aproxima do mundo, é um convite à alegria. É o que Maria ouve: "Alegra-te".

Jürgen Moltmann, o grande teólogo da esperança, expressou isto da seguinte maneira: "A palavra última e primeira da grande libertação que vem de Deus não é ódio, mas alegria; não é condenação, mas absolvição. Cristo nasce da alegria de Deus, e morre e ressuscita para trazer sua alegria a este mundo contraditório e absurdo".

No entanto, a alegria não é fácil. Não se pode forçar ninguém a ficar alegre; não se pode impor a alegria a partir de fora. A verdadeira alegria deve nascer no mais profundo de nós mesmos. Do contrário, será riso exterior, gargalhada vazia, euforia passageira, mas a alegria ficará fora, à porta do nosso coração.

A alegria é um presente belo, mas também vulnerável. Um dom de que devemos cuidar com humildade e generosidade no fundo da alma. O romancista alemão Hermann Hesse diz que os rostos atormentados, nervosos e tristes de tantos homens e mulheres se devem ao fato de que "a felicidade só pode senti-la a alma, e não a razão, nem o ventre, nem a cabeça, nem o bolso".

Mas existe algo mais. Como se pode ser feliz quando há tantos sofrimentos sobre a terra? Como se pode rir quando ainda não secaram todas as lágrimas e diariamente brotam outras novas? Como ter prazer quando dois terços da humanidade se encontram mergulhados na fome, na miséria ou na guerra?

A alegria de Maria é o prazer de uma mulher crente que se alegra em Deus salvador, aquele que levanta os humilhados e dispersa os soberbos, aquele que enche de bens os famintos e despede os ricos de mãos vazias. A alegria verdadeira só é possível no coração daquele que deseja e busca justiça, liberdade e fraternidade para todos. Maria se alegra em Deus porque ele vem consumar a esperança dos abandonados.

Só se pode ser alegre em comunhão com os que sofrem e em solidariedade com os que choram. Só tem direito à alegria quem luta por torná-la possível entre os humilhados. Só pode ser feliz quem se esforça por tornar felizes os outros. Só pode celebrar o Natal quem busca sinceramente o nascimento de um homem novo entre nós.

## MARIA, MODELO DA IGREJA

No começo de seu evangelho, Lucas nos apresenta Maria acolhendo com alegria o Filho de Deus em seu seio. Como enfatizou o Concílio Vaticano II, Maria é modelo para a Igreja. Dela podemos aprender a ser mais fiéis a Jesus e ao seu Evangelho. Quais podem ser as características de uma Igreja mais mariana em nossos dias?

Uma Igreja que fomenta a "ternura maternal" para com todos os seus filhos e filhas, promovendo o calor humano em suas relações. Uma Igreja de braços abertos, que não rejeita nem condena, mas acolhe e encontra um lugar adequado para cada um.

Uma Igreja que, como Maria, proclama com alegria a grandeza de Deus e sua misericórdia também para com as gerações atuais e futuras. Uma Igreja que se transforma em sinal de esperança por sua capacidade de transmitir vida.

Uma Igreja que sabe dizer "sim" a Deus sem saber muito bem para onde a levará sua obediência. Uma Igreja que não tem respostas para tudo, mas que busca com confiança a verdade e o amor, aberta ao diálogo com os que não se fecham ao bem.

Uma Igreja humilde como Maria, sempre à escuta de seu Senhor. Uma Igreja mais preocupada em comunicar o Evangelho de Jesus do que em ter tudo bem definido.

Uma Igreja do *Magnificat*, que não se compraz nos soberbos, nos poderosos e nos ricos deste mundo, mas que procura pão e dignidade para os pobres e famintos da Terra, sabendo que Deus está do seu lado.

Uma Igreja atenta ao sofrimento de todo ser humano, que sabe, como Maria, esquecer-se de si mesma e "andar depressa" para estar perto de quem precisa de ajuda. Uma Igreja preocupada com a felicidade dos que "não têm vinho" para celebrar a vida. Uma Igreja que anuncia a hora da mulher e promove com prazer sua dignidade, responsabilidade e criatividade feminina.

Uma Igreja contemplativa que sabe "guardar e meditar em seu coração" o mistério de Deus encarnado em Jesus, para transmiti-lo como experiência viva. Uma Igreja que crê, ora, sofre e espera a salvação de Deus anunciando com humildade a vitória final do amor.

# 2
# A ALEGRIA DE CRER

*Naqueles dias, Maria se pôs a caminho e dirigiu-se apressadamente à montanha, a um povoado de Judá. Entrou em casa de Zacarias e saudou Isabel.*

*Quando Isabel ouviu a saudação de Maria, a criança saltou em seu ventre. Isabel ficou cheia do Espírito Santo e disse em alta voz:*

*– Bendita és tu entre as mulheres e bendito é o fruto de teu ventre! Quem sou eu para que me visite a mãe de meu Senhor? Quando tua saudação chegou aos meus ouvidos, a criança saltou de alegria em meu ventre. Feliz és tu que creste, porque se cumprirá o que o Senhor te disse (Lc 1,39-45).*

## MÃES CRENTES

A cena é comovente. Lucas a compôs para criar a atmosfera de alegria, prazer profundo e louvor que deve acompanhar o nascimento de Jesus. A vida muda quando é vivida a partir da fé. Acontecimentos como a gravidez e o nascimento de um filho adquirem sentido novo e profundo.

Tudo acontece numa aldeia desconhecida, na montanha de Judá. Duas mulheres grávidas conversam sobre o que estão vivendo no íntimo de seu coração. Não estão presentes os varões. Nem sequer José, que poderia ter acompanhado sua esposa. Quem melhor capta o que está acontecendo são estas duas mulheres, cheias de fé e de Espírito.

Maria "saúda" Isabel. Deseja-lhe tudo o que há de melhor agora que está esperando um filho. Sua saudação enche de paz e alegria toda a casa.

Até a criança que Isabel traz no ventre "salta de alegria". Maria é portadora de salvação, porque leva consigo Jesus.

Existem muitas maneiras de "saudar" as pessoas. Maria traz paz, alegria e bênção de Deus. Lucas recordará mais tarde que é precisamente isso que seu Filho Jesus pedirá aos seus seguidores: "Em qualquer casa em que entrardes, dizei primeiro: 'Paz a esta casa'".

Transbordante de alegria, Isabel exclama: "Bendita és tu entre as mulheres e bendito o fruto de teu ventre". Deus está sempre na origem da vida. As mães, portadoras de vida, são mulheres "benditas" pelo Criador: o fruto de seus ventres é bendito. Maria é a "bendita" por excelência: com ela nos chega Jesus, a bênção de Deus para o mundo.

Isabel termina exclamando: "Feliz és tu, que creste". Maria é feliz porque acreditou. Aqui radica sua grandeza, e Isabel sabe valorizá-la. Estas duas mães nos convidam a viver e celebrar a partir da fé o mistério de Deus encarnado em Jesus.

Feliz o povo no qual há mães crentes, portadoras de vida, capazes de irradiar paz e alegria. Feliz a Igreja na qual há mulheres "benditas" por Deus, mulheres felizes que creem e transmitem fé a seus filhos e filhas.

## TRAÇOS CARACTERÍSTICOS DE MARIA

A visita de Maria a Isabel permite ao evangelista Lucas pôr em contato o Batista e Jesus, antes mesmo de nascer. A cena está carregada de uma atmosfera muito especial. As duas mulheres vão ser mães. As duas foram chamadas a colaborar no plano de Deus. Não há varões. Zacarias ficou mudo. José está surpreendentemente ausente. As duas mulheres ocupam toda a cena.

Maria, que veio apressadamente de Nazaré, transforma-se na figura central. Tudo gira em torno dela e de seu Filho. Sua imagem brilha com certos traços mais genuínos do que muitos outros que lhe foram acrescentados ao longo dos séculos, a partir de invocações e títulos alheios aos evangelhos.

*Maria, "a mãe de meu Senhor"*. Assim o proclama Isabel em alta voz e cheia do Espírito Santo. Isto é certo: para os seguidores de Jesus, Maria é, antes de tudo, a Mãe de nosso Senhor. Daí parte sua grandeza. Os primeiros cristãos nunca separam Maria de Jesus. Eles são inseparáveis. "Bendita por Deus entre todas as mulheres", ela nos oferece Jesus, "fruto bendito de seu ventre".

*Maria, a crente*. Isabel proclama Maria feliz porque ela "acreditou". Maria é grande não simplesmente por sua maternidade biológica, mas por ter acolhido com fé o chamado de Deus para ser Mãe do Salvador. Ela soube ouvir a Deus; guardou sua Palavra dentro de seu coração; meditou-a; a pôs em prática cumprindo fielmente sua vocação. Maria é mãe crente.

*Maria, a evangelizadora*. Maria oferece a todos a salvação de Deus, que ela acolheu em seu próprio Filho. Essa é sua grande missão e seu serviço. De acordo com o relato, Maria evangeliza não só com seus gestos e palavras, mas porque traz consigo, para onde vai, a pessoa de Jesus e seu Espírito. Isto é o essencial do ato evangelizador.

*Maria, portadora de alegria*. A saudação de Maria comunica a alegria que brota de seu Filho Jesus. Ela foi a primeira a ouvir o convite de Deus: "Alegra-te..., o Senhor está contigo". Agora, a partir de uma atitude de serviço e de ajuda a quem precisa, Maria irradia a Boa Notícia de Jesus, o Cristo, que ela sempre traz consigo. Ela é para a Igreja o melhor modelo de uma evangelização prazerosa.

## FELIZ AQUELE QUE CRÊ

O pensador francês Blaise Pascal atreveu-se a dizer que "ninguém é tão feliz quanto um cristão autêntico". Mas quem o pode crer hoje? A imensa maioria pensa antes que a fé tem pouco a ver com a felicidade. Em todo caso, seria necessário relacioná-la com uma salvação futura e eterna que fica muito longe, mas não com essa felicidade concreta que agora mesmo nos interessa.

E mais ainda. São muitos os que pensam que a religião é um estorvo para viver a vida de maneira intensa, porque apequena a pessoa e mata o prazer de viver. Além disso, por que um crente iria preocupar-se em ser feliz? Viver como cristão não é enfastiar-se sempre mais do que os outros? Não é seguir um caminho de renúncia e abnegação? Não é, definitivamente, renunciar à felicidade?

O certo é que os cristãos não parecem mostrar, com sua maneira de viver, que a fé contenha uma força decisiva para enfrentar a vida com alegria e plenitude interior. Ao contrário, muitos nos veem como Friedrich Nietzsche, que via os crentes como "pessoas mais acorrentadas do que libertadas por Deus".

O que aconteceu? Por que se fala tão pouco de felicidade nas igrejas? Por que muitos cristãos não descobrem Deus como o melhor amigo de sua vida?

Como ocorre tantas vezes, parece que também no movimento de Jesus perdeu-se a experiência original que no início vivificava tudo. Ao esfriar aquela primeira experiência e ao acumularem-se depois outros códigos e esquemas religiosos, às vezes bastante estranhos ao Evangelho, a alegria cristã foi-se apagando.

Quantos suspeitam hoje que a primeira coisa que alguém ouve ao aproximar-se de Jesus é um convite a ser feliz e a construir um mundo mais ditoso? Quantos podem pensar que o que Jesus oferece é um caminho através do qual podemos descobrir uma alegria diferente que pode mudar radicalmente nossa vida?

Quantos creem que Deus busca única e exclusivamente nosso bem, que ele não é um ser ciumento que sofre ao ver que nos deleitamos, mas alguém que nos quer desde agora ditosos e felizes?

Estou convencido de que uma pessoa está a ponto de levar Jesus a sério quando intui que nele ela pode encontrar aquilo que ainda lhe falta para conhecer uma alegria mais plena e verdadeira. A saudação a Maria: "Feliz és tu, que creste", pode estender-se de alguma maneira a todos os crentes. Apesar das incoerências e da infidelidade de nossa vida medíocre, ditoso é também hoje aquele que crê do fundo do seu coração.

## CRER É OUTRA COISA

Estamos vivendo uns tempos em que, cada vez mais, o único modo de poder crer verdadeiramente será, para muitos, aprender a crer de outra maneira. Já o grande convertido John Henry Newman anunciou esta situação quando advertia que uma fé passiva, herdada e não repensada terminaria, entre as pessoas cultas, em "indiferença" e, entre as pessoas simples, em "superstição". É bom recordar alguns aspectos essenciais da fé.

A fé é sempre uma experiência pessoal. Não basta crer naquilo que outros nos pregam a respeito de Deus. Definitivamente, cada um só crê naquilo que ele crê verdadeiramente no fundo de seu coração diante de Deus, não naquilo que ouve os outros dizerem. Para crer em Deus é necessário passar de uma fé passiva, infantil, herdada, para uma fé mais responsável e pessoal. Esta é a primeira pergunta: creio em Deus ou naqueles que me falam dele?

Na fé nem tudo é igual. É preciso saber distinguir entre o que é essencial e o que é acessório, e, depois de vinte séculos, existe muito de acessório em nosso cristianismo. A fé daquele que confia em Deus está para além das palavras, das discussões teológicas e das normas eclesiásticas. O que define um cristão não é o ser virtuoso ou observante, mas o viver confiando num Deus próximo pelo qual a pessoa se sente amada incondicionalmente. Esta pode ser a segunda pergunta: confio em Deus ou fico aprisionado em outras questões secundárias?

Na fé, o importante não é afirmar que se crê em Deus, mas saber em que Deus se crê. Nada é mais decisivo do que a ideia que cada um se faz de Deus. Se creio num Deus autoritário e justiceiro, acabarei procurando dominar e julgar a todos. Se creio num Deus que é amor e perdão, viverei amando e perdoando. Esta pode ser a pergunta: em que Deus eu creio: num Deus que corresponde às minhas ambições e interesses ou no Deus vivo revelado em Jesus?

A fé, por outro lado, não é uma espécie de "capital" que recebemos no batismo e do qual podemos dispor para o resto da vida. A fé é uma atitude viva que nos mantém atentos a Deus, abertos cada dia ao seu mistério de proximidade e amor a cada ser humano.

Maria é o melhor modelo desta fé viva e confiante. É a mulher que sabe ouvir a Deus no fundo de seu coração e vive aberta a seus desígnios de salvação. Sua prima Isabel a elogia com estas palavras memoráveis: "Feliz és tu, que creste!" Feliz também tu, se aprenderes a crer. É a melhor coisa que te pode acontecer na vida.

## Acompanhar ao vivo

Um dos traços mais característicos do amor cristão é saber comparecer junto aos que podem estar precisando de nossa presença. Esse é o primeiro gesto de Maria depois de acolher com fé a missão de ser mãe do Salvador. Pôr-se a caminho e andar depressa para junto de outra mulher que neste momento precisa de sua ajuda.

Existe uma maneira de amar que precisamos recuperar em nossos dias e que consiste em "acompanhar ao vivo" a quem se encontra mergulhado na solidão, bloqueado pela depressão, apanhado pela doença ou, simplesmente, vazio de alegria e esperança.

Estamos consolidando entre todos nós uma sociedade feita só para os fortes, os afortunados, os jovens, os sadios e os que são capazes de gozar e desfrutar a vida.

Estamos fomentando assim aquilo que foi chamado de "segregarismo social" (Jürgen Moltmann). Reunimos as crianças nas creches, instalamos os doentes nas clínicas e hospitais, guardamos nossos velhos em asilos e casas para idosos, confinamos os delinquentes nas prisões e pomos os dependentes de drogas sob vigilância...

Assim, tudo está em ordem. Cada um recebe ali a atenção de que precisa, e nós outros podemos dedicar-nos com mais tranquilidade a trabalhar e desfrutar a vida sem ser molestados. Procuramos cercar-nos de pessoas sem problemas que ponham em perigo nosso bem-estar, e conseguimos viver "bastante satisfeitos".

Só que assim não é possível experimentar a alegria de transmitir e dar vida. Explica-se assim que muitos, mesmo tendo conseguido um nível elevado de bem-estar, tenham a impressão de que a vida lhes está escapando tediosamente dentre as mãos.

Aquele que crê na encarnação de Deus, que quis compartilhar nossa vida e acompanhar-nos em nossa indigência, sente-se chamado a viver de outra maneira.

Não se trata de fazer "coisas grandiosas". Talvez, simplesmente, oferecer nossa amizade a esse vizinho submerso na solidão, estar próximo desse jovem que sofre de depressão, ter paciência com esse velhinho que procura ser ouvido por alguém, estar junto desses pais que têm o filho na prisão, alegrar o rosto dessa criança triste marcada pela separação de seus pais...

Este amor que nos leva a compartilhar os fardos e o peso que o irmão tem que suportar é um amor "salvador", porque liberta da solidão e introduz uma esperança nova em quem sofre, porque ele se sente acompanhado em sua aflição.

# 3
## Nascimento de Jesus

*Naqueles dias saiu um decreto do imperador Augusto, ordenando um recenseamento do mundo inteiro. Este foi o primeiro recenseamento feito sendo Cirino governador da Síria. E todos iam inscrever-se, cada um em sua cidade.*

*Também José, que era da casa e família de Davi, subiu da cidade de Nazaré na Galileia para a cidade de Davi, chamada Belém, para inscrever-se com sua esposa Maria, que estava grávida. E enquanto estavam ali, chegou o momento do parto e ela deu à luz seu filho primogênito, envolveu-o em panos e o deitou numa manjedoura, porque não havia lugar para eles na hospedaria.*

*Naquela região havia alguns pastores que passavam a noite ao ar livre, cuidando do rebanho por turnos. E um anjo do Senhor apresentou-se a eles: a glória do Senhor os envolveu de claridade e eles se encheram de grande temor.*

*O anjo lhes disse:*

*– Não temais, trago-vos a boa notícia, a grande alegria para todo o povo: hoje, na cidade de Davi, vos nasceu um Salvador, que é o Messias, o Senhor. E eis o sinal: encontrareis um menino envolto em panos e deitado numa manjedoura.*

*Imediatamente, em torno do anjo apareceu uma legião do exército celestial, que louvava a Deus dizendo:*

*– Glória a Deus no céu, e na terra paz aos homens que Deus ama.*

*Quando os anjos se afastaram deles em direção ao céu, os pastores diziam uns aos outros:*

– *Vamos diretamente a Belém, para ver isso que aconteceu e que o Senhor nos comunicou.*

*Foram correndo e encontraram Maria e José e o menino deitado na manjedoura. Ao vê-lo, contaram-lhes as coisas que lhes foram ditas a respeito daquele menino.*

*Todos os que ouviam ficavam maravilhados com o que diziam os pastores. E Maria conservava todas estas coisas, meditando-as em seu coração. Os pastores voltaram glorificando e louvando a Deus pelo que haviam visto e ouvido; tudo conforme lhes fora dito (Lc 2,1-20).*

## NASCEU-NOS O SALVADOR

Pouco a pouco vamos conseguindo. Já conseguimos celebrar algumas festas cheias de afeto sem conhecer exatamente sua razão de ser. Congratulamo-nos uns aos outros e não sabemos por quê. Anuncia-se o Natal e oculta-se o seu motivo. Muitos já não se lembram onde está o coração das festas. Por que não ouvir o "primeiro pregão" do Natal? Foi composto pelo evangelista Lucas por volta do ano 80 depois de Cristo.

De acordo com o relato, é noite escura. De repente uma "claridade" envolve com seu resplendor alguns pastores. O evangelista diz que é a "glória do Senhor". A imagem é grandiosa: a noite fica iluminada. No entanto, os pastores "se enchem de temor". Eles não têm medo das trevas, mas da luz. Por isso o anúncio começa com estas palavras: "Não temais".

Não devemos estranhar. Preferimos viver nas trevas. A luz de Deus nos causa medo. Não queremos viver na verdade. Quem nestes dias não puser mais luz e verdade em sua vida não celebrará o Natal.

O mensageiro continua: "Trago-vos a Boa Notícia, a grande alegria para todo o povo". A alegria do Natal não é uma alegria a mais entre outras. É preciso não confundi-la com qualquer bem-estar, satisfação ou desfrute. É uma alegria "grande", inconfundível, que vem da "Boa Notícia" de Jesus. Por isso é "para todo o povo" e deve chegar sobretudo aos que sofrem e vivem tristes.

Se Jesus já não é uma "boa notícia", se seu Evangelho não nos diz nada, se não conhecemos a alegria que só nos pode vir de Deus, se reduzimos estas festas a desfrutar cada um seu bem-estar ou a alimentar um prazer religioso egoísta, celebraremos qualquer coisa, menos o Natal.

A única razão para celebrar o Natal: "Nasceu-vos hoje o Salvador". Este menino não nasceu para Maria e José. Não é deles. É de todos. É "o Salvador" do mundo. O único no qual podemos pôr nossa última esperança. Este mundo que conhecemos não é a verdade definitiva. Jesus Cristo é a esperança de que a injustiça que hoje tudo envolve não prevalecerá para sempre.

Sem esta esperança não há Natal. Despertaremos nossos melhores sentimentos, desfrutaremos o lar e a amizade, nos daremos momentos de felicidade. Tudo isso é bom. Muito bom. Mas ainda não é Natal.

## VOLTAR A BELÉM

Em meio a congratulações e presentes, entre ceias e barulho, quase oculto por luzes, árvores e estrelas, é ainda possível entrever no centro das festas natalinas "um menino deitado numa manjedoura". A mesma coisa acontece no relato de Belém. Há luzes, anjos e cantos, mas o centro dessa cena grandiosa é ocupado por um menino numa manjedoura.

O evangelista narra o nascimento do Messias com uma sobriedade surpreendente. Para Maria "chegou o momento do parto e ela deu à luz seu filho". Nenhuma palavra a mais. O que realmente parece interessante é a maneira como o menino é acolhido. Enquanto em Belém "não há lugar" nem sequer na hospedaria, em Maria Ele encontra uma acolhida comovente. A mãe não tem meios materiais, mas tem coração: "Envolveu-o em panos e deitou-o numa manjedoura".

O leitor não pode continuar o relato sem expressar sua primeira surpresa: neste menino encarna-se Deus? Nunca o teríamos imaginado assim. Nós pensamos num Deus majestoso e onipotente, e Ele se nos apresenta na fragilidade de um menino fraco e indefeso. Imaginamo-lo grande e longínquo, e Ele se nos apresenta na ternura de um recém-nascido. Como sentir medo deste Deus? Teresa de Lisieux, declarada doutora da Igreja em 1997, dizia assim: "Não posso temer um Deus que se fez tão pequeno por mim. [...] Eu o amo!"

O relato oferece uma chave para aproximar-nos do mistério desse Deus. Lucas chega a insistir três vezes na importância da "manjedoura". É como que uma obsessão. Maria o deita numa manjedoura. Aos pastores se dá outro sinal: encontrá-lo-ão numa manjedoura. Efetivamente, encontram-no na manjedoura ao chegar a Belém. A manjedoura é o primeiro lugar da terra onde descansa esse Deus feito criança. Essa manjedoura é o sinal para reconhecê-lo, o lugar onde é preciso encontrá-lo. O que se esconde por trás desse enigma?

Lucas está aludindo a algumas palavras do profeta Isaías, nas quais Deus se queixa assim: "O boi conhece seu dono; o asno conhece a manjedoura de seu dono. Mas Israel não me conhece, não pensa em mim" (Is 1,3). Deus não deve ser procurado no admirável e maravilhoso, mas no ordinário e cotidiano. Não se deve investigar no grande, mas rastrear no pequeno.

Os pastores nos mostram em que direção procurar o mistério do Natal: "Vamos a Belém". Mudemos nossa ideia de Deus. Façamos uma releitura de nosso cristianismo. Voltemos ao início e descubramos um Deus próximo e pobre. Acolhamos sua ternura. Para o cristão, celebrar o Natal é "retornar a Belém".

## ALEGRIA PARA TODO O POVO

Há coisas que só as pessoas simples sabem captar. Verdades que só o povo é capaz de intuir. Alegrias que só os pobres podem desfrutar.

Assim é o nascimento do Salvador em Belém: Não algo para ricos e pessoas abastadas, um acontecimento que só os cultos e sábios podem entender, algo reservado a minorias seletas. É um acontecimento popular. Uma alegria para todo o povo.

Mais ainda. Uns pobres pastores, considerados na sociedade judaica como gente pouco honrada, marginalizados por muitos como pecadores, são os únicos que estão acordados para ouvir a notícia. Também hoje é assim, embora muitas vezes os mais pobres e marginalizados tenham ficado tão longe de nossa Igreja.

Deus é gratuito. Por isso, é acolhido mais facilmente pelo povo pobre do que por aqueles que pensam poder adquirir tudo com dinheiro. Deus é simples e está mais próximo do povo humilde do que daqueles que vivem obcecados por ter sempre mais. Deus é bom, e o entendem melhor aqueles que sabem amar-se como irmãos do que aqueles que vivem egoisticamente, fechados em seu bem-estar.

Continua sendo verdade aquilo que o relato do primeiro Natal insinua. Os pobres têm um coração mais aberto a Jesus do que aqueles que vivem satisfeitos. Seu coração encerra uma "sensibilidade para o Evangelho" que nos ricos ficou muitas vezes atrofiada. Têm razão os místicos quando dizem que para acolher a Deus é necessário "esvaziar-nos", "despojar-nos" e "tornar-nos pobres".

Enquanto vivermos buscando a satisfação de nossos desejos, alheios ao sofrimento dos outros, conheceremos diferentes graus de exaltação, mas não a alegria anunciada aos pastores de Belém.

Enquanto continuarmos alimentando o desejo de posse não será possível cantar entre nós a paz entoada em Belém: "A ideia de que se pode fomentar a paz enquanto se estimulam os esforços de posse e lucro é uma ilusão" (Erich Fromm).

Teremos cada vez mais coisas para desfrutar, mas elas não preencherão nosso vazio interior, nosso enfado e solidão. Alcançaremos sucessos cada vez mais notáveis, mas crescerá entre nós a rivalidade, o conflito e a competição desapiedada.

## UMA NOITE DIFERENTE

O Natal encerra um segredo que, infelizmente, escapa a muitos dos que nessas datas celebram "algo" sem saber exatamente o quê. Não conseguem suspeitar que o Natal fornece a chave para decifrar o mistério último de nossa existência.

Geração após geração, os seres humanos, angustiados, têm gritado suas perguntas mais profundas: Por que temos que sofrer, se do mais íntimo de nosso ser tudo nos chama à felicidade? Por que tanta frustração? Por que a morte, se nascemos para a vida? Os homens perguntavam. E perguntavam a Deus, pois de alguma maneira, quando procuramos o sentido último de nosso ser, estamos apontando para Ele. Mas Deus guardava um silêncio impenetrável.

No Natal, Deus falou. Já temos sua resposta. Ele não nos falou para dizer-nos belas palavras sobre o sofrimento. Deus não oferece palavras. "A Palavra de Deus se fez carne". Ou seja, mais que dar-nos explicações, Deus quis sofrer em nossa própria carne nossas perguntas, sofrimentos e impotência.

Deus não dá explicações sobre o sofrimento, mas sofre conosco. Não responde ao porquê de tanta dor e humilhação, mas Ele próprio se humilha. Não responde com palavras ao mistério de nossa existência, mas nasce para viver Ele próprio nossa aventura humana.

Já não estamos perdidos em nossa imensa solidão. Não estamos submersos em puras trevas. Ele está conosco. Há uma luz. "Não somos mais solitários, mas solidários" (Leonardo Boff). Deus compartilha nossa existência.

Isto muda tudo. O próprio Deus entrou em nossa vida. É possível viver com esperança. Deus compartilha nossa vida e com Ele podemos caminhar para a salvação. Por isso o Natal é sempre, para os crentes, um chamado a renascer. Um convite a reavivar a alegria, a esperança, a solidariedade, a fraternidade e a confiança total no Pai.

Recordemos as palavras do poeta Angelus Silesius: "Ainda que Cristo nasça mil vezes em Belém, enquanto não nascer em teu coração estarás perdido para o além: terás nascido em vão".

## DEUS ENCARNADO

O Natal nos obriga a revisar ideias e imagens que temos habitualmente de Deus, mas que nos impedem de aproximar-nos de seu verdadeiro rosto. Deus não se deixa aprisionar em nossos esquemas e moldes de pensamento. Não segue os caminhos que nós lhe traçamos. Deus é imprevisível.

Nós o imaginamos forte e poderoso, majestoso e onipotente, mas Ele se nos apresenta na fragilidade de um menino, nascido na mais absoluta simplicidade e pobreza. Nós o colocamos quase sempre no extraordinário, no prodigioso e no surpreendente, mas Ele se nos apresenta no cotidiano, no normal e no ordinário. Nós o imaginamos grande e longínquo, e Ele se nos torna pequeno e próximo.

Não. Este Deus encarnado no menino de Belém não é o que nós teríamos esperado. Não está à altura do que nós teríamos imaginado. Este Deus nos pode decepcionar. No entanto, não é precisamente deste Deus próximo que precisamos junto de nós? Não é esta proximidade ao humano o que melhor revela o verdadeiro mistério de Deus? Não se manifesta na debilidade deste menino sua verdadeira grandeza?

O Natal nos lembra que a presença de Deus nem sempre corresponde às nossas expectativas, porque Ele se nos apresenta onde nós menos o esperamos. Certamente devemos procurá-lo na oração e no silêncio, na superação do egoísmo, na vida fiel e obediente à sua vontade, mas Deus pode apresentar-se a nós quando quer e como quer, inclusive no mais ordinário e comum da vida.

Agora sabemos que podemos encontrá-lo em qualquer ser indefeso e fraco que precisa de nossa acolhida. Ele pode estar nas lágrimas de uma criança ou na solidão de um ancião. No rosto de qualquer irmão podemos descobrir a presença desse Deus que quis encarnar-se no humano.

Esta é a fé revolucionária do Natal, o escândalo maior do cristianismo, expresso de maneira lapidar por Paulo: "Cristo, apesar de sua condição divina, não se apegou à sua igualdade com Deus; pelo contrário, despojou-se de sua categoria e assumiu a condição de servo, fazendo-se um entre tantos e apresentando-se como simples homem" (Fl 2,6-7).

O Deus cristão não é um deus desencarnado, longínquo e inacessível. É um Deus encarnado, próximo, vizinho. Um Deus que podemos tocar de certa maneira sempre que tocamos o humano.

# 4

## ABRIR CAMINHOS PARA DEUS

*No ano décimo quinto do imperador Tibério, sendo Pôncio Pilatos governador da Judeia e Herodes vice-rei da Galileia, e seu irmão Felipe vice-rei da Itureia e da Traconítide, e Lisânias vice-rei de Abilene, sob o sumo sacerdócio de Anás e Caifás, a palavra de Deus foi dirigida a João, filho de Zacarias, no deserto.*

*E ele percorreu toda a região do Jordão, pregando um batismo de conversão para o perdão dos pecados, como está escrito no livro dos oráculos do profeta Isaías:*

*"Uma voz grita no deserto: 'Preparai o caminho do Senhor, aplainai suas veredas; os vales serão aterrados, os montes e colinas serão abaixados; os caminhos tortuosos serão transformados em retas e os escabrosos serão nivelados. E todos verão a salvação de Deus" (Lc 3,1-6).*

### A VOZ DO DESERTO

Não sabemos nem quando nem como foi. Certo dia, um sacerdote rural chamado João abandonou suas obrigações no templo, afastou-se de Jerusalém e adentrou-se no deserto das imediações do Jordão, em busca de silêncio e solidão para escutar a Deus.

Não chegavam até lá as intrigas de Pilatos nem as maquinações de Antipas. Não se ouvia o ruído do templo nem os negócios dos proprietários de terras da Galileia. De acordo com Isaías, o "deserto" é o melhor lugar para abrir-se a Deus e iniciar a conversão. De acordo com o profeta Oseias, é no "deserto" que Deus "fala ao coração". É possível escutar hoje este Deus do "deserto"?

No "deserto" só se vive do essencial. Não há lugar para o supérfluo: ouve-se a verdade de Deus melhor do que nos centros comerciais. Tampouco há lugar para a complacência e o autoengano: quase sempre o "deserto" aproxima de Deus mais do que o templo.

Quando a voz de Deus vem do "deserto", não nos chega distorcida por interesses econômicos, políticos ou religiosos. É uma voz limpa e clara que nos fala do essencial, não de nossas disputas, intrigas e estratégias.

O essencial consiste sempre em poucas coisas, só as necessárias. Assim é a mensagem de João: "Ponde-vos diante de Deus e reconhecei, cada um de vós, o vosso pecado. Suspeitai de vossa inocência. Ide à raiz". Todos nós somos de alguma maneira cúmplices das injustiças e egoísmos que há entre nós. Todos e cada um dos crentes temos algo a ver com a infidelidade da Igreja ao Evangelho.

No "deserto", o decisivo é cuidar da vida. Assim proclama o Batista: "Convertei-vos a Deus. Lavai-vos de vossa malícia e começai a reconstruir a vida de maneira diferente, tal como Ele a quer". Esta é nossa primeira responsabilidade. Se eu não mudo, o que estou trazendo como contribuição para a transformação da sociedade? Se eu não me converto ao Evangelho, como estou contribuindo para a conversão da Igreja atual?

No meio da agitação, do ruído, da informação e difusão constante de mensagens, quem escutará a "voz do deserto"? Quem nos falará do essencial? Quem abrirá caminhos para Deus neste mundo?

## ABRIR CAMINHOS PARA DEUS

João grita muito. Ele o faz porque vê o povo dormindo e quer despertá-lo, o vê apagado e quer acender em seu coração a fé num Deus Salvador. Seu grito concentra-se num apelo: "Preparai o caminho do Senhor". Como abrir caminho para Deus? Como dar-lhe mais lugar em nossa vida?

*Busca pessoal.* Para muitos, Deus está hoje encoberto por todo tipo de preconceitos, dúvidas, más recordações da infância ou experiências religiosas negativas. Como descobri-lo? O importante não é pensar na Igreja, nos padres ou na missa. A primeira coisa é buscar o Deus vivo, que se nos revela em Jesus Cristo. Deus se deixa encontrar por aqueles que o buscam.

*Atenção interior.* Para abrir um caminho para Deus é necessário descer ao fundo de nosso coração. Quem não busca Deus em seu interior, é difícil que o encontre fora. Dentro de nós encontraremos medos, perguntas, desejos, vazio... Não importa. Deus está ali. Ele nos criou com um coração que não descansará senão nele.

*Com um coração sincero.* O que mais nos aproxima do mistério de Deus é viver na verdade, não enganar-nos a nós mesmos, reconhecer nossos erros. O encontro com Deus acontece quando nasce em alguém, a partir de dentro, esta oração: "Ó Deus, tem compaixão de mim, porque sou pecador". Este é o melhor caminho para recuperar a paz e a alegria interior.

*Em atitude confiante.* O medo fecha a não poucos o caminho para Deus. Causa-lhes medo encontrar-se com Ele: só pensam em seu juízo e em seus possíveis castigos. Não conseguem crer que Deus é só amor e que, inclusive quando julga o ser humano, Ele o faz com amor infinito. Despertar a confiança neste amor é começar a viver de maneira nova e prazerosa com Deus.

*Caminhos diferentes.* Cada um deve fazer seu próprio percurso. Deus nos acompanha a todos. Não abandona ninguém, e menos ainda quando se encontra perdido. O importante é não perder o desejo humilde de Deus. Quem continua confiando, quem de alguma maneira deseja crer, já é "crente" diante desse Deus que conhece até o fundo o coração de cada pessoa.

## POR OUVIR DIZER

Há pessoas que, mais que crer em Deus, creem naqueles que falam dele. Só conhecem Deus "por ouvir dizer". Falta-lhes experiência pessoal. Assistem talvez a celebrações religiosas, mas nunca abrem seu coração a Deus. Jamais se detêm para perceber sua presença no interior de seu ser.

É um fenômeno frequente: vivemos girando em torno de nós mesmos, mas fora de nós; trabalhamos e desfrutamos, amamos e sofremos, vivemos e envelhecemos, mas nossa vida transcorre sem mistério e sem horizonte último.

Inclusive nós, que nos dizemos crentes, muitas vezes não sabemos "estar diante de Deus". Torna-se difícil reconhecer-nos como seres frágeis, mas amados infinitamente por Ele. Não sabemos admirar sua grandeza insondável nem saborear sua presença próxima. Não sabemos invocar nem louvar.

Como dói ver a maneira como se discute sobre Deus em certos programas de televisão. Fala-se "por ouvir dizer". Debate-se o que não se conhece. Os convidados exaltam-se falando do papa, mas não se ouve ninguém falar com um pouco de profundidade desse Mistério que nós crentes chamamos "Deus".

Para descobrir a Deus não servem as discussões sobre religião nem os argumentos de outros. Cada um deve fazer seu próprio percurso e viver sua própria experiência. Não basta criticar a religião em seus aspectos mais deformados. É necessário buscar pessoalmente o rosto de Deus. Abrir caminhos para Ele em nossa própria vida.

Quando durante anos se viveu a religião como um dever ou como um peso, só esta experiência pessoal pode desbloquear o caminho para Deus: poder comprovar, nem que seja apenas de forma germinal e humilde, que é bom crer, que Deus faz bem.

Este encontro com Deus nem sempre é fácil. O importante é buscar. Não fechar nenhuma porta, não jogar fora nenhum chamado. Continuar buscando, talvez com o último resto de nossas forças. Muitas vezes, a única coisa que podemos oferecer a Deus é nosso desejo de encontrar-nos com Ele.

Deus não se esconde dos que o buscam e perguntam por Ele. Mais cedo ou mais tarde recebemos sua "visita" inconfundível. Então tudo muda. Nós o acreditávamos longínquo, e Ele está próximo. Nós o sentíamos ameaçador, e Ele é o melhor amigo. Podemos dizer as mesmas palavras que Jó: "Até agora eu falava de ti por ouvir dizer; agora meus olhos te viram".

## IR AO ESSENCIAL

Nas sociedades avançadas da Europa, estamos vivendo um momento cultural difuso que foi designado com o nome de "pós-modernidade". Não é fácil precisar os contornos desta cultura pós-moderna, embora possamos apontar entre seus traços característicos mais notáveis alguns que parecem dificultar a fé religiosa do homem contemporâneo.

É sem dúvida uma cultura da "intranscendência", que prende as pessoas ao "aqui e agora", levando-as a viver só para o imediato, sem necessidade de abrir-se ao mistério da transcendência. Deus vai perdendo interesse na medida em que não é reconhecido como horizonte último da existência.

É uma cultura do "divertimento", que arranca a pessoa de si mesma, levando-a a viver no esquecimento das grandes questões que o ser humano traz em seu coração. Contra a máxima agostiniana: "Não saias de ti mesmo; em teu interior habita a verdade", parece que o ideal de não poucos é viver fora de si mesmos. Assim não é fácil o encontro com o "Deus escondido" que habita em cada um de nós.

É também uma cultura na qual o "ser" é substituído pelo "ter". São muitos os que acabam dividindo sua vida em dois tempos: o dedicado a trabalhar e o consagrado a consumir. O afã de posse, alimentado pela grande quantidade de objetos postos à disposição de nossos desejos, é então o principal obstáculo para o encontro com Deus.

Não é estranho que entre os estudiosos do fato religioso aflore a pergunta: é possível ser cristão na pós-modernidade? Certamente, de pouco serve, neste contexto cultural, uma religião na qual se reza sem comunicar-se com Deus, na qual se comunga sem comungar com ninguém, na qual se assiste à missa sem celebrar nada de vital. Uma religião na qual há de tudo, mas na qual fica fora precisamente a experiência de Deus.

O evangelista Lucas recorda em seu evangelho o grito do profeta Isaías: "Preparai o caminho do Senhor". Entre nós, este grito tem hoje uma tradução: "Ide ao próprio coração da fé, buscai o essencial, acolhei a Deus". Há alguns anos, o prestigioso teólogo ortodoxo Olivier Clément afirmava que, definitivamente, "a fé consiste em saber-se amado e corresponder ao amor com amor". Sem dúvida é o essencial para abrir em nossa vida o caminho para Deus.

## PERGUNTAS

Dentro de cada um de nós há um mundo quase inexplorado que muitos homens e mulheres não chegam sequer a suspeitar. Vivem só a partir de fora. Ignoram o que se esconde no fundo de seu ser. Não é o mundo dos sentimentos ou dos afetos. Não é o campo da psicologia ou da psiquiatria. É um país mais profundo e misterioso. Chama-se interioridade.

Desse mundo nasce a pergunta mais simples e elementar do ser humano: Quem sou eu? Mas, antes de começarmos a responder alguma coisa, as perguntas continuam brotando sem cessar: Donde venho? Por que estou na vida? Para quê? Em que terminará tudo isto?

São perguntas às quais nem o psicólogo nem o psiquiatra podem responder. Interrogações que nos colocam diretamente diante do mistério. De tudo isto nada sabemos. A única coisa certa é que caminhamos pela vida como que às escuras.

Muitas pessoas hoje não têm tempo nem disposição de ânimo para fazer-se estas perguntas. Já é muito alguém viver, procurar um trabalho, sustentar uma família e enfrentar com coragem os problemas de cada dia.

Outros não querem ouvir tais perguntas. São questões demasiadamente abstratas. Em todo caso, seriam perguntas para esse punhado de pessoas estranhas que se dedicam a disquisições metafísicas que não levam a nada: é preciso ser mais realistas e pragmáticos, ter os pés no chão. Além disso, estamos muito ocupados. Sempre temos algo para fazer; é preciso trabalhar, relacionar-nos com os amigos, assistir ao programa de televisão, deslocar-nos de um lugar para outro. Não temos um minuto livre.

E, certamente, para entrar nesse mundo das "perguntas últimas" da vida precisamos de certa calma e silêncio. A agitação, a pressa, o excesso de atividade impedem o ser humano de ouvir-se por dentro. Todos os dias precisamos, como diz belamente Patxi Loidi, de "um bom instante de inatividade para adentrarmos descalços nosso mundo interior".

Não poucas pessoas me perguntam o que poderiam fazer para encontrar-se com Deus. Algumas me escrevem pedindo-me algum bom livro que desperte sua fé. Sem dúvida, tudo pode ajudar. Mas não devemos esquecer que para Deus se caminha sempre a partir de dentro, não a partir de fora.

Talvez a melhor maneira de ouvir o convite do Batista a "preparar os caminhos do Senhor" seja fazer silêncio, escutar essas perguntas simples que brotam de nosso interior e estar mais atentos ao mistério que nos envolve e penetra por todos os lados.

Lembremos o célebre convite de Santo Anselmo de Cantuária: "Eia, homenzinho, deixa por um momento tuas ocupações habituais, entra por um instante em ti mesmo, longe de teus pensamentos. Lança para fora de ti as preocupações sufocantes; afasta de ti tuas inquietações trabalhosas. Dedica alguns instantes a Deus e descansa ao menos por um momento em sua presença".

# 5
## O QUE PODEMOS FAZER?

*Naquele tempo, as pessoas perguntavam a João:*
*– Então, o que devemos fazer?*
*Ele respondeu:*
*– Quem tiver duas túnicas reparta-as com quem que não tem; e aquele que tiver comida faça o mesmo.*
*Vieram batizar-se também alguns publicanos e lhe perguntaram:*
*– Mestre, e nós o que devemos fazer?*
*Ele lhes respondeu:*
*Não exijais mais do que a taxa estabelecida.*
*Alguns soldados lhe perguntaram:*
*– E nós, o que devemos fazer?*
*Ele lhes respondeu:*
*Não pratiqueis extorsão contra ninguém, nem vos aproveiteis de denúncias, mas contentai-vos com o vosso soldo.*
*O povo estava em expectativa e todos se perguntavam se João não seria o Messias. Ele tomou a palavra e disse a todos:*
*– Eu vos batizo com água; mas vem aquele que é mais poderoso do que eu, do qual não sou digno de desatar a correia das sandálias. Ele vos batizará com Espírito Santo e fogo: Ele tem na mão a peneira para ventilar sua eira e reunir o trigo no celeiro e queimar a palha numa fogueira que não se apaga.*
*Acrescentando muitas outras coisas, exortava o povo e lhe anunciava a Boa Notícia (Lc 3,10-18).*

## O QUE PODEMOS FAZER?

João Batista proclamava em voz alta o que muitos sentiam naquele momento: é preciso mudar, não se pode continuar assim, é necessário voltar para Deus. De acordo com o evangelista Lucas, alguns se sentiram questionados pela pregação do Batista e se aproximaram dele com uma pergunta decisiva: o que podemos fazer?

Por mais apelos de caráter político ou religioso que se ouçam numa sociedade, as coisas só começam a mudar quando há pessoas que se atrevem a confrontar-se com sua própria verdade, dispostas a transformar sua vida: o que podemos fazer?

O Batista tem as ideias muito claras. Não convida as pessoas a ir ao deserto para viver uma vida ascética de penitência, como ele. Tampouco as anima a peregrinar a Jerusalém para receber o Messias no templo. A melhor maneira de preparar o caminho para Deus é, simplesmente, trabalhar por uma sociedade mais solidária e fraterna, menos injusta e violenta.

João não fala às vítimas, mas aos responsáveis por aquele estado de coisas. Dirige-se aos que têm "duas túnicas" e podem comer; aos que enriquecem de maneira injusta à custa de outros; aos que abusam de seu poder e de sua força.

Sua mensagem é diáfana: não vos aproveiteis de ninguém, não abuseis dos fracos, não vivais à custa de outros, não penseis apenas em vosso bem-estar: "Quem tiver duas túnicas, dê uma a quem não tem; e quem tiver comida faça o mesmo". Tudo tão simples. Tudo tão claro.

Aqui termina nosso palavreado. Aqui se revela a verdade de nossa vida. Aqui se põe a descoberto a mentira de não poucas formas de viver a religião. Por onde podemos começar a mudar a sociedade? O que podemos fazer para abrir caminhos para Deus no mundo? Muitas coisas, mas nada tão eficaz e realista como compartilhar com os necessitados aquilo que temos.

## REPARTIR COM QUEM NÃO TEM

A palavra do Batista tocou o coração das pessoas. Seu apelo à conversão para iniciar uma vida mais fiel a Deus despertou em muitos uma pergunta concreta: o que devemos fazer? É a pergunta que brota em nós quando ouvimos um chamado radical e não sabemos como concretizar nossa resposta.

O Batista não lhes propõe ritos sagrados, nem normas, nem preceitos. A primeira coisa a fazer não é cumprir melhor os deveres religiosos, mas viver de forma mais humana, reavivar algo que já está em nosso coração: o desejo de uma vida mais justa, digna e fraterna.

O mais decisivo é abrir nosso coração a Deus, olhando atentamente para as necessidades dos que sofrem. O Batista resume sua resposta numa fórmula genial por sua simplicidade e verdade: "Quem tiver duas túnicas, reparta-as com quem não tem; e quem tiver comida faça o mesmo".

O que podemos dizer diante destas palavras nós que habitamos num mundo onde mais de um terço da humanidade vive na miséria, lutando cada dia para sobreviver, enquanto nós continuamos enchendo nossos armários com todo tipo de túnicas e temos nossas geladeiras abarrotadas de alimentos?

E o que podemos dizer dos seguidores de Jesus diante deste apelo tão simples e tão humano? Não devemos começar por abrir os olhos de nosso coração para tomar consciência de que vivemos submetidos a um bem-estar que nos impede de ser mais humanos?

Nós cristãos não nos damos conta de que vivemos "cativos de uma religião burguesa" (Johann Baptist Metz). O cristianismo, tal como nós o praticamos, não tem força para transformar a sociedade do bem-estar. Pelo contrário, é ela que está esvaziando nosso seguimento de Jesus de valores tão genuínos como a solidariedade, a defesa dos pobres, a compaixão ou a justiça.

Por isso, precisamos agradecer o esforço de tantas pessoas que se rebelam contra esse "cativeiro", comprometendo-se em gestos concretos de solidariedade e cultivando um estilo de vida mais simples, austero e humano. Elas nos recordam o caminho que é preciso seguir.

## ATREVER-NOS-EMOS A COMPARTILHAR?

Os meios de comunicação nos informam com rapidez sempre maior sobre o que acontece no mundo. Conhecemos cada vez melhor as injustiças, misérias e abusos que são cometidos diariamente em todos os países.

Esta informação cria facilmente em nós um certo sentimento de solidariedade com tantos homens e mulheres, vítimas de um mundo egoísta e injusto. Pode, inclusive, despertar um sentimento de vaga culpabilidade. Mas, ao mesmo tempo, aumenta nossa sensação de impotência.

Nossas possibilidades de atuação são muito pequenas. Todos nós conhecemos mais miséria e injustiça do que aquela que podemos remediar com nossas forças. Por isso, é difícil evitar uma pergunta no fundo de nossa consciência diante de uma sociedade tão desumanizada: "O que podemos fazer?"

João Batista nos oferece uma resposta terrível por sua simplicidade. Uma resposta decisiva, que nos põe a cada um de nós diante de nossa própria verdade. "Quem tiver duas túnicas, reparta-as com quem não tem; e quem tiver comida faça o mesmo".

Não é fácil ouvir estas palavras sem sentir certo mal-estar. É preciso coragem para acolhê-las. É preciso tempo para deixar-nos interpelar. São palavras que fazem sofrer. Aqui termina nossa falsa "boa vontade". Aqui se revela a verdade de nossa solidariedade. Aqui se dilui nosso sentimentalismo religioso. O que podemos fazer? Simplesmente compartilhar o que temos com os que dele precisam.

Muitas de nossas discussões sociais e políticas, muitos de nossos protestos e gritos, que frequentemente nos dispensam de uma atuação mais responsável, ficam reduzidos imediatamente a uma pergunta muito simples. Atrever-nos-emos a compartilhar com os necessitados aquilo que é nosso?

De maneira ingênua cremos quase sempre que nossa sociedade será mais justa e humana quando os outros mudarem, e quando forem transformadas as estruturas sociais e políticas que nos impedem de sermos mais humanos.

E, no entanto, as palavras simples do Batista nos obrigam a pensar que a raiz das injustiças está também em nós. As estruturas refletem demasiadamente bem o espírito que anima quase todos nós. Reproduzem com fidelidade a ambição, o egoísmo e a sede de possuir que existem em cada um de nós.

## NÃO SUFOCAR O AMOR SOLIDÁRIO

O amor é a energia que dá verdadeira vida à sociedade. Em toda civilização há forças que geram vida, verdade e justiça, e forças que provocam morte, mentira e indignidade. Nem sempre é fácil detectá-las, mas na raiz de todo impulso de vida está sempre o amor.

Por isso, quando numa sociedade se sufoca o amor, está-se sufocando ao mesmo tempo a dinâmica que leva ao crescimento humano e à expansão da vida. Daí a importância de cuidar socialmente do amor e de lutar contra tudo aquilo que pode destruí-lo.

Uma forma de matar o amor pela raiz é a manipulação das pessoas. Na sociedade atual proclamam-se em voz alta os direitos da pessoa, mas depois os indivíduos são sacrificados ao lucro, à utilidade ou ao desenvolvimento do bem-estar. Produz-se então aquilo que o pensador norte-americano Herbert Marcuse chamava de "a eutanásia da liberdade". Há um número cada vez maior de pessoas que vivem uma não liberdade "confortável, cômoda, razoável, democrática". Vive-se bem, mas sem conhecer a verdadeira liberdade nem o amor.

Outro risco para o amor é o funcionalismo. Na sociedade da eficácia o importante não são as pessoas, mas a função que elas exercem. O indivíduo fica facilmente reduzido a uma peça da engrenagem: no trabalho é um empregado, no consumo é um cliente, na política é um voto, no hospital é um número de cama... Nesta sociedade, as coisas funcionam; as relações entre as pessoas morrem.

Outro modo frequente de sufocar o amor é a indiferença. O funcionamento da sociedade moderna concentra os indivíduos em seus próprios interesses. Os outros são uma "abstração". Publicam-se estudos e estatísticas, por trás dos quais se oculta o sofrimento das pessoas concretas. Não é fácil sentir-nos responsáveis. É a administração pública que deve ocupar-se desses problemas.

O que cada um de nós pode fazer? Diante de tantas formas de desamor, o Batista sugere uma postura clara: "Quem tiver duas túnicas, reparta-as com quem não tem; e quem tiver comida faça o mesmo". O que podemos fazer? Simplesmente compartilhar mais o que temos com aqueles que vivem em necessidade.

## O QUE DEVEMOS FAZER?

Apesar de toda a informação fornecida pelos meios de comunicação, temos dificuldade em tomar consciência de que vivemos numa espécie de "ilha da abundância", no meio de um mundo no qual mais de um terço da humanidade vive na miséria. No entanto, basta voar algumas horas em qualquer direção para topar com a fome e a destruição.

Esta situação só tem um nome: injustiça. E só admite uma explicação: inconsciência. Como podemos sentir-nos humanos quando a poucos quilômetros de nós – o que são, definitivamente, seis mil quilômetros? – há seres humanos que não têm casa nem terra alguma para viver, homens e mulheres que passam o dia procurando algo para comer, crianças que já não poderão superar a desnutrição?

Nossa primeira reação costuma ser quase sempre a mesma: "Mas nós, o que podemos fazer diante de tanta miséria?" Enquanto nos fazemos perguntas deste gênero, sentimo-nos mais ou menos tranquilos. E vêm as justificativas de sempre: não é fácil estabelecer uma ordem internacional mais justa; é preciso respeitar a autonomia de cada país; é difícil assegurar canais eficazes para distribuir alimentos; mais ainda mobilizar um país para que saia da miséria.

Mas tudo isto vem abaixo quando ouvimos uma resposta direta, clara e prática, como aquela que recebem do Batista os que lhe perguntam o que devem fazer para "preparar o caminho para o Senhor". O profeta do deserto responde-lhes com genial simplicidade: "Quem tiver duas túnicas, dê uma a quem não tem nenhuma; e quem tem o que comer faça o mesmo".

Aqui terminam todas as nossas teorias e justificativas. O que podemos fazer? Simplesmente não açambarcar mais do que precisamos, enquanto houver povos que necessitam disso para viver. Não continuar desenvolvendo sem limites nosso bem-estar, esquecendo os que morrem de fome. O verdadeiro progresso não consiste em que uma minoria alcance um bem-estar material cada vez maior, mas em que a humanidade inteira viva com mais dignidade e menos sofrimento.

Há alguns anos eu estava em Butare (Ruanda), por ocasião do Natal, dando um curso de cristologia a missionárias espanholas. Certa manhã chegou uma religiosa navarra dizendo que, ao sair de casa, havia encontrado uma criança morrendo de fome. Puderam verificar que ela não tinha nenhuma doença grave, apenas desnutrição. Era mais um de tantos órfãos ruandeses que lutam cada dia para sobreviver. Lembro que só pensei numa coisa. Nunca me esquecerei: podemos nós cristãos do Ocidente acolher cantando o menino de Belém enquanto fechamos nosso coração a essas crianças do Terceiro Mundo?

# 6
## BATISMO DE JESUS

*Naquele tempo, o povo estava em expectativa e todos se perguntavam se João não seria o Messias. Ele tomou a palavra e disse a todos:*
*– Eu vos batizo com água; mas vem aquele que é mais poderoso do que eu, do qual não sou digno de desatar a correia das sandálias. Ele vos batizará com Espírito Santo e fogo.*
*Num batismo geral, também Jesus se batizou. E, enquanto orava, abriu-se o céu, desceu o Espírito Santo sobre ele em forma de pomba e ouviu-se uma voz do céu:*
*– Tu és meu Filho, o amado, o predileto (Lc 3,15-16.21-22).*

### VIVER COM O ESPÍRITO DE JESUS

O Batista fala de maneira muito clara: "Eu vos batizo com água", mas isto só não basta. É preciso acolher em nossa vida um outro "mais forte", cheio do Espírito de Deus: "Ele vos batizará com Espírito Santo e fogo".

São muitos os "cristãos" que permaneceram na religião do Batista. Foram batizados com "água", mas não conhecem o batismo do "Espírito". Talvez a primeira coisa que todos nós precisamos fazer seja deixar-nos transformar pelo Espírito que desce sobre Jesus. Como é sua vida depois de receber o Espírito de Deus?

Jesus se afasta do Batista e começa a viver a partir de um novo horizonte. Não devemos viver preparando-nos para o juízo iminente de Deus. É o momento de acolher um Deus Pai que procura fazer da humanidade uma família mais justa e fraterna. Quem não vive a partir desta perspectiva não conhece ainda o que é ser cristão.

Movido por esta convicção, Jesus deixa o deserto e vai para a Galileia, para viver de perto os problemas e sofrimentos das pessoas. É ali, no meio da vida, que devemos sentir Deus como um Pai que atrai a todos para buscarem juntos uma vida mais humana. Quem não sente Deus desta maneira não sabe como Jesus vivia.

Jesus abandona também a linguagem ameaçadora do Batista e começa a contar parábolas que jamais teriam ocorrido a João. O mundo deverá saber como é bom este Deus que procura e acolhe seus filhos perdidos, porque só quer salvar, nunca condenar. Quem não fala esta linguagem de Jesus não anuncia sua boa notícia.

Jesus deixa a vida austera do deserto e se dedica a fazer "gestos de bondade" que o Batista nunca havia feito. Cura doentes, defende os pobres, toca os leprosos, acolhe à sua mesa pecadores e prostitutas, abraça crianças da rua. As pessoas precisam sentir a bondade de Deus em sua própria carne. Quem fala de um Deus bom e não faz os gestos de bondade que Jesus fazia desacredita sua mensagem.

## Confiança e docilidade

Jesus viveu no Jordão uma experiência que marcou para sempre sua vida. Não permaneceu com o Batista. Mas também não voltou para seu trabalho na aldeia de Nazaré. Movido por um impulso incontrolável, começou a percorrer os caminhos da Galileia, anunciando a Boa Notícia de Deus.

Como é natural, os evangelistas não podem descrever o que Jesus viveu em sua intimidade, mas foram capazes de recriar uma cena comovedora para sugeri-lo. Esta cena está construída com traços de profundo significado. "Os céus se rasgam": já não há distâncias; Deus se comunica intimamente com Jesus. Ouve-se "uma voz vinda do céu: 'Tu és meu Filho querido. Em ti eu me regozijo'".

O essencial está dito. Isto é o que Jesus ouve de Deus em seu interior: "Tu és meu. És meu Filho. Teu ser está brotando de mim. Eu sou teu Pai. Amo-te com amor entranhável; enche-me de prazer que sejas meu Filho; sinto-me feliz". Daí em diante, Jesus só o invocará com este nome: *Abbá*, Pai.

Desta experiência brotam duas atitudes que Jesus vive e procura transmitir a todos: uma incrível confiança em Deus e uma docilidade incondicional. Jesus confia em Deus de maneira espontânea. Abandona-se a Ele sem receios nem cálculos. Não vive nada de forma forçada ou artificial. Confia em Deus. Sente-se filho querido.

Por isso, ensina a todos a chamar Deus de "Pai". Aflige-o a "fé pequena" de seus discípulos. Com essa fé raquítica é impossível viver. Repete-lhes sempre de novo: "Não tenhais medo. Confiai". Passou toda a sua vida infundindo confiança em Deus.

Ao mesmo tempo, Jesus vive numa atitude de docilidade total a Deus. Nada nem ninguém o afastará deste caminho. Como bom filho, procura ser a alegria de seu Pai. Como filho fiel, vive identificando-se com Ele, imitando-o em tudo.

É o que Ele procura ensinar a todos: "Imitai a Deus. Sede semelhantes a vosso Pai. Sede totalmente bons como vosso Pai do céu é bom. Reproduzi sua bondade. Sede compassivos com Ele o é".

Em tempos de crise de fé é preciso não perder-se no acidental e secundário. Precisamos cuidar do essencial: a confiança total em Deus e a docilidade humilde. Todo o resto vem depois.

## ESPIRITUALIDADE CRISTÃ

"Espiritualidade" é uma palavra infeliz. Para muitos só pode significar algo inútil, afastado da vida real. Para que pode servir? O que interessa é o concreto, o material, não o espiritual.

No entanto, o "espírito" de uma pessoa é algo valorizado na sociedade moderna, porque indica o mais profundo e decisivo de sua vida: a paixão que a anima, sua inspiração última, o que contagia os outros, o que essa pessoa vai pondo no mundo.

O Espírito alenta nossos projetos e compromissos, configura nosso horizonte de valores e nossa esperança. Conforme for nosso espírito assim será nossa espiritualidade. E assim será também nossa religião e nossa vida inteira.

Os textos que os primeiros cristãos nos deixaram nos mostram que eles entendem seu seguimento de Jesus como um forte "movimento espiritual". Sentem-se habitados pelo Espírito de Jesus. Só é cristão quem foi batizado com esse Espírito. "Aquele que não tem o Espírito de Cristo não lhe pertence." Animados por esse Espírito, vivem tudo de maneira nova.

A primeira coisa que muda radicalmente é sua experiência de Deus. Já não vivem com "espírito de escravos", angustiados pelo medo de Deus, mas com "espírito de filhos", que se sentem amados de maneira incondicional por um Pai. O Espírito de Jesus os faz exclamar no fundo de seu coração: *Abbá*, Pai! Esta experiência é a primeira coisa que todos deveriam encontrar ao aproximar-se das comunidades de Jesus.

Muda também sua maneira de viver a religião. Já não se sentem "prisioneiros da lei", das normas e dos preceitos, mas libertados pelo amor. Agora sabem o que é viver com "um espírito novo", ouvindo o chamado do amor, e não com "a letra velha", ocupados em cumprir obrigações religiosas. Este é o clima que devemos fomentar entre todos e promover nas comunidades cristãs, se queremos viver como Jesus.

Descobrem também o verdadeiro conteúdo do culto a Deus. O que agrada ao Pai não são os ritos vazios de amor, mas sim que vivamos "em espírito e em verdade". Essa vida vivida com o espírito de Jesus e com a verdade de seu Evangelho é para os cristãos seu autêntico "culto espiritual".

Não devemos esquecer o que Paulo de Tarso dizia às suas comunidades: "Não apagueis o Espírito". Uma Igreja apagada, vazia do espírito de Cristo, não pode viver nem comunicar sua verdadeira novidade. Não pode saborear nem transmitir sua Boa Notícia.

## UMA EXPERIÊNCIA DECISIVA

Entre os teólogos cita-se repetidamente um texto de Karl Rahner, considerado per ele mesmo como seu testamento: "O homem religioso de amanhã será um místico ou não poderá ser religioso, porque a religiosidade de amanhã já não será compartilhada na base de uma convicção pública e óbvia". A ideia do teólogo alemão é clara: em breve não será possível a religião sem experiência pessoal de Deus.

Até há pouco tempo, o indivíduo nascia numa religião como nascia numa língua, numa cultura ou num povo. Bastava não romper com ela para ser considerado "membro" dessa religião. A crise religiosa que se difundiu pelos países ocidentais está tornando cada vez mais difícil esse estado de coisas.

Já não basta pertencer mais ou menos passivamente a uma Igreja. Não é suficiente a suposta adesão a um conjunto de verdades religiosas transmitidas pela tradição. Vai ser cada vez mais inviável viver a fé como uma herança cultural ou um costume social. No futuro, para ser crente, cada um terá que fazer sua própria experiência e descobrir que traz em seu coração "um mistério maior do que ele mesmo" (H.U. von Balthasar).

Não se trata de "psicologizar" a fé introduzindo o "psi" também na religião, segundo os gostos do homem pós-moderno, ou de promover "comunidades emocionais" (Max Weber), nas quais o indivíduo possa defender-se da "intempérie religiosa" fechando-se numa fé intimista e sentimental. Experiência de Deus quer dizer fundamentalmente reconhecer nossa finitude e abrir-nos com absoluta confiança ao seu Mistério.

As pessoas intuem no fundo de seu ser uma presença que, embora possa gerar temor, está implorando suavemente nossa confiança. Sua presença não é uma presença a mais entre outras. Não se confunde com nossos gostos, medos ou aspirações. É diferente. Vem de mais longe, de um lugar mais profundo do que nossas próprias profundezas. Podemos continuar ignorando-a, mas também podemos acolhê-la. Primeiro de forma débil e indecisa, depois com confiança e alegria.

A experiência vivida por Jesus ao ser batizado no Jordão é modelo de toda experiência cristã de Deus. Quando, em algum momento de nossa vida – cada qual sabe o seu – "o céu se rasga" e as trevas nos permitem entrever algo do mistério que nos envolve, o cristão, da mesma forma que Jesus, só ouve uma voz que pode transformar sua vida inteira: "Tu é meu filho amado". No futuro será difícil haver cristãos que não tenham tido a experiência pessoal de sentir-se filhos ou filhas amados de Deus.

## PARA QUE CRER?

São muitos os homens e as mulheres que um dia foram batizados por seus pais e hoje não saberiam definir exatamente qual é sua postura diante da fé. Talvez a primeira pergunta que surge em seu interior seja muito simples: Para que crer? A vida muda alguma coisa pelo fato de crer ou não crer? Serve a fé realmente para alguma coisa?

Estas perguntas nascem de sua própria experiência. São pessoas que, pouco a pouco, foram empurrando Deus para um canto de sua vida. Hoje Deus não conta absolutamente para elas na hora de orientar e dar sentido à sua existência.

Quase sem elas se darem conta, um ateísmo prático foi se instalando no fundo de seu ser. Essas pessoas não preocupam que Deus exista ou deixe de existir. Tudo isso lhes parece um problema estranho que é melhor deixar de lado para assentar a vida sobre bases mais realistas.

Deus não lhes diz nada. Acostumaram-se a viver sem ele. Não experimentam nostalgia ou vazio algum por sua ausência. Abandonaram a fé e tudo em sua vida corre bem, ou melhor do que antes. Para que crer?

Esta pergunta só é possível quando alguém "foi batizado com água", mas não descobriu o que significa "ser batizado com o Espírito de Jesus Cristo". Quando alguém continua pensando erroneamente que ter fé é crer uma série de coisas muito estranhas, que nada têm a ver com a vida, e não conhece ainda a experiência viva de Deus.

Encontrar-nos com Deus significa saber-nos acolhidos por Ele no meio da solidão, sentir-nos consolados na dor e na depressão, reconhecer-nos perdoados do pecado e da mediocridade, sentir-nos fortalecidos na impotência e na caducidade, ver-nos impulsionados a amar e criar vida no meio da fragilidade.

Para que crer? Para viver a vida com mais plenitude, para situar tudo em sua verdadeira perspectiva e dimensão, para viver inclusive os acontecimentos mais triviais e insignificantes com mais profundidade.

Para que crer? Para atrever-nos a ser humanos até o fim; para não sufocar nosso desejo de vida até o infinito; para defender nossa liberdade sem entregar nosso ser a qualquer ídolo; para permanecer abertos a todo o amor, a toda a verdade, a toda a ternura que existe em nós. Para não perder nunca a esperança no ser humano, nem a vida.

# 7
## AS TENTAÇÕES DE JESUS

*Naquele tempo, Jesus, cheio do Espírito Santo, voltou do Jordão e, durante quarenta dias, o Espírito o foi levando pelo deserto, enquanto era tentado pelo diabo. Durante todo esse tempo esteve sem comer e no final sentiu fome.*

*Então o diabo lhe disse:*

*– Se és Filho de Deus, dize a esta pedra que se transforme em pão.*

*Jesus lhe respondeu:*

*– Está escrito: "Não só de pão vive o ser humano".*

*Depois, levando-o para o alto, o diabo mostrou-lhe, num instante, todos os reinos do mundo e lhe disse:*

*– Dar-te-ei o poder e a glória de tudo isto, porque a mim foram dados, e eu os dou a quem eu quiser. Se te ajoelhares diante de mim, tudo será teu.*

*Jesus lhe respondeu:*

*– Está escrito: "Adorarás o Senhor, teu Deus, e só a Ele prestarás culto".*

*Então o levou a Jerusalém e colocou-o no pináculo do templo e lhe disse:*

*– Se és o Filho de Deus, atira-te daqui para baixo, porque está escrito: "Ele encarregará os anjos de cuidarem de ti"; e também: "Eles te sustentarão em suas mãos, para que teu pé não tropece nas pedras".*

*Jesus lhe respondeu:*

*– Está escrito: "Não tentarás o Senhor, teu Deus".*

*Completadas as tentações, o demônio afastou-se até outra ocasião (Lc 4,1-13).*

# Tentações

Os cristãos da primeira geração interessaram-se muito cedo pelas "tentações" de Jesus. Não queriam esquecer o tipo de conflitos e lutas que ele teve que superar para manter-se fiel a Deus. Isso os ajudava a não se desviarem de sua única tarefa: construir um mundo mais humano seguindo seus passos.

O relato é surpreendente. No "deserto" pode-se ouvir a voz de Deus, mas pode-se sentir também a atração de forças obscuras que nos afastam dele. O "diabo" tenta Jesus empregando a Palavra de Deus e apoiando-se em salmos que eram rezados em Israel. Até no interior da religião pode esconder-se a tentação de nos distanciarmos de Deus.

Na primeira tentação, Jesus resiste a utilizar Deus para "converter" as pedras em pão. A primeira coisa que uma pessoa precisa é comer, mas "não só de pão vive o ser humano". O anseio do ser humano não se apaga alimentando seu corpo. Ele precisa de muito mais.

Precisamente para libertar da miséria, da fome e da morte os que não têm pão, precisamos despertar a fome de justiça e de amor em nossa sociedade de egoístas satisfeitos.

A segunda cena é impressionante. Jesus está olhando o mundo de uma montanha alta. A seus pés são-lhe apresentados "todos os reinos", com seus conflitos, guerras e injustiças. Ali Ele quer introduzir o reino da paz e da justiça de Deus. O diabo, pelo contrário, lhe oferece "o poder e a glória" se Jesus se submeter a ele.

A reação de Jesus é imediata: "Adorarás o Senhor, teu Deus". O mundo não se humaniza com a força do poder. Não é possível impor o poder sobre os outros sem servir ao diabo. Os que seguem Jesus buscando glória e poder vivem "ajoelhados" diante do diabo. Não adoram o verdadeiro Deus.

Por último, no alto do templo, o diabo sugere a Jesus buscar segurança em Deus. Ele poderá viver tranquilo, "sustentado por suas mãos", e caminhar sem tropeços nem riscos de nenhum tipo. Jesus reage: "Não tentarás o Senhor, teu Deus".

É diabólico organizar a religião como um sistema de crenças e práticas que dão segurança. Não se constrói um mundo mais humano refugiando-nos cada qual em nossa religião. É necessário assumir às vezes compromissos arriscados, confiando em Deus, como Jesus.

## IDENTIFICAR AS TENTAÇÕES

As tentações experimentadas por Jesus não são propriamente de ordem moral. São projetos nas quais lhe são propostas maneiras falsas de entender e viver sua missão. Por isso, sua reação nos serve de modelo para nosso comportamento moral, mas sobretudo nos alerta para não nos desviarmos da missão que Jesus confiou a seus seguidores.

Antes de mais nada, as tentações de Jesus nos ajudam a identificar com mais lucidez e responsabilidade as tentações pelas quais pode passar hoje sua Igreja e nós que a formamos. Como seremos uma Igreja fiel a Jesus se não estamos conscientes das tentações mais perigosas que nos podem desviar hoje de seu projeto e de seu estilo de vida?

Na primeira tentação, Jesus renuncia a utilizar Deus para "converter" as pedras em pães, saciando assim sua fome. Ele não seguirá esse caminho. Não viverá procurando seu próprio interesse. Não utilizará o Pai de maneira egoísta. Alimentar-se-á da Palavra de Deus. Apenas "multiplicará" os pães para saciar a fome das pessoas.

Esta é provavelmente a tentação mais grave dos cristãos dos países ricos: utilizar a religião para completar nosso bem-estar material, tranquilizar nossas consciências e esvaziar nosso cristianismo de compaixão, vivendo surdos à voz de Deus, que continua gritando para nós: "Onde estão os vossos irmãos?"

Na segunda tentação, Jesus renuncia a obter "poder e glória" sob a condição de submeter-se, como todos os poderosos, aos abusos, mentiras e injustiças nas quais se apoia o poder inspirado pelo "diabo". O reino de Deus não é imposto, ele é oferecido com amor. Ele só adorará o Deus dos pobres, fracos e indefesos.

Nestes tempos de perda de poder social é tentador para a Igreja procurar recuperar "o poder e a glória" de outros tempos, pretendendo inclusive um poder absoluto sobre a sociedade. Estamos perdendo uma oportunidade histórica de enveredar por um caminho novo de serviço humilde e de acompanhamento fraterno ao homem e à mulher de hoje, tão necessitados de amor e de esperança.

Na terceira tentação, Jesus renuncia a cumprir sua missão recorrendo ao êxito fácil e à ostentação. Ele não será um Messias triunfalista. Nunca porá Deus a serviço de sua vanglória. Estará entre os seus como aquele que serve.

Sempre será tentador, na Igreja, buscar o religioso para obter reputação, renome e prestígio. Poucas coisas são mais ridículas no seguimento de Jesus do que a ostentação e a busca de honras. Estas causam dano à Igreja e a esvaziam de verdade.

## LUCIDEZ E FIDELIDADE

Não foi fácil para Jesus manter-se fiel à missão recebida de seu Pai, sem desviar-se de sua vontade. Os evangelhos recordam sua luta interior e as provas que teve que superar, junto a seus discípulos, ao longo de sua vida.

Os mestres da lei o acossavam com perguntas capciosas para submetê-lo à ordem estabelecida, esquecendo o Espírito, que o impelia a curar inclusive no sábado. Os fariseus lhe pediam que deixasse de aliviar o sofrimento das pessoas e realizasse algo mais espetacular, "um sinal do céu", de proporções cósmicas, com o qual Deus o confirmaria diante de todos.

As tentações lhe vinham inclusive de seus discípulos mais queridos. Tiago e João lhe pediam que se esquecesse dos últimos e pensasse mais em reservar a eles os postos de maior honra e poder. Pedro o repreende por colocar em risco sua vida e poder acabar executado.

Sofria Jesus e sofriam também seus discípulos. Nada era fácil nem claro. Todos precisavam buscar a vontade do Pai, superando provas e tentações de diversos gêneros. Poucas horas antes de ser detido pelas forças de segurança do templo, Jesus lhes diz assim: "Vós sois os que perseverastes comigo em minhas provações" (Lc 22,28).

O episódio conhecido como as "tentações de Jesus" é um relato no qual são reagrupadas e resumidas as tentações que Ele teve que superar ao longo de sua vida. Embora viva movido pelo Espírito recebido no Jordão, nada o dispensa de sentir-se atraído para formas falsas de messianismo. Deve Ele pensar em seu próprio interesse ou ouvir a vontade do Pai? Deve impor seu poder de Messias ou pôr-se a serviço dos que passam necessidade? Deve buscar sua própria glória ou manifestar a compaixão de Deus para com os que sofrem? Deve evitar riscos e esquivar-se da crucificação ou entregar-se à sua missão confiando no Pai?

O relato das tentações de Jesus foi recolhido nos evangelhos para alertar seus seguidores. Devemos ser lúcidos. O Espírito de Jesus está vivo em sua Igreja, mas nós cristãos não estamos livres de falsificar sempre de novo nossa identidade, caindo em múltiplas tentações.

Para seguir Jesus com fidelidade precisamos identificar as tentações que temos pela frente nós cristãos de hoje: a hierarquia e o povo; os dirigentes religiosos e os fiéis. Uma Igreja que não está consciente de suas tentações logo falsificará sua identidade e sua missão. Não nos está acontecendo algo disto? Não precisamos de mais lucidez e vigilância para não cair na infidelidade?

## TRANSFORMAR TUDO EM PÃO

Esta é a nossa grande tentação. Reduzir todo o horizonte de nossa vida à mera satisfação de nossos desejos: empenhar-nos em transformar tudo em pão para satisfazer nossas apetências.

Nossa maior satisfação, e às vezes quase a única, é digerir e consumir produtos, artigos, objetos, espetáculos, livros, televisão. Até o amor ficou transformado frequentemente em mera satisfação sexual.

Corremos a tentação de buscar o prazer para além dos limites da necessidade, inclusive em detrimento da vida e da convivência. Acabamos lutando para satisfazer nossos desejos, mesmo à custa dos outros, provocando a competição e a guerra entre nós.

Enganamo-nos se pensamos que é esse o caminho da libertação e da vida. Não experimentamos nunca, pelo contrário, que a busca exacerbada de prazer leva ao tédio, ao fastio e ao esvaziamento da vida? Não estamos vendo que uma sociedade que cultiva o consumo e a satisfação não faz senão gerar falta de solidariedade, irresponsabilidade e violência?

Esta civilização, que nos "educou" para a busca do prazer fora de toda razão e medida, está precisando de uma mudança de direção que nos possa infundir um novo alento de vida.

Precisamos voltar ao deserto. Aprender de Jesus, que se negou a realizar prodígios por pura utilidade, capricho ou prazer. Escutar a verdade que se encerra em suas inesquecíveis palavras: "Não só de pão vive o ser humano, mas de toda Palavra que sai da boca de Deus".

Não precisamos libertar-nos de nossa avidez, egoísmo e superficialidade, para despertar em nós o amor e a generosidade? Não precisamos escutar Deus, que nos convida a desfrutar criando solidariedade, amizade e fraternidade?

## PERDER OU GANHAR

Na vida nem tudo é crescer, progredir ou ganhar. Há muitos momentos em que a pessoa pode conhecer a crise, a doença ou o fracasso. Algo se rompe então em nós. Começamos a experimentar a vida como perda, limite ou diminuição. Já não estamos tão seguros de nada. Já não há alegria em nosso coração. Não somos mais os mesmos.

Podemos então rebelar-nos e viver essa experiência como algo totalmente negativo que nos causa dano e mutila nosso ser. Mas podemos também vivê-la como uma perda que pode levar-nos a assentar nossa vida sobre bases mais firmes. Jesus falará de uma poda necessária para produzir mais fruto.

Se soubermos agir de maneira humilde e confiante, "perder" pode levar-nos a "ganhar". Precisamos começar aceitando nossa situação. Não é bom negar o que está acontecendo conosco. É melhor reconhecer nossa limitação e fragilidade. Esse ser frágil e inseguro, pouco acostumado a sofrer, também sou eu.

A crise nos obriga a perguntar por nossas raízes: qual é a verdade última que nos motiva e inspira? Sobre o que apoiamos realmente nossa vida? Há uma verdade rotineira que nos mantém no dia a dia, mas há uma verdade mais profunda que às vezes só emerge em momentos de crise e debilidade.

Nós crentes vivemos este processo como uma experiência de salvação. Ali está Deus curando nosso ser. E o melhor sinal de sua presença salvadora é essa alegria humilde que pouco a pouco pode ir despertando em nós. Uma alegria que nasce do núcleo central da pessoa quando ela se abre para Deus.

Talvez estas experiências possam ajudar-nos a entender essa linguagem difícil de Jesus que, contra toda a lógica de apropriação e segurança, propõe a desapropriação e a perda como caminho para uma vida mais plena: "Se alguém quer salvar sua vida, há de perdê-la; mas aquele que a perder por mim, há de encontrá-la" (Mt 16,25). O relato evangélico nos apresenta Jesus como o homem que, no momento da tentação ou da crise, sabe "perder" para "ganhar" a vida.

# 8

# O PROGRAMA DE JESUS

*Naquele tempo, Jesus voltou para a Galileia, com a força do Espírito, e sua fama espalhou-se por toda a região. Ensinava nas sinagogas e todos o elogiavam.*

*Chegou a Nazaré, onde se tinha criado. Entrou na sinagoga, como era seu costume aos sábados, e se pôs de pé para fazer a leitura. Entregaram-lhe o livro do profeta Isaías e, abrindo-o, encontrou a passagem onde estava escrito:*

*"O Espírito do Senhor está sobre mim, porque me ungiu. Enviou-me para dar a Boa Notícia aos pobres, para anunciar aos cativos a liberdade e aos cegos a visão, para pôr em liberdade os oprimidos, para anunciar o ano de graça do Senhor".*

*E, fechando o livro, devolveu-o ao ajudante e sentou-se. Toda a sinagoga tinha os olhos fixos nele. E ele se pôs a dizer-lhes:*

*– Hoje se cumpre esta Escritura que acabais de ouvir (Lc 4,14-21).*

## O PROGRAMA DE JESUS

Antes de narrar a vida de Jesus, Lucas quer apresentar seu programa. Este programa lhe interessa muito, porque é precisamente esse o programa que os seguidores de Jesus devem ter diante dos olhos.

De acordo com Lucas, é o próprio Jesus quem seleciona uma passagem do profeta Isaías e a lê às pessoas de seu povoado, para que possam entender melhor o Espírito que o anima, as preocupações que traz em seu coração e a tarefa à qual quer dedicar-se de corpo e alma.

"O Espírito do Senhor está sobre mim. Ele me ungiu". Jesus se sente "ungido" pelo Espírito de Deus, impregnado por sua força. Por isso, seus seguidores o chamarão "Cristo", ou seja, "Ungido", e por isso eles próprios serão chamados "cristãos". Para Lucas, é uma contradição ser chamado "cristão" e viver sem esse Espírito de Jesus.

"Enviou-me para dar a Boa Notícia aos pobres." Deus se preocupa com o sofrimento das pessoas. Por isso, seu Espírito impele Jesus a deixar sua aldeia para levar a Boa Notícia aos pobres. Esta é sua grande tarefa: pôr esperança no coração dos que sofrem. Se o que nós cristãos fazemos e dizemos não é captado como "Boa Notícia" pelos que sofrem, que Evangelho estamos pregando? A que nos estamos dedicando?

Jesus se sente enviado a quatro grupos de pessoas: os "pobres", os "cativos", os "cegos" e os "oprimidos". São os que ele traz mais fundo no coração, os que mais o preocupam. Qual foi a "grande preocupação" de Jesus? Devemos ser honestos. Ou a Igreja é dos que sofrem ou deixa de ser a Igreja de Jesus. Se não são eles os que nos preocupam, com que nos estamos preocupando?

Jesus tem claro seu programa: semear liberdade, luz e graça. É isto que ele deseja introduzir naquelas aldeias da Galileia e no mundo inteiro. Nós podemos dedicar-nos a julgar a sociedade atual e condená-la; podemos lamentar-nos da indiferença religiosa. Mas, se seguirmos o programa de Jesus, nos sentiremos chamados a encher o mundo com a liberdade, a luz e a graça de Deus.

## O PRIMEIRO OLHAR

O primeiro olhar de Jesus não se dirige ao pecado das pessoas, mas ao sofrimento que arruína suas vidas. A primeira coisa que toca seu coração não é o pecado, mas a dor, a opressão e a humilhação que homens e mulheres padecem. Nosso maior pecado consiste precisamente em fechar-nos ao sofrimento dos outros para pensar apenas em nosso próprio bem-estar.

Jesus se sente "ungido pelo Espírito" de um Deus que se preocupa com os que sofrem. É esse Espírito que o impele a dedicar sua vida inteira a libertar, aliviar, curar, perdoar: "O Espírito do Senhor está sobre mim, porque me ungiu. Enviou-me para dar a Boa Notícia aos pobres, para anunciar aos cativos a liberdade e aos cegos a visão, para pôr em liberdade os oprimidos, para anunciar o ano de graça do Senhor".

Este programa de Jesus nem sempre foi o dos cristãos. A teologia cristã dirigiu sua atenção mais ao pecado das pessoas do que ao seu sofrimento. O conhecido teólogo Johann Baptist Metz denunciou repetidamente este grave deslocamento: "A doutrina cristã da salvação dramatizou demasiadamente o problema do pecado, enquanto relativizou o problema do sofrimento". É assim. Muitas vezes a preocupação com a dor humana ficou atenuada pela atenção à redenção do pecado.

Nós cristãos não cremos em qualquer Deus, mas no Deus atento ao sofrimento humano. Diante da "mística de olhos fechados", própria da espiritualidade do Oriente, voltada sobretudo para a atenção ao interior, o seguidor de Jesus se sente chamado a cultivar uma "mística de olhos abertos" e uma espiritualidade de responsabilidade absoluta para atender à dor dos que sofrem.

O cristão verdadeiramente espiritual – "ungido pelo Espírito" – é encontrado, da mesma forma que Jesus, junto aos desvalidos e humilhados. O que o caracteriza não é tanto a comunicação íntima com o Ser supremo quanto o amor a um Deus Pai que o envia para os seres mais pobres e abandonados. Como recordou o cardeal Martini: nestes tempos de globalização, o cristianismo deve globalizar a atenção ao sofrimento dos pobres da Terra.

## NA MESMA DIREÇÃO

Antes de começar a narrar a atividade de Jesus, Lucas quer deixar bem claro a seus leitores qual é a paixão que impele o Profeta da Galileia e qual é a meta de toda a sua atuação. Os cristãos precisam saber para onde o Espírito de Deus impele Jesus, pois segui-lo é precisamente caminhar na mesma direção que Ele.

Lucas descreve com todos os detalhes o que Jesus faz na sinagoga de seu povoado: põe-se de pé, recebe o livro sagrado, procura ele mesmo uma passagem de Isaías, lê o texto, enrola o volume, devolve-o e se senta. Todos precisam ouvir com atenção as palavras escolhidas por Jesus, pois expõem a tarefa a que Ele se sente enviado por Deus.

Surpreendentemente, o texto não fala de organizar uma religião mais perfeita ou de implantar um culto mais digno, e sim de comunicar libertação, esperança, luz e graça aos mais pobres e desgraçados. É isto o que Ele lê: "O Espírito do Senhor está sobre mim, porque me ungiu. Enviou-me para anunciar a Boa Notícia aos pobres, para anunciar aos cativos a liberdade e aos cegos a visão, para pôr em liberdade os oprimidos, para anunciar o ano de graça do Senhor". Ao terminar, Jesus lhes diz: "Hoje se cumpre esta Escritura que acabais de ouvir".

O Espírito de Deus está em Jesus, enviando-o aos pobres, orientando a vida dele para os mais necessitados, oprimidos e humilhados. Nesta direção devemos trabalhar nós, seus seguidores. É esta a orientação que Deus, encarnado em Jesus, quer imprimir à história humana. Os últimos deverão ser os primeiros a conhecer esta vida mais digna, libertada e feliz que Deus quer, já desde agora, para todos os seus filhos e filhas.

Não devemos esquecer isto. A "opção pelos pobres" não é uma invenção de alguns teólogos do século XX nem uma moda posta em circulação depois do Vaticano II. É a opção do Espírito de Deus, que anima a vida inteira de Jesus e que nós, seus seguidores, devemos introduzir na história humana. Já o dizia Paulo VI: é um dever da Igreja "ajudar para que nasça a libertação [...] e fazer com que ela seja total".

Só é possível viver e anunciar Jesus Cristo a partir da defesa dos últimos e da solidariedade com os excluídos. Se o que fazemos e proclamamos a partir da Igreja de Jesus não é captado como algo bom e libertador pelos que mais sofrem, que Evangelho estamos pregando? Que Jesus estamos seguindo? Que espiritualidade estamos promovendo? Estamos caminhando na mesma direção que Jesus?

## BOA NOTÍCIA PARA OS POBRES

Um dos traços mais escandalosos e insuportáveis da conduta de Jesus é sua decidida defesa dos pobres. Sempre de novo nós cristãos procuramos escamotear algo que é essencial na atuação dele.

Não nos enganemos. Sua mensagem não é uma boa notícia para todos, de maneira indiscriminada. Ele foi enviado para dar uma boa notícia aos pobres: o futuro projetado e querido por Deus pertence a eles.

Têm sorte os pobres, os marginalizados pela sociedade, os privados de toda defesa, os que não encontram lugar na convivência dos fortes, os despojados pelos poderosos, os humilhados pela vida. Eles são os destinatários do reino de Deus, os que se alegrarão quando Deus "reinar" entre seus filhos e filhas.

Mas, por que são eles os privilegiados? Será que os pobres são melhores do que os outros para merecer de Deus um tratamento especial? A posição de Jesus é simples e clara. Não afirma nunca que os pobres, pelo fato de serem pobres, sejam melhores do que os ricos. Ele não defende um "classismo moral". A única razão de seu privilégio consiste em que são pobres e oprimidos. E Deus não pode "reinar" no mundo senão fazendo-lhes justiça.

Deus não pode ser neutro diante de um mundo dilacerado pelas injustiças cometidas pelos seres humanos. O pobre é um ser necessitado de justiça. Por isso, a chegada de Deus é uma boa notícia para ele. Deus não pode reinar senão defendendo a sorte dos injustamente maltratados.

Se o reinado de Deus se impuser, os pobres serão felizes. Porque, onde Deus "reina", não mais poderão reinar os poderosos sobre os fracos nem os fortes sobre os indefesos.

Mas não esqueçamos. O que é boa notícia para os pobres soa como ameaça e má notícia para os interesses dos ricos. Os ricos têm má sorte. O futuro não lhes pertence. Suas riquezas os impedem de abrir-se para um Deus Pai.

## SEM ESCAPATÓRIA

É preciso medir a Igreja e os cristãos por sua palavra. Continuamente falam de Jesus como seu mestre e fundador, o único Senhor que devem seguir. E é assim. Por isso Jesus se transforma em seu juiz mais implacável: o critério de sua verdade ou de sua mentira. Não são nada as críticas que podem atingir a Igreja a partir de fora, se comparadas com as que lhe vêm do próprio Jesus.

Por isso nos é tão duro ouvir as palavras programáticas de Jesus: "O Espírito do Senhor está sobre mim, porque me ungiu. Enviou-me para dar a Boa Notícia aos pobres, para anunciar aos cativos a liberdade e aos cegos a visão, para pôr em liberdade os oprimidos".

O Espírito de Deus está em Jesus, enviando-o aos pobres. Esta é sua primeira tarefa: comunicar aos pobres a Boa Notícia de que Deus quer introduzir no mundo sua justiça e seu direito, para libertá-los da opressão de que são vítimas. Não há escapatória possível. A defesa dos que sofrem é a prova de que estamos deixando-nos guiar pelo Espírito de Jesus. Por isso, quando na Igreja se esquecem os desígnios de Deus e decai o seguimento de Jesus, o Espírito volta a interpelá-la a partir do clamor dos pobres e crucificados da Terra.

Existe uma coisa que nós cristãos precisamos ver com absoluta clareza: não se pode anunciar nem viver o Evangelho de Jesus senão a partir da defesa dos excluídos e da solidariedade com o Sul. Não é qualquer teologia, nem qualquer evangelização, nem qualquer ação pastoral que é igualmente fiel ao Espírito de Jesus. A teologia é discurso vazio se não leva a Boa Notícia de Deus aos pobres; a evangelização não é plenamente evangelização se não denuncia a injustiça que gera marginalização; a pastoral se esvazia de conteúdo cristão se esquece o serviço aos últimos.

Os pobres são o grande desafio para nós que nos dizemos seguidores de Jesus. Podemos continuar discutindo sobre a moral sexual, os preservativos ou o sacerdócio da mulher. Mas o Espírito de Jesus continuará nos interpelando a todos nós a partir do sofrimento dos desempregados, dos pobres ou dos famintos. Só Ele nos pode sacudir de nossas fáceis "ortodoxias" de direita ou de esquerda.

# 9

## REJEITADO EM SEU POVO

*Naquele tempo Jesus começou a dizer na sinagoga:*
*– Hoje se cumpre esta Escritura que acabais de ouvir.*
*E todos lhe manifestavam aprovação e se admiravam das palavras cheias de graça que saíam de seus lábios. E diziam:*
*– Não é este o filho de José?*
*E Jesus lhes disse:*
*Certamente me direis aquele provérbio: "Médico, cura-te a ti mesmo": faze também aqui, em tua terra, o que ouvimos dizer que fizeste em Cafarnaum.*
*E acrescentou:*
*Asseguro-vos que nenhum profeta é visto com bons olhos em sua terra. Garanto-vos que em Israel havia muitas viúvas nos tempos de Elias, quando o céu se fechou por três anos e seis meses e houve uma grande fome em todo o país; no entanto, Elias não foi enviado a nenhuma delas, a não ser a uma viúva de Sarepta, no território de Sidônia. E havia muitos leprosos em Israel nos tempos do profeta Eliseu; no entanto, nenhum deles foi curado, a não ser Naamã, o sírio.*
*Ao ouvir isto, todos na sinagoga ficaram furiosos e, levantando-se, o empurraram para fora do povoado, para um barranco do monte sobre o qual o povoado estava construído, com a intenção de precipitá-lo de lá. Mas Jesus abriu caminho por entre eles e foi se afastando (Lc 4,21-30).*

## Um dito muito atual

Nazaré era uma aldeia pequena, perdida entre as colinas da Baixa Galileia. Ali todos conhecem Jesus: viram-no brincar e trabalhar entre eles. A humilde sinagoga do povoado está cheia de familiares e conhecidos. Ali estão seus amigos e amigas da infância.

Quando Jesus se apresenta diante deles como "enviado" por Deus aos pobres e oprimidos, ficam surpresos. Sua mensagem lhes agrada, mas não lhes basta. Pedem que faça entre eles as curas que, segundo se diz, realizou em Cafarnaum. Não querem um "profeta" de Deus, mas uma espécie de "mago" ou "curandeiro" que dê prestígio à sua pequena aldeia.

Jesus não parece surpreender-se. Lembra-lhes um dito que ficará gravado na memória de seus seguidores: "Asseguro-vos que nenhum profeta é bem acolhido entre o seu povo". De acordo com Lucas, a incredulidade e a rejeição dos moradores de Nazaré vão crescendo. No final, "furiosos", o lançam "para fora do povoado".

O provérbio de Jesus não é uma trivialidade, porque encerra uma grande verdade. O "profeta" nos confronta com a verdade de Deus, põe a descoberto nossas mentiras e covardias e nos chama a uma mudança de vida. Não é fácil ouvir sua mensagem. É mais cômodo "lançá-lo fora" e esquecê-lo.

Nós cristãos dizemos coisas tão admiráveis de Jesus que às vezes esquecemos sua dimensão de "profeta". Confessamo-lo como "Filho de Deus", "Salvador do mundo", "Redentor da humanidade" e pensamos que, ao recitar nossa fé, já o estamos acolhendo. Não é assim. Deixamos Jesus, "Profeta de Deus", penetrar em nossa vida quando acolhemos sua palavra, nos deixamos transformar por sua verdade e seguimos seu estilo de vida.

Esta é a decisão mais importante dos seguidores de Jesus: ou acolhemos sua verdade ou a rejeitamos. Esta decisão, oculta aos olhos dos outros e só conhecida por Deus, é o que decide o sentido de minha vida e o acerto ou desacerto de minha passagem pelo mundo.

## FICAREMOS SEM PROFETAS?

"Um grande profeta surgiu entre nós". Assim gritavam as pessoas nas aldeias da Galileia, surpreendidas pelas palavras e pelos gestos de Jesus. No entanto, não é isto que acontece em Nazaré quando ele se apresenta diante de seus concidadãos como Profeta dos pobres.

Jesus observa primeiro sua admiração e depois sua rejeição. Não se surpreende. Lembra-lhes um conhecido provérbio: "Asseguro-vos que nenhum profeta é bem acolhido em sua terra". Depois, quando o expulsam do povoado e tentam acabar com Ele, Jesus os abandona. O narrador diz que Ele "abriu caminho por entre eles e foi se afastando". Nazaré ficou sem o Profeta Jesus.

Jesus é profeta e age como profeta. Não é um sacerdote do templo nem um mestre da lei. Sua vida deita raízes na tradição profética de Israel. Ao contrário dos reis e sacerdotes, o profeta não é nomeado nem ungido por ninguém. Sua autoridade provém de Deus, empenhado em alentar e guiar com seu Espírito seu povo querido, quando os dirigentes políticos e religiosos não sabem fazê-lo. Não é por acaso que os cristãos confessam Deus encarnado num profeta.

Os traços característicos do profeta são inconfundíveis. No meio de uma sociedade injusta, onde os poderosos procuram seu bem-estar silenciando o sofrimento dos que choram, o profeta se atreve a viver a realidade a partir da compaixão de Deus pelos últimos. Sua vida inteira se transforma em "presença alternativa" que critica as injustiças e chama à conversão e à mudança.

Por outro lado, quando a própria religião se acomoda a uma ordem injusta de coisas e seus interesses já não correspondem aos de Deus, o profeta sacode a indiferença e o autoengano, critica a ilusão de eternidade e de absoluto que ameaça toda religião e recorda a todos que só Deus salva. Sua presença introduz uma esperança nova, porque convida a pensar o futuro a partir da liberdade e do amor de Deus.

Uma Igreja que ignora a dimensão profética de Jesus e de seus seguidores corre o risco de ficar sem profetas. Preocupa-nos muito a escassez de sacerdotes e pedimos vocações para o serviço sacerdotal. Por que não pedimos que Deus suscite profetas? Não precisamos deles? Não sentimos necessidade de suscitar o espírito profético em nossas comunidades?

Uma Igreja sem profetas corre o risco de caminhar surda aos apelos de Deus à conversão e à mudança. Um cristianismo sem espírito profético corre o perigo de ficar controlado pela ordem, pela tradição ou pelo medo da novidade de Deus.

## O MEDO DE SER DIFERENTES

Sem demora Jesus pôde ver o que podia esperar de seu próprio povo. Os evangelistas não nos esconderam a resistência, o escândalo e a contradição que ele encontrou, inclusive nos ambientes mais próximos. Sua atuação livre e libertadora tornava-se por demais molesta. Seu comportamento punha em perigo demasiados interesses.

Jesus o sabe desde o início de sua atividade profética. É difícil que alguém decidido a atuar ouvindo fielmente a Deus seja bem aceito num povo que vive de costas para Ele. "Nenhum profeta é visto com bons olhos em sua terra".

Nós crentes não o deveríamos esquecer. Não se pode pretender seguir fielmente a Jesus e não provocar, de alguma maneira, a reação, a crítica e até a rejeição daqueles que, por diversos motivos, não podem estar de acordo com uma concepção evangélica da vida.

Resulta difícil para nós viver na contracorrente. Causa-nos medo ser diferentes. Faz muito tempo que está na moda "estar na moda". E não só quando se trata de adquirir o traje de inverno ou escolher as cores do verão. O "ditado da moda" nos impõe os gestos, as maneiras, a linguagem, as ideias, as atitudes e as posições que precisamos defender.

É necessária uma grande dose de coragem para ser fiéis às próprias convicções, quando todo o mundo se acomoda e se adapta à "moda". É mais fácil viver sem um projeto pessoal de vida, deixando-nos levar pelo convencionalismo. É mais fácil instalar-nos comodamente na vida e viver de acordo com o que nos ditam de fora.

No começo, talvez alguém escute ainda essa voz interior que lhe diz que não é esse o caminho acertado para crescer como pessoa nem como crente. Mas logo nos tranquilizamos. Não queremos passar por um "anormal" ou por um "estranho". Está-se mais seguro sem abandonar o rebanho.

E assim continuamos caminhando. Em rebanho. Ao passo que, a partir do Evangelho, continuamos sendo convidados a ser fiéis ao projeto de Jesus, inclusive quando isso possa acarretar-nos a crítica e a rejeição por parte da sociedade, e inclusive da Igreja.

## QUANDO UM POVO SE EQUIVOCA

É bastante frequente entre nós atribuir ao "povo" as posições que a gente mesmo procura defender. Facilmente lançam-se palavras de ordem, adotam-se decisões e promovem-se ações em nome de um povo que supostamente as defende.

Ninguém se atreve a elevar uma voz que possa parecer contrária ao povo. É preciso fazer ver que nossa palavra é expressão clara da vontade geral. Tudo acontece como se o apelo ao povo fosse o critério definitivo para julgar a validade daquilo que se propõe.

No entanto, seria um erro pensar que a única maneira de amar um povo é identificar-nos com tudo o que esse povo diz e faz. Um povo, pelo fato de ser povo, não é automaticamente infalível. Os povos também se equivocam. Os povos também são injustos.

E é precisamente então que esse povo precisa de homens e mulheres que lhe digam com sinceridade e valentia seus erros. Pessoas que, movidas por seu amor leal ao povo, se atrevam a levantar uma voz, talvez incômoda e discordante, mas que esse povo precisa ouvir para não desumanizar-se ainda mais.

Um povo que não tem em cada momento filhos e filhas que se atrevam a denunciar-lhe seus erros e injustiças é um povo que corre o perigo de ir "perdendo sua consciência". O maior erro de uma sociedade pode ser abafar a voz de seus profetas, pessoas às vezes muito simples, mas que conservam como ninguém o que há de melhor e mais humano nesse povo.

É triste constatar que o provérbio judeu continua sendo realidade: "Nenhum profeta é visto com bons olhos em sua terra". E os povos continuam fechando os ouvidos aos seus profetas, como aquele povo de Nazaré que um dia expulsou Jesus, que era o que havia de melhor e mais necessário para o povo.

## Ninguém está só

Ainda hoje ocorre entre os cristãos um certo "elitismo religioso", que é indigno de um Deus que é amor infinito. Há os que pensam que Deus é um Pai estranho que, embora tenha milhões e milhões de filhos e filhas que vão nascendo geração após geração, na realidade só se preocupa de verdade com seus "preferidos". Deus sempre atua assim: escolhe um "povo eleito", seja o povo de Israel ou a Igreja, e se dedica totalmente a ele, deixando os demais povos e religiões num certo abandono.

E mais ainda. Afirmou-se com toda tranquilidade que "fora da Igreja não há salvação", citando frases como a tão conhecida de São Cipriano, que, tirada de seu contexto, provoca arrepios: "Não pode ter Deus como Pai aquele que não tem a Igreja como Mãe".

É certo que o Concílio Vaticano II superou esta visão indigna de Deus, afirmando que "Ele não está longe dos que buscam o Deus desconhecido em sombras e imagens. Pois é Ele quem dá a todos a vida, a respiração e tudo o mais. E o Salvador quer que todos os seres humanos se salvem" (*Lumen gentium* 16), mas uma coisa são estas afirmações e outra os hábitos mentais que continuam dominando a consciência de não poucos cristãos.

É preciso dizê-lo com toda a clareza. Deus, que cria todos por amor, vive totalmente voltado para todas e cada uma de suas criaturas. Chama e atrai a todos para a felicidade eterna em comunhão com Ele. Não houve nunca algum homem ou mulher que tenha vivido sem que Deus o tenha acompanhado do fundo de seu próprio ser. Onde há um ser humano, qualquer que seja sua religião ou seu agnosticismo, ali está Deus, suscitando sua salvação. Seu amor não abandona nem discrimina ninguém. Como diz São Paulo: "Em Deus não há distinção de pessoas" (Rm 2,11).

Rejeitado em seu próprio povoado de Nazaré, Jesus recorda a história da viúva de Sarepta e a de Naamã, o sírio, ambos estrangeiros e pagãos, para fazer ver com toda a clareza que Deus se preocupa com seus filhos, mesmo que não pertençam ao povo eleito de Israel. Deus não se ajusta aos nossos esquemas e discriminações. Todos são seus filhos e filhas, os que vivem na Igreja e os que a deixaram. Deus não abandona ninguém.

# 10

## UMA PALAVRA DIFERENTE

*Naquele tempo, as pessoas se aglomeravam ao redor de Jesus para ouvir a palavra de Deus, estando Ele às margens do lago de Genesaré; e viu dois barcos que estavam na beira do lago: os pescadores haviam desembarcado e estavam lavando as redes.*

*Subiu a um dos barcos, o de Simão, e pediu-lhe que o afastasse um pouco da terra. Do barco, sentado, ensinava à multidão.*

*Quando acabou de falar, disse a Simão:*

*– Rema mar adentro e lançai as redes para pescar.*

*Simão respondeu:*

*– Mestre, passamos a noite inteira trabalhando e não apanhamos nada; mas, confiando em tua palavra, lançarei as redes. E, pondo mãos à obra, apanharam uma quantidade tão grande de peixes que a rede se rompia. Fizeram sinais aos sócios do outro barco para que viessem ajudá-los. Eles se aproximaram e encheram os dois barcos, a ponto de quase afundarem. Ao ver isto, Simão Pedro lançou-se aos pés de Jesus, dizendo:*

*– Afasta-te de mim, Senhor, porque sou um pecador.*

*É que o espanto se apoderara dele e dos que estavam com ele, ao ver a grande quantidade de peixes que haviam apanhado; e o mesmo acontecia com Tiago e João, filhos de Zebedeu, que eram companheiros de Simão.*

*Jesus disse a Simão:*

*– Não temas: de agora em diante serás pescador de homens.*

*Eles puxaram os barcos para a terra e, deixando tudo, o seguiram (Lc 5,1-11).*

## UMA PALAVRA QUE VEM DE DEUS

Ao chegar ao lago de Genesaré, Jesus vive uma experiência muito diferente da que viveu em seu povoado. As pessoas não o rejeitam, mas "se aglomeram ao seu redor". Aqueles pescadores não procuram milagres, como os moradores de Nazaré. Querem "ouvir a Palavra de Deus". É disso que precisam.

A cena é cativante. Não acontece dentro de uma sinagoga, mas no meio da natureza. As pessoas ouvem da margem; Jesus fala a partir das águas serenas do lago. Não está sentado numa cátedra, mas num barco. De acordo com Lucas, neste cenário humilde e simples Jesus "ensinava" às pessoas.

Esta multidão vem a Jesus para ouvir a "Palavra de Deus". Intuem que ele lhes fala da parte de Deus. Não repete o que ouve outros dizerem; não cita nenhum mestre da lei. Essa alegria que sentem em seu coração só Deus pode despertá-la. Jesus os põe em comunicação com Deus.

Anos mais tarde, nas primeiras comunidades cristãs, diz-se que as pessoas se aproximam também dos discípulos de Jesus para ouvir a "Palavra de Deus". Lucas volta a utilizar esta expressão audaz e misteriosa: as pessoas não querem ouvir deles uma palavra qualquer; esperam uma palavra diferente, nascida de Deus. Uma palavra como a de Jesus.

É o que se deve esperar sempre de um pregador cristão. Uma palavra dita com fé. Um ensinamento arraigado no evangelho de Jesus. Uma mensagem na qual se possa perceber sem dificuldade a verdade de Deus e na qual se possa ouvir seu perdão, sua misericórdia insondável e também seu apelo à conversão.

Provavelmente muitos esperam hoje dos pregadores cristãos essa palavra humilde, sentida, realista, extraída do Evangelho, meditada pessoalmente no coração e pronunciada com o Espírito de Jesus. Quando nos falta este Espírito, brincamos de profetas, mas na realidade não temos nada de importante a comunicar. Frequentemente acabamos repetindo com linguagem religiosa as "profecias" que se ouvem na sociedade.

## RECONHECER NOSSO PECADO

O relato da "pesca milagrosa" no lago da Galileia foi muito popular entre os primeiros cristãos. Vários evangelistas recolhem o episódio, mas somente Lucas culmina a narração com uma cena comovente que tem como protagonista Simão Pedro, discípulo crente e pecador ao mesmo tempo.

Pedro é um homem de fé seduzido por Jesus. As palavras de Jesus têm para ele mais força do que sua própria experiência. Pedro sabe que ninguém se põe a pescar ao meio-dia no lago, sobretudo se não pescou nada durante a noite. Mas Jesus mandou, e Pedro confia totalmente nele: "Apoiado em tua palavra, lançarei as redes".

Pedro é, ao mesmo tempo, um homem de coração sincero. Surpreendido pela extraordinária pesca obtida, "lança-se aos pés de Jesus" e, com uma espontaneidade admirável, lhe diz: "Afasta-te de mim, porque sou pecador". Diante de todos, Pedro reconhece seu pecado e sua indignidade para conviver com Jesus.

Jesus não se assusta por ter em sua companhia um discípulo pecador. Pelo contrário, se Pedro se sente pecador, poderá compreender melhor sua mensagem de perdão e sua acolhida a pecadores e indesejáveis. "Não temas: de agora em diante serás pescador de homens". Jesus lhe tira o medo de ser um discípulo pecador e o associa à sua missão de reunir e convocar homens e mulheres de toda condição a entrarem no projeto salvador de Deus.

Por que a Igreja resiste tanto a reconhecer seus pecados e confessar sua necessidade de conversão? A Igreja é de Jesus Cristo, mas ela não é Jesus Cristo. Ninguém pode estranhar que nela haja pecado. A Igreja é "santa" porque vive animada pelo Espírito Santo de Jesus, mas é "pecadora" porque não poucas vezes resiste a esse Espírito e se afasta do Evangelho. O pecado está nos crentes e nas instituições, na hierarquia e no povo de Deus, nos pastores e nas comunidades cristãs. Todos nós precisamos de conversão.

Por outro lado, não é mais evangélica uma Igreja frágil e vulnerável, que tem a coragem de reconhecer seu pecado, do que uma instituição empenhada inutilmente em ocultar ao mundo suas misérias? Não são mais dignas de crédito nossas comunidades quando colaboram com Cristo na tarefa evangelizadora, reconhecendo humildemente seus pecados e comprometendo-se com uma vida cada vez mais evangélica? Não temos também nós muito que aprender hoje do grande apóstolo Pedro reconhecendo seu pecado aos pés de Jesus?

## ERRO NEFASTO

É muito difundida a ideia de que a culpa é algo introduzido pela religião. Muitos pensam que, se Deus não existisse, desapareceria o sentimento de culpa, pois não haveria mandamentos e cada qual poderia fazer o que quisesse.

Nada mais longe da realidade. A culpa não é algo inventado pelos crentes, mas uma experiência universal vivida por todo ser humano, como tem lembrado insistentemente a filosofia moderna (Kant, Heidegger, Ricoeur). Crentes e ateus, todos nós nos confrontamos com esta realidade dramática: sentimo-nos chamados a fazer o bem, mas sempre de novo fazemos o mal.

É característica própria do crente viver sua experiência da culpa diante de Deus. Mas, diante de que Deus? Se ele se sente culpado diante do olhar de um Deus ressentido e implacável, não há nada no mundo mais culpabilizador e destrutivo. Se, pelo contrário, ele experimenta Deus como alguém que nos acompanha com amor, sempre disposto a compreender e a ajudar, é difícil pensar em algo mais luminoso, curador e libertador.

Mas, qual é a atitude real de Deus diante de nosso pecado? Não é tão fácil responder a esta pergunta. No Antigo Testamento ocorre um longo processo que às vezes nós crentes não chegamos a captar. O prestigioso intelectual Paul Ricoeur nos adverte que "resta ainda um longo caminho para compreendermos ou adivinharmos que a cólera de Deus é somente a tristeza de seu amor".

Mas é ainda mais deplorável que muitos cristãos não cheguem nunca a acolher com alegria o Deus de perdão e de graça revelado em Jesus. Como foi possível ir-se formando entre nós essa imagem de um Deus ressentido e culpabilizador? Como não trabalhar com todas as forças para libertar as pessoas de tal equívoco?

Não poucas pessoas pensam que o pecado é um mal que se faz a Deus, que "impõe" os mandamentos porque convém a Ele; e por isso Ele castiga o pecador. Não conseguimos compreender que o único interesse de Deus é evitar o mal a seus filhos e filhas, pois o pecado é um mal para o ser humano, não para Deus. Explicava-o há muito tempo santo Tomás de Aquino: "Deus só é ofendido por nós porque agimos contra nosso próprio bem".

Quem, a partir da culpa, só olha para Deus como juiz ressentido e castigador não entendeu nada desse Pai cujo único interesse somos nós e nosso bem. Nesse Deus, no qual não há egoísmo nem ressentimento, só cabe oferecimento de perdão e de ajuda para sermos mais humanos. Somos nós que nos julgamos e nos castigamos rejeitando seu amor.

A cena que Lucas nos descreve é profundamente significativa. Simão Pedro se lança aos pés de Jesus, acabrunhado por seus sentimentos de culpa e indignidade: "Afasta-se de mim, Senhor, porque sou pecador!" A reação de Jesus, encarnação de um Deus de amor e perdão, é comovedora: "Não temas: de agora em diante serás pescador de homens".

### UMA MORAL SEM PECADO?

Diz-se muitas vezes que desapareceu a consciência do pecado. Isso não é totalmente correto. O que acontece é que a crise de fé trouxe consigo uma maneira diferente, nem sempre mais sadia, de enfrentar a própria culpabilidade. De fato, ao prescindir de Deus, não poucos vivem a culpa de modo mais confuso e mais solitário.

Alguns pararam na forma mais primitiva e arcaica de viver o pecado. Sentem-se "manchados" por sua maldade. Indignos de conviver com seus entes queridos. Não conhecem a experiência de um Deus perdoador, mas tampouco encontraram outro caminho para libertar-se de seu mal-estar interior.

Outros continuam vivendo o pecado como "transgressão". É certo que apagaram de sua consciência alguns "mandamentos", mas o que não desapareceu em seu interior é a imagem de um Deus legislador diante do qual não sabem como situar-se. Sentem a culpa como uma transgressão com a qual não é fácil conviver.

Muitos vivem o pecado como "autoacusação". Ao diluir-se sua fé em Deus, a culpa vai se transformando numa "acusação sem acusador" (Paul Ricoeur). Não é preciso que alguém os condene. Eles mesmos o fazem. Mas, como libertar-se desta autocondenação? Basta esquecer o passado e procurar eliminar a própria responsabilidade?

Tentou-se também reduzir o pecado a uma "vivência psicológica" a mais. Um bloqueio da pessoa. O pecador seria uma espécie de "doente", vítima de sua própria debilidade. Chegou-se inclusive a falar de uma "moral sem pecado". Mas, é possível viver a vida moral sem vivenciar a culpabilidade?

Para o crente, o pecado é uma realidade. É inútil encobri-lo. Embora se saiba muito condicionado em sua liberdade, o cristão se sente responsável por sua vida diante de si mesmo e diante de Deus. Por isso, confessa seu pecado e o reconhece como uma "ofensa contra Deus". Mas contra um Deus que só busca a felicidade do ser humano. Nunca devemos esquecer que o pecado ofende a Deus enquanto nos prejudica a nós mesmos, seres infinitamente queridos por Ele.

Surpreendido pela presença de Jesus, Pedro reage reconhecendo seu pecado: "Afasta-te de mim, Senhor, porque sou um pecador". Porém, Jesus não se afasta dele, mas lhe confia uma nova missão: "Não temas: de agora em diante serás pescador de homens". Reconhecer o pecado e invocar o perdão é, para o crente, a forma sadia de renovar-se e crescer como pessoa.

## NÃO TEMAS

A culpa como tal não é algo inventado pelas religiões. Constitui uma das experiências humanas mais antigas e universais. Antes de aflorar o sentimento religioso pode-se verificar no ser humano essa sensação de "ter falhado" em alguma coisa. O problema não consiste na experiência da culpa, mas na maneira de enfrentá-la.

Existe uma maneira sadia de viver a culpa. A pessoa assume a responsabilidade por seus atos, lamenta o dano que pode ter causado e esforça-se para melhorar no futuro sua conduta. Vivida assim, a experiência da culpa faz parte do crescimento da pessoa para a sua maturidade.

Mas existem também maneiras pouco sadias de viver esta culpa. A pessoa se fecha em sua indignidade, fomenta sentimentos infantis de mancha e sujeira, destrói sua autoestima e se anula. O indivíduo se atormenta, se humilha, luta consigo mesmo, mas no final de todos os seus esforços não se liberta nem cresce como pessoa.

O próprio do cristão é viver sua experiência de culpa perante um Deus que é amor e somente amor. O crente reconhece que foi infiel a esse amor. Isto dá à sua culpa um peso e uma seriedade absoluta. Mas ao mesmo tempo o liberta do naufrágio, pois sabe que, mesmo sendo pecador, é aceito por Deus: nele pode encontrar sempre a misericórdia que salva de toda indignidade e fracasso.

De acordo com o relato, Pedro, acabrunhado por sua indignidade, se lança aos pés de Jesus, dizendo: "Afasta-te de mim, Senhor, porque sou um pecador". A resposta de Jesus não podia ser outra: "Não temas", não tenhas medo de ser pecador e de estar perto de mim. Esta é a sorte do crente: sabe-se pecador, mas sabe-se ao mesmo tempo aceito, compreendido e amado incondicionalmente por esse Deus revelado em Jesus.

# 11

## FELICIDADE NÃO CONVENCIONAL

*Naquele tempo, Jesus desceu do monte com os Doze e parou numa planície com um grupo grande de discípulos e de povo, procedentes de toda a Judeia, de Jerusalém e da costa de Tiro e Sidônia.*

*Levantando os olhos para seus discípulos, Ele lhes disse:*
*– Felizes os pobres, porque vosso é o reino de Deus.*
*Felizes os que agora tendes fome, porque sereis saciados.*
*Felizes os que agora chorais, porque rireis.*

*Felizes sereis vós quando os homens vos odiarem e vos excluírem e vos insultarem e proscreverem vosso nome como infame por causa do Filho do homem. Alegrai-vos nesse dia e saltai de satisfação, porque grande será vossa recompensa no céu. É isso que faziam vossos pais com os profetas.*

*Mas, ai de vós, os ricos, porque já tendes vosso consolo!*
*Ai de vós, os que agora estais saciados, porque tereis fome!*
*Ai de vós, os que agora rides, porque lamentareis e chorareis.*

*Ai de vós, se todo o mundo falar bem de vós! É isso que faziam vossos pais com os falsos profetas (Lc 6,17.20-26).*

### FELIZES OS QUE NÓS MARGINALIZAMOS

Jesus não tinha poder político nem religioso para transformar a situação injusta que se vivia em seu povo. Só tinha a força de sua palavra. Os evangelistas recolhem os clamores subversivos que Jesus foi lançando pelas aldeias da Galileia em diversas situações. Suas bem-aventuranças ficaram gravadas para sempre em seus seguidores.

Jesus encontra-se com pessoas empobrecidas que não podem defender suas terras dos poderosos proprietários e exclama para eles: "Felizes os que não tendes nada, porque vosso rei é Deus". Observa a fome das mulheres e das crianças desnutridas, e não pode reprimir-se: "Felizes os que agora tendes fome, porque sereis saciados". Vê os camponeses chorarem de raiva e impotência quando os arrecadadores de impostos levam o melhor de suas colheitas, e os anima: "Felizes os que agora chorais, porque rireis".

Não é tudo isto uma zombaria? Não é cinismo? Talvez o fosse se Jesus lhes estivesse falando a partir de um palácio de Tiberíades ou de uma vila de Jerusalém, mas Jesus está com eles. Não traz dinheiro, anda descalço e sem túnica de reposição. É um indigente a mais que lhes fala com fé e convicção total.

Os pobres o entendem. Não são felizes por causa de sua pobreza, muito pelo contrário. Sua miséria não é um estado invejável nem um ideal. Jesus os chama de "felizes" porque Deus está do seu lado. Seu sofrimento não durará para sempre. Deus lhes fará justiça.

Jesus é realista. Sabe muito bem que suas palavras não significam o fim imediato da fome e da miséria dos pobres. Mas o mundo precisa saber que eles são os filhos prediletos de Deus, e isto confere à sua dignidade uma seriedade absoluta. Sua vida é sagrada.

É isto que Jesus quer deixar bem claro num mundo injusto: os que não interessam a ninguém são os que mais interessam a Deus; os que nós marginalizamos são os que ocupam um lugar privilegiado em seu coração; os que não têm quem os defenda têm a Deus como Pai.

Nós que vivemos acomodados na sociedade da abundância não temos direito de pregar a ninguém as bem-aventuranças de Jesus. O que precisamos fazer é ouvi-las e começar a olhar os pobres, os famintos e os que choram como Deus os olha. Daí pode nascer nossa conversão.

## LEVAR A SÉRIO OS POBRES

Acostumados a ouvir as "bem-aventuranças" tal como aparecem no evangelho de Mateus, torna-se duro aos cristãos dos países ricos ler o texto que Lucas nos apresenta. Ao que parece, este evangelista – e não poucos de seus leitores – pertencia a uma classe abastada. No entanto, longe de suavizar a mensagem de Jesus, Lucas a apresenta de maneira mais provocativa.

Junto com as "bem-aventuranças" aos pobres, o evangelista recorda as "mal-aventuranças" aos ricos: "Felizes os pobres [...] os que agora tendes fome [...] os que agora chorais". Mas, "ai de vós, os ricos [...] os que agora estais saciados [...] os que agora rides". O Evangelho não pode ser ouvido de maneira igual por todos. Enquanto para os pobres é uma Boa Notícia que os convida à esperança, para os ricos é uma ameaça que os chama à conversão. Como ouvir esta mensagem em nossas comunidades cristãs?

Antes de mais nada, Jesus nos põe a todos diante da realidade mais sangrenta que existe no mundo, a que mais o faz sofrer, a que mais toca o coração de Deus, a que está mais presente diante de seus olhos. Uma realidade que, a partir dos países ricos, nós procuramos ignorar, encobrindo de mil maneiras a injustiça mais cruel, da qual em boa parte nós somos cúmplices.

Queremos continuar alimentando o autoengano ou abrir os olhos para a realidade dos pobres? Temos realmente vontade? Levamos alguma vez a sério essa imensa maioria dos que vivem desnutridos e sem dignidade, dos que não têm voz nem poder, dos que não contam para nossa trajetória rumo ao bem-estar?

Nós cristãos ainda não descobrimos a importância que os pobres podem ter na história do cristianismo. Eles nos trazem mais luz do que ninguém para ver-nos em nossa própria verdade; eles sacodem nossa consciência e nos convidam à conversão. Eles podem ajudar-nos a configurar a Igreja do futuro de maneira mais evangélica. Podem tornar-nos mais humanos: mais capazes de austeridade, solidariedade e generosidade.

O abismo que separa ricos e pobres continua crescendo de maneira incontrolável. Futuramente será cada vez mais difícil apresentar-nos diante do mundo como Igreja de Jesus, ignorando os mais fracos e indefesos da Terra. Ou levamos a sério os pobres ou esquecemos o Evangelho. Nos países ricos ser-nos-á cada vez mais difícil ouvir a advertência de Jesus: "Não podeis servir a Deus e ao Dinheiro". Isto se nos tornará insuportável.

## Diante da sabedoria convencional

Advertida ou inadvertidamente, todos nós aprendemos a viver de nosso entorno cultural. Ao longo dos anos, vamos interiorizando a "sabedoria convencional" que predomina na sociedade. No final, é essa "consciência cultural" que modela em boa parte a nossa maneira de entender e viver a vida.

Quase sem nos darmos conta, essa "sabedoria convencional" nos vai proporcionando os princípios, valores e critérios de atuação que orientam nosso estilo de vida. Este modo de funcionar não é algo restrito a umas poucas pessoas. É o habitual. Inclusive, pode-se dizer que tornar-se adulto significa para muitos interiorizar a "sabedoria convencional" que predomina na sociedade.

Acostumados a corresponder aos seus ditados, custa-nos perceber nossa cegueira e falta de liberdade para viver de maneira mais profunda e original. Julgamo-nos livres, e na realidade vivemos domesticados; consideramo-nos inteligentes, mas só atendemos ao que a sociedade nos oferece.

E existe algo ainda mais grave. Cremos ouvir em nosso interior a voz da consciência, mas o que escutamos na realidade são os "valores" que interiorizamos da consciência social, e que trazem nomes bem concretos: bem-estar, segurança, êxito, satisfação, boa imagem, dinheiro, poder.

Um dos traços que os investigadores modernos mais destacam em Jesus é seu empenho em libertar as pessoas dessa "sabedoria convencional", a fim de acolher o projeto de Deus de um mundo mais humano. Sua mensagem é clara: É preciso aprender a viver a partir de outro "lugar", ouvindo a voz de um Deus que quer uma vida mais digna e feliz para todos.

Diante da "sabedoria convencional", Jesus vive e ensina a viver de uma maneira nova e provocativa, modelada por valores diferentes: compaixão, defesa dos últimos, serviço aos desvalidos, acolhida incondicional, luta pela dignidade de todo ser humano.

Neste contexto precisamos ouvir as palavras de Jesus: "Felizes os pobres [...] os que agora tendes fome [...] os que agora chorais [...] porque vosso é o reino de Deus". Deus quer reinar num mundo diferente, onde todos possam conhecer a felicidade e a dignidade.

## QUE FELICIDADE?

Todos nós trazemos no mais profundo de nosso ser uma fome insaciável de felicidade. Onde encontramos um ser humano podemos estar certos de que nos encontramos diante de alguém que procura exatamente a mesma cosia que nós: ser feliz.

No entanto, quando nos perguntam o que é a felicidade e como encontrá-la, não sabemos dar uma resposta muito clara. A felicidade é sempre algo que nos falta. Algo que ainda não possuímos plenamente.

Por isso, a escuta singela das bem-aventuranças provoca sempre em nós um eco especial. Por um lado, seu tom fortemente paradoxal nos desconcerta. Por outro, a promessa que encerram nos atrai, porque oferecem a resposta a essa sede que existe no mais profundo de nosso ser.

Nós cristãos esquecemos que o Evangelho é um chamado a ser felizes. Não de qualquer maneira, mas pelos caminhos que Jesus sugere e que são completamente diferentes dos caminhos que a sociedade atual propõe. Este é seu maior desafio.

De acordo com Jesus, é melhor dar do que receber, é melhor servir do que dominar, compartilhar do que açambarcar, perdoar do que vingar-se. No fundo, quando procuramos ouvir sinceramente o que há de melhor nas profundezas de nosso ser, intuímos que Jesus tem razão. E, do íntimo de nosso ser, sentimos necessidade de bradar também hoje as bem-aventuranças e as maldições que Jesus bradou.

Felizes os que sabem ser pobres e compartilhar o pouco que têm com seus irmãos. Malditos os que só se preocupam com suas riquezas e seus interesses.

Felizes os que conhecem a fome e a necessidade, porque não querem explorar, oprimir e pisotear os outros. Malditos os que são capazes de viver tranquilos e satisfeitos, sem preocupar-se com os necessitados.

Felizes os que choram as injustiças, as mortes, as torturas, os abusos e o sofrimento dos fracos. Malditos os que se riem da dor dos outros, enquanto desfrutam seu bem-estar.

## FELICIDADE AMEAÇADA

O Ocidente não quis acreditar no amor como fonte de vida e felicidade para o homem e a sociedade. As bem-aventuranças de Jesus continuam sendo uma linguagem ininteligível e inconcebível, inclusive para nós que nos chamamos cristãos.

Nós pusemos a felicidade em outras coisas. Chegamos inclusive a confundir a felicidade com o bem-estar. E, embora sejam poucos os que se atrevem a confessá-lo abertamente, para muitos o decisivo para ser feliz é "ter dinheiro".

Eles quase não têm outro projeto de vida. Apenas trabalhar para ter dinheiro. Ter dinheiro para comprar coisas. Possuir coisas para adquirir uma posição e ser importante na sociedade. Esta é a felicidade na qual cremos. O caminho que procuramos percorrer para buscar a felicidade.

Vivemos numa sociedade que, no fundo, sabe que em tudo isto se esconde algo absurdo, mas não é capaz de buscar uma felicidade mais verdadeira. Gostamos de nossa maneira de viver, embora sintamos que não nos torna felizes.

Nós crentes deveríamos lembrar-nos de que Jesus não falou só de bem-aventuranças. Lançou também ameaçadoras maldições para todos aqueles que, esquecendo o chamado do amor, desfrutam satisfeitos em seu próprio bem-estar. Esta é a ameaça de Jesus: os que possuem e desfrutam tudo quanto seu coração egoísta almejou, descobrirão um dia que não há para eles mais felicidade que aquela que já saborearam.

Talvez estejamos vivendo uns tempos nos quais começamos a intuir melhor a verdade última que se encerra nas ameaças de Jesus: "Ai de vós, os ricos, porque já tendes vosso consolo! Ai de vós, os que agora estais saciados, porque tereis fome! Ai de vós, os que agora rides, porque chorareis!" Começamos a experimentar que a felicidade não está no puro bem-estar. A civilização da abundância nos oferece meios de vida, mas não razões para viver. A insatisfação atual de muitos não se deve só nem principalmente à crise econômica, mas sobretudo à crise de autênticos motivos para viver, lutar, gozar, sofrer e esperar.

Há poucas pessoas felizes. Aprendemos muitas coisas, mas não sabemos ser felizes. Necessitamos de tantas coisas que somos uns pobres necessitados. Para conseguir nosso bem-estar somos capazes de mentir, defraudar, trair-nos a nós mesmos e destruir-nos uns aos outros. E assim não se pode ser feliz.

E se Jesus tiver razão? Não está nossa "felicidade" demasiadamente ameaçada? Não precisamos procurar uma sociedade diferente, cujo ideal não seja o desenvolvimento material sem fim, mas a satisfação das necessidades vitais de todos? Não seremos mais felizes quando aprendermos a necessitar menos e compartilhar mais?

# 12

## PERDOAR

*Naquele tempo, disse Jesus a seus discípulos:*

*– A vós que me escutais eu vos digo: amai vossos inimigos, fazei o bem aos que vos odeiam, bendizei os que vos maldizem, orai pelos que vos caluniam. A quem te bater numa face, oferece a outra; a quem te tomar o manto, deixa-lhe também a túnica. Dá a quem te pedir; a quem tomar o que é teu, não o reclames de volta. Tratai os outros como quereis que eles vos tratem. Porque, se amais somente os que vos amam, que mérito tereis? Também os pecadores amam aqueles que os amam. E se fazeis o bem somente aos que vos fazem bem, que mérito tereis? Também os pecadores o fazem. E se emprestais somente quando esperais receber, que mérito tereis? Também os pecadores emprestam a outros pecadores com a intenção de receber em troca o equivalente.*

*Ao contrário, amai vossos inimigos, fazei o bem e emprestai sem esperar nada: tereis um grande prêmio e sereis filhos do Altíssimo, que é bom para com os ingratos e maus. Sede compassivos como vosso Pai é compassivo. Não julgueis e não sereis julgados; não condeneis e não sereis condenados. Perdoai e sereis perdoados. Dai e vos será dado: recebereis uma medida generosa, cheia, sacudida, transbordante. A mesma medida que usardes será usada para vos medir (Lc 6,27-38).*

### AMOR AO INIMIGO

"A vós que me escutais eu vos digo: amai vossos inimigos, fazei o bem aos que vos odeiam". O que podemos fazer, nós crentes, diante destas palavras de Jesus? Suprimi-las do Evangelho? Apagá-las do fundo de nossa consciência? Deixá-las para tempos melhores?

Não muda muito nas diferentes culturas a postura básica das pessoas diante do "inimigo", ou seja, diante de alguém de quem só podemos esperar que nos faça mal. O ateniense Lísias (século V a.C.) expressa a concepção vigente na Grécia antiga com uma fórmula que seria bem acolhida também hoje por muitos: "Considero como norma estabelecida que alguém deve procurar prejudicar seus inimigos e pôr-se a serviço de seus amigos".

Por isso, precisamos destacar ainda mais a importância revolucionária que se encerra no mandamento evangélico do amor ao inimigo, considerado pelos exegetas como o expoente mais diáfano da mensagem cristã.

Quando Jesus fala do amor ao inimigo, não está pensando num sentimento de afeto e carinho para com ele, mas numa atitude humana de interesse positivo para seu bem.

Jesus pensa que a pessoa é humana quando o amor está na base de toda a sua atuação. E nem sequer a relação com os inimigos deverá ser uma exceção. Quem é humano até o fim respeita a dignidade do inimigo, por mais desfigurada que possa apresentar-se a nós. Não adota diante dele uma postura excludente de maldição, mas uma atitude de bendição.

E é precisamente este amor, que abrange a todos e busca realmente o bem de todos, sem exceção, a contribuição mais humana que aquele que se inspira no Evangelho de Jesus pode introduzir na sociedade.

Há situações em que este amor ao inimigo parece impossível. Estamos demasiadamente feridos para poder perdoar. Precisamos de tempo para recuperar a paz. É o momento de lembrar que também nós vivemos da paciência e do perdão de Deus.

## O QUE É PERDOAR?

A mensagem de Jesus é clara e categórica: "Amai vossos inimigos, fazei o bem aos que vos odeiam". É possível viver esta atitude? O que se nos está pedindo? Podemos amar o inimigo? Talvez precisemos começar por conhecer melhor o que significa "perdoar".

É importante, em primeiro lugar, entender e aceitar os sentimentos de ira, revolta ou agressividade que nascem em nós. É normal. Estamos feridos. Para não causarmos um dano ainda maior precisamos recuperar o quanto possível a paz interior que nos ajude a reagir de maneira sadia.

A primeira decisão daquele que perdoa é não vingar-se. Não é fácil. A vingança é a resposta quase instintiva que nasce dentro de nós quando nos feriram ou humilharam. Procuramos compensar nosso sofrimento fazendo sofrer quem nos causou dano. Para perdoar é importante não gastar energias imaginando nossa revanche.

É decisivo, sobretudo, não alimentar o ressentimento. Não permitir que o ódio se instale em nosso coração. Temos direito a que se nos faça justiça: aquele que perdoa não renuncia a seus direitos. Mas o importante é curarnos aos poucos do dano que nos causaram.

Perdoar pode exigir tempo. O perdão não consiste num ato da vontade, que rapidamente conserta tudo. Em geral, o perdão é o final de um processo no qual intervêm também a sensibilidade, a compreensão, a lucidez e, no caso do crente, a fé num Deus de cujo perdão todos nós vivemos.

Para perdoar é necessário às vezes compartilhar com alguém nossos sentimentos. Perdoar não quer dizer esquecer o dano que nos causaram, mas sim recordá-lo da maneira menos prejudicial para o ofensor e para si mesmo. Aquele que chega a perdoar volta a sentir-se melhor.

Quem vai entendendo assim o perdão compreende que a mensagem de Jesus, longe de ser algo impossível e irritante, é o caminho acertado para ir sanando as relações humanas, sempre ameaçadas por nossas injustiças e conflitos.

## O PERDÃO CRISTÃO

Pouco a pouco, nossa linguagem está se secularizando. Palavras e conceitos que, em sua origem, tinham um conteúdo cristão, hoje são empregados sem referência alguma à fé. É o que aconteceu com a linguagem do perdão, que ficou esvaziada de seu conteúdo evangélico mais genuíno.

O perdão cristão brota de uma experiência religiosa. O cristão perdoa porque se sente perdoado por Deus. Toda outra motivação é secundária. Perdoa quem sabe que vive do perdão de Deus. Esta é a fonte última. "Perdoai-vos mutuamente como Deus vos perdoou em Cristo" (Ef 4,32). Esquecer isto é falar de outra coisa muito diferente do perdão evangélico.

Por isso, o perdão cristão não é um ato de justiça. Não se pode exigi-lo de ninguém como um dever social. Juridicamente o perdão não existe. O código penal ignora o verbo "perdoar". O gesto surpreendente e muitas vezes heroico do perdão nasce de um amor gratuito. Não depende de condições prévias. Não exige nada, não reclama nada. Se se perdoa é por amor. Falar de requisitos para perdoar é introduzir a concepção de outra coisa.

No Evangelho convida-se a perdoar "até setenta vezes sete", a perdoar inclusive a quem não mostra nenhum arrependimento, inspirados no próprio Jesus, que, no momento em que está sendo crucificado, pede a Deus: "Pai, perdoa-lhes porque não sabem o que fazem" (Lc 23,34).

Ninguém se engane. Perdoar não é fácil. É melhor confessá-lo dessa maneira. Tudo menos manipular o discurso do perdão para exigir de outros responsabilidades ou para defendermos cada um nossa própria posição. Há alguns anos, João Paulo II convidava a "guardar a autenticidade do perdão", algo que só é possível "guardando a sua fonte, isto é, o mistério da misericórdia do próprio Deus, revelado em Jesus Cristo" (*Dives in misericordia* 99).

É difícil ouvir o chamado de Jesus: "Amai vossos inimigos, fazei o bem aos que vos odeiam, bendizei os que vos maldizem", se não se conhece a experiência de ser perdoado por Deus.

## NÃO ESPERAR NADA

Por que tanta gente vive secretamente insatisfeita? Por que tantos homens e mulheres acham a vida monótona, trivial, insípida? Por que se enfadam no meio de seu bem-estar? O que lhes falta para encontrar a alegria de viver?

Talvez a existência de muitos mudaria se simplesmente aprendessem a amar gratuitamente alguém. Quer queira quer não, o ser humano é chamado a amar desinteressadamente; e, se não o faz, cria-se em sua vida um vazio que nada nem ninguém pode preencher. Não é uma ingenuidade ouvir as palavras de Jesus: "Fazei o bem [...] sem esperar nada em troca". Pode ser o segredo da vida. O que pode devolver-nos a alegria de viver.

É fácil acabar não amando ninguém de maneira gratuita: não faço mal a ninguém; não me meto nos problemas dos outros; respeito os direitos dos outros; vivo minha vida. Só me amo a mim mesmo. Despreocupado de todos, reduzido a meus próprios interesses, impermeável aos problemas dos outros, alheio aos sofrimentos das pessoas, encerro-me em meu pequeno bem-estar. Para quê? Para encontrar minha felicidade?

Estamos esquecendo o que é amar gratuitamente. Quase sempre nos perguntamos: Para que serve? É útil? O que eu ganho com isso? Calculamos e medimos tudo. Corremos o risco de transformar nossas relações em puro intercâmbio de serviços.

Mas o amor, a amizade, a acolhida, a solidariedade, a proximidade, a intimidade, a luta em favor do fraco, a esperança... não se obtêm com dinheiro. São algo gratuito, que é oferecido sem esperar nada em troca.

Existem muitos homens e mulheres entre nós que só podem receber um amor gratuito, porque não têm quase nada para poder devolver a quem delas se aproxima. Pessoas sozinhas, maltratadas pela vida, incompreendidas por quase todos, empobrecidas pela sociedade, quase sem saída alguma na vida.

Hélder Câmara nos lembra o convite de Jesus com as seguintes palavras: "Para libertar-te de ti mesmo, lança uma ponte para o outro lado do abismo que teu egoísmo criou. Procura ver para além de ti mesmo. Procura escutar algum outro e, sobretudo, procura esforçar-te para amar a outros em vez de amar somente a ti".

## Questão de amor

A experiência do amor é fundamental na vida cristã. Pode-se afirmar que, se alguém segue a Jesus, é porque descobriu que é amado de maneira incondicional e sente que o único modo de corresponder a este amor é viver amando.

Pode parecer que tudo isto não leva a lugar nenhum. Mas o certo é que, sem amor, a vida se esvazia de sentido. Se alguém não se sente amado, embora tenha de tudo, na realidade não tem nada, porque o vazio de amor não pode ser preenchido com coisas nem com pessoas.

Por outro lado, se alguém não sabe amar e deixa sem resolver o problema do amor, pode encobrir seu vazio com mil máscaras, mas, no fundo, não está fazendo senão ocultar seu fracasso como ser humano.

Na realidade, quando alguém se fecha ao amor, corre o risco de ir se tornando indiferente ou cínico, cauteloso ou desconfiado, agressivo ou explorador. Pouco a pouco se habitua a viver dominando os mais fracos e concentrando todos os seus esforços em aparentar, sobressair e triunfar.

O ser humano não se atreve a enfrentar decididamente a mudança de que realmente precisa: deixar de viver fechado egoisticamente em si mesmo para abrir-se a um amor solidário.

Não é possível nenhum "progresso revolucionário" enquanto numa sociedade se pensar que o êxito consiste em conseguir acumular no menor tempo possível a maior quantidade de dinheiro ou de poder, e que é um imbecil quem vive pensando nos problemas dos outros.

Existe uma outra maneira de ver as coisas. A daquele Jesus que valorizou acima de tudo a capacidade de amar e a capacidade de "fazer o bem sem esperar nada".

# 13
## FRUTOS BONS

*Naquele tempo, Jesus propôs a seus discípulos esta comparação:*
*– Por acaso pode um cego guiar outro cego? Não cairão os dois no buraco?*
*Um discípulo não é mais que seu mestre; no melhor dos casos, quando terminar seu aprendizado, será como seu mestre.*
*Por que olhas o cisco que teu irmão tem no olho e não reparas na trave que tens no teu? Como podes dizer a teu irmão: "Irmão, deixa-me tirar o cisco do teu olho", sem reparar na trave que trazes no teu? Hipócrita! Tira primeiro a trave do teu olho, e então verás claro para tirar o cisco do olho de teu irmão.*
*Não há árvore boa que dê fruto ruim, nem árvore ruim que dê fruto bom. Cada árvore se conhece por seu fruto: porque não se colhem figos das sarças nem se vindimam uvas dos espinheiros. Aquele que é bom tira o bem da bondade que entesoura em seu coração e aquele que é mau tira o mal de sua maldade; porque a boca fala a partir da abundância do coração (Lc 6,39-45).*

## ÁRVORES BOAS

A advertência de Jesus é fácil de entender. "Não há árvore boa que dê fruto ruim, nem árvore ruim que dê fruto bom. Cada árvore se conhece por seu fruto: porque não se colhem figos das sarças nem se vindimam uvas dos espinheiros."

Numa sociedade prejudicada por tantas injustiças e abusos, onde crescem as "sarças" dos interesses e das rivalidades mútuas e onde brotam tantos "espinheiros" de ódio, discórdia e agressividade, são necessárias pessoas boas que produzam outro tipo de frutos. O que podemos fazer cada um de nós para melhorar um pouco a convivência social tão prejudicada entre nós?

Talvez devamos começar por não tornar a vida de ninguém mais difícil do que já é. Esforçar-nos para que, pelo menos entre nós, a vida seja mais humana e suportável. Não envenenar o ambiente com nossa amargura. Criar ao nosso redor relações diferentes feitas de confiança, bondade e cordialidade.

Precisamos entre nós de pessoas que saibam acolher. Quando acolhemos alguém, nós o estamos libertando da solidão e infundindo nele novas forças para viver. Por mais difícil que seja a situação em que alguém se encontra, se ele descobrir que não está só e que tem alguém a quem recorrer, despertará novamente nele a esperança. Como é importante oferecer refúgio, acolhida e escuta a tantas pessoas maltratadas pela vida.

Precisamos desenvolver também muito mais a compaixão. Que as pessoas saibam que, por mais graves que sejam seus erros, sempre encontrarão em mim alguém que as compreenderá. Precisamos começar por não desprezar ninguém, nem sequer interiormente: não condenar nem julgar precipitadamente. A maioria de nossos juízos e condenações só mostram nossa pouca qualidade humana.

Também é importante transmitir alento aos que sofrem. Nosso problema não é ter problemas, mas não ter forças para enfrentá-los. Junto a nós há pessoas que sofrem insegurança, solidão, fracasso, enfermidade, incompreensão... Elas não precisam de receitas para resolver sua crise. Precisam de alguém que compartilhe seu sofrimento e ponha em sua vida a força interior que as sustente.

O perdão pode ser outra fonte de esperança em nossa sociedade. As pessoas que não guardam rancor nem alimentam o ressentimento, e sabem perdoar de verdade, semeiam esperança ao seu redor. Junto a elas sempre cresce a vida.

Não se trata de fechar os olhos ao mal e à injustiça. Trata-se simplesmente de ouvir a palavra de ordem de Paulo de Tarso: "Não te deixes vencer pelo mal: antes, vence o mal com o bem". A maneira mais sadia de lutar contra o mal numa sociedade tão prejudicada como a nossa é fazer o bem "sem retribuir a ninguém mal por mal [...]; na medida do possível, e no que depender de nós, viver em paz com todos os homens" (Rm 12,17-18).

## A BONDADE DO CORAÇÃO

"Em vosso interior está o germe do autêntico". Assim se poderia formular uma das linhas de força da mensagem de Jesus. Na sociedade judaica, submetida às leis do puro e do impuro, Jesus introduz um princípio revolucionário para aquelas mentes: "Nada que entre de fora torna impuro o ser humano; o que sai de dentro é que o torna impuro".

O pensamento de Jesus é claro: o ser humano autêntico se constrói a partir de dentro. É a consciência que deverá orientar e dirigir a vida da pessoa. O decisivo é o "coração", esse lugar secreto e íntimo de nossa liberdade, onde não nos podemos enganar a nós mesmos. De acordo com este "despertador de consciências" que é Jesus, ali se decide o melhor e o pior de nossa existência.

As consequências são palpáveis. As leis não devem substituir a voz da consciência. Jesus não vem abolir a lei, mas superá-la a partir do "coração". Não se trata de viver cinicamente à margem da lei, mas de humanizar as leis, vivendo do espírito para o qual elas apontam quando são retas. Viver honestamente o amor a Deus e ao irmão leva a uma conduta mais humana do que a defendida por certas leis.

A mesma coisa acontece com os ritos. Jesus sente um santo horror ao que é falso, vazio ou postiço. Uma das frases bíblicas mais citadas por Ele é esta do profeta Isaías: "Este povo me honra com os lábios, mas seu coração está longe de mim. O culto que me prestam está vazio". O que Deus quer é amor e não cânticos e sacrifícios. A mesma coisa acontece com os costumes, tradições e práticas sociais ou religiosas. O importante, de acordo com Jesus, é a pureza do coração.

A mensagem de Jesus tem talvez mais atualidade do que nunca numa sociedade na qual se vive uma vida programada a partir de fora e na qual os indivíduos são vítimas de todo tipo de pressões e palavras de ordem. É necessário "interiorizar a vida" para tornar-nos mais humanos. Podemos adornar o ser humano com cultura e informação; podemos fazer crescer seu poder com ciência e técnica. Se seu interior não for mais limpo e seu coração mais capaz de amar, seu futuro não será mais humano. "Aquele que é bom tira o bem da bondade que entesoura em seu coração e aquele que é mau tira o mal de sua maldade". Assim dizia Jesus.

## PARAR

A sociedade oferece hoje um clima pouco propício para quem quiser buscar silêncio e paz a fim de encontrar-se consigo mesmo e com Deus. É difícil libertar-se do ruído e do assédio constante de todo tipo de apelos e mensagens. Por outro lado, as preocupações, problemas e pressas de cada dia nos levam de um lugar para outro, quase sem permitir que sejamos donos de nós mesmos.

Nem sequer no próprio lar, cenário de múltiplas tensões e invadido pela televisão, é fácil encontrar o sossego e recolhimento indispensáveis para descansar prazerosamente diante de Deus.

Pois bem, paradoxalmente, nestes momentos em que precisamos mais que nunca de lugares de silêncio, recolhimento e oração, nós crentes abandonamos nossas igrejas e templos, e só recorremos a eles para as eucaristias de domingo.

Esquecemos o que é parar, interromper por alguns minutos nossas pressas, libertar-nos de nossas tensões e deixar-nos penetrar pelo silêncio e pela calma de um recinto sagrado. Muitos homens e mulheres se surpreenderiam ao descobrir que, muitas vezes, basta parar e permanecer em silêncio por certo tempo para aquietar a mente e recuperar a lucidez e a paz.

Como temos necessidade nós, homens e mulheres de hoje, deste silêncio que nos ajude a entrar em contato conosco mesmos, a fim de recuperar nossa liberdade e resgatar novamente nossa energia interior! Acostumados ao ruído e às palavras, não imaginamos o bem-estar do silêncio e da solidão. Ávidos de notícias, imagens e impressões, esquecemos que só nos alimenta e enriquece de verdade aquilo que somos capazes de escutar no mais profundo de nosso ser.

Sem esse silêncio interior não se pode ouvir a Deus, reconhecer sua presença em nossa vida e crescer interiormente como crentes. De acordo com Jesus, a pessoa "tira o bem da bondade que entesoura em seu coração". O bem não brota de nós espontaneamente. Precisamos cultivá-lo e fazê-lo crescer no fundo do coração. Muitas pessoas começariam a transformar sua vida se conseguissem parar para escutar todas as coisas boas que Deus suscita no silêncio de sua alma.

## A FALTA DE VERDADE

A veracidade foi sempre uma preocupação importante na educação. Sabemos disto desde crianças. Nossos pais e educadores podiam "entender" todas as nossas travessuras, mas nos pediam que fôssemos sinceros. Queriam fazer-nos ver que "dizer a verdade" é muito importante.

Eles tinham razão. A verdade é um dos pilares sobre os quais assentam a consciência moral e a convivência. Sem verdade não é possível viver com dignidade. Sem verdade não é possível uma convivência justa. O ser humano se sente traído numa de suas exigências mais profundas.

Hoje se condena com vigor todo tipo de atropelos e abusos, mas nem sempre se denuncia com a mesma energia a mentira com que se tenta mascará-los. E, no entanto, as injustiças se alimentam sempre a si mesmas com a mentira. Só falseando a realidade foi possível, há alguns anos, levar a cabo uma guerra tão injusta como foi a agressão contra o Iraque.

Acontece muitas vezes. Os grupos de poder põem em andamento muitos mecanismos para dirigir a opinião pública e levar a sociedade a uma determinada posição. Mas frequentemente o fazem ocultando a verdade e desfigurando os dados, de maneira que as pessoas chegam a viver com uma visão falseada da realidade.

As consequências são graves. Quando se oculta a verdade, existe o risco de que aos poucos desapareçam os contornos do "bem" e do 'mal'. Já não se pode distinguir com clareza o "justo" do "injusto". A mentira não deixa ver os abusos. Somos como "cegos" que procuram guiar outros "cegos".

Diante de tantos falseamentos interessados sempre existem pessoas que têm o olhar limpo e veem a realidade tal como ela é. São os que estão atentos ao sofrimento dos inocentes. Eles põem verdade no meio de tanta mentira. Põem luz no meio de tanta escuridão.

## A CEGUEIRA DA CIÊNCIA

Muitos de nós fomos educados num clima de otimismo e de fé cega na eficácia da ciência. Ao longo dos anos foi penetrando em nós a convicção de que a ciência nos irá resgatando pouco a pouco da ignorância e a tecnologia nos irá libertando das misérias que nos impedem de alcançar a felicidade.

A ciência seria a grande esperança para o ser humano. A religião, pelo contrário, não é senão um estorvo para o progresso humano, um obstáculo para o desenvolvimento da humanidade.

Sem dúvida, a religião desempenhou um papel importante e útil na época pré-científica, quando o homem primitivo e ignorante precisava sentir-se protegido pelos deuses diante das forças desconhecidas do cosmos. Mas, à medida que a ciência nos vai libertando da ignorância e da miséria, a religião irá desaparecendo por ficar privada de verdadeira utilidade. Assim pensam muitas pessoas.

Sem dúvida, nos ambientes científicos já não se respira hoje o otimismo de começos do século. O progresso científico não se identifica sem mais

120

com o crescimento do ser humano. A ciência pode oferecer-nos soluções técnicas para os diversos problemas, mas não podemos esperar dela a solução do ser humano como problema.

A ciência é cega. Carece de direção. Não tem consciência. O progresso científico depende da orientação que lhe imprime o próprio ser humano que a guia. De fato, o progresso desenvolveu o producionismo, o consumismo artificial, a desigualdade cada vez maior entre os privilegiados e os marginalizados.

Não necessita este progresso científico de uma direção a partir da fé num Deus salvador do ser humano? Não está pedindo todo este desenvolvimento uma orientação moral que o canalize para a construção de uma humanidade mais justa, mais fraterna e mais libertada?

De acordo com o exemplo expressivo de Jesus, quando um cego guia outro cego, correm ambos o risco de cair no buraco. Nós já caímos na espiral do crescimento pelo crescimento, do desenvolvimento pelo desenvolvimento, sem saber exatamente para onde vamos. Quiçá a fé, longe de desaparecer, se torne mais necessária do que nunca para guiar uma humanidade necessitada de luz e sentido.

# 14

## FÉ HUMILDE

*Naquele tempo, tendo Jesus terminado de falar ao povo, entrou em Cafarnaum. Um centurião tinha um servo muito estimado, que estava à beira da morte. Ao ouvir falar de Jesus, enviou-lhe alguns anciãos dos judeus, para pedir-lhe que fosse curar seu servo. Eles, apresentando-se a Jesus, rogavam-lhe insistentemente:*
*– Ele merece que lhe concedas o favor, porque tem afeto por nosso povo e nos construiu a sinagoga.*
*Jesus partiu com eles. Não estava longe da casa quando o centurião enviou alguns amigos para dizer-lhe:*
*– Senhor, não te incomodes, porque não sou digno de que entres em minha casa. Por isso, também não me considerei digno de ir pessoalmente ao teu encontro. Dize uma palavra e meu servo ficará curado. Pois eu também vivo sujeito à autoridade e tenho soldados às minhas ordens; e digo a um: "Vai", e ele vai; a outro: "Vem", e ele vem; e a meu servo: "Faze isto", e ele o faz.*
*Ao ouvir isto, Jesus admirou-se dele e, voltando-se para as pessoas que o seguiam, disse:*
*– Digo-vos que nem em Israel encontrei tanta fé.*
*E, ao voltar para casa, os enviados encontraram o servo com saúde (Lc 7,1-10).*

### FÉ HUMILDE

Foi dito que todos os grandes homens são humildes, já que a humildade cresce no coração daquele que vive sinceramente a existência. A mesma coisa se pode dizer dos grandes crentes. Não se pode viver com profundidade perante Deus, a não ser em atitude simples e humilde. Como pode viver uma pessoa que, de alguma maneira, experimentou a Deus, a não ser com humildade?

O núcleo da verdadeira fé é a humildade. Uma bela oração litúrgica da Igreja diz assim: "Senhor, tem misericórdia de nós, porque não podemos viver sem ti nem contigo". É esta a nossa experiência diária. Não podemos viver sem Deus e não conseguimos viver com Ele.

Deus é luz, mas, ao mesmo tempo, nos é demasiado obscuro. Está próximo, mas está oculto. Ele nos fala, mas temos que suportar seu silêncio. É paz, mas uma paz que gera intranquilidade e inquietude.

Por isso, quem se aproxima de Deus com sinceridade o faz como aquele centurião romano que se aproximou de Jesus com estas palavras: "Eu não sou digno de que entres em minha casa". Quem pronuncia estas palavras a partir do fundo de seu ser está se aproximando de Deus com verdade e dignidade.

Ao contrário, quem se sente digno perante Deus está agindo indignamente. Está se afastando de quem é a luz e a verdade. Quanto mais a pessoa penetra no fundo de seu coração, melhor descobre que o caminho para encontrar-se com Deus é o da humildade, da verdade e da transparência.

Poucas vezes estamos tão próximos de Deus como quando somos capazes de rezar uma oração como aquela que o teólogo húngaro Ladislaus Boros sugere numa de suas obras: "Senhor, causei muito mal em teu belo mundo; tenho que suportar pacientemente o que os outros são e o que eu próprio sou; concede-me que eu possa fazer algo para que a vida seja um pouco melhor ali onde tu me colocaste".

## RENUNCIAR A UM PODER ENGANOSO

O homem contemporâneo encontra-se diante de tantos problemas impossíveis de resolver apenas com sua ciência e tecnologia que começa a perguntar-se se não nos teríamos equivocado em algo essencial. Difunde-se a sensação de que nos encontramos num "atoleiro histórico", do qual não sairemos se não soubermos retificar nosso rumo.

A primeira coisa que precisamos corrigir talvez seja essa falsa "divinização" que, em vez de tornar-nos mais humanos, parece tornar-nos mais desumanos. Não foi um grande erro pretender "matar a Deus" para "divinizar" ingenuamente o ser humano? Não nos atribuímos um poder excessivo, que na realidade não temos? Fazer do ser humano um "deus" não é esperar dele algo que transcende suas possibilidades?

O homem moderno criou seu próprio mundo, mas esse mundo não faz senão refletir-lhe suas próprias sombras. Transformamos a terra numa "imensa fábrica" (Herbert Marcuse), mas já não temos ninguém que nos diga quem somos e para que havemos de viver.

Procuramos construir um lar, mas nos sentimos cada vez mais presos num mundo complexo, "burocratizado e administrado" (Max Horkheimer), onde não é fácil ser humanos. Sacudimos de cima de nós toda norma moral, mas nos encontramos eticamente indefesos num mundo cada vez mais perigoso e incontrolável. Libertamo-nos de todo tipo de "repressões", mas estamos caindo em novas frustrações e escravidões, cada vez mais incapacitados para o amor responsável e solidário.

O ser humano não é "deus". E o melhor que podemos fazer é reconhecer isso. Talvez a própria cultura moderna já nos esteja convidando a renunciar a um poder "divino", para encontrar nossa verdadeira dignidade no reconhecimento de um Deus que não é nosso "inimigo", mas quem melhor nos pode ajudar a viver com sentido, responsabilidade e esperança.

Como aquele centurião de Cafarnaum que, embora consciente de seu poder e autoridade, não duvidou em reconhecer sua limitação para acolher Jesus com fé e receber dele aquilo que não podia obter com suas próprias forças.

# Comungar

Ao ouvir as palavras do centurião: "Senhor, não sou digno de que entres em minha casa...", mais de um crente recordará que são as mesmas palavras que pronunciamos pouco antes de aproximar-nos para comungar.

Entre tantas discussões suscitadas depois do Concílio, uma das mais pitorescas foi, sem dúvida, a de receber a comunhão na mão ou na boca. Como se sabe, ambas as maneiras de comungar podem ser respeitosas e expressivas. E é o próprio crente quem deve decidir se deseja comungar de um modo ou do outro, sem que o sacerdote o imponha de acordo com seu gosto ou preferência.

Contra o que às vezes se pensa, comungar na mão não é algo "novo", mas o costume mais natural durante os primeiros séculos, como o refletem os diversos testemunhos, pinturas e relevos das igrejas da África, do Oriente, de Roma ou da Espanha.

No século IV, são Cirilo de Jerusalém escreve assim a seus fiéis: "Quando te aproximares para receber o Corpo do Senhor, não te aproximes com as palmas das mãos estendidas nem com os dedos separados, mas fazendo de tua mão esquerda como que um trono para tua mão direita, onde se sentará o Rei. Na cavidade da mão recebe o Corpo de Cristo e responde 'amém'".

A modalidade de comungar na boca começou a ser introduzida só mais tarde e não foi aceita em Roma até o século X. Depois do Concílio Vaticano II recuperou-se novamente a prática mais antiga, mas infelizmente sem que muitos cristãos tenham descoberto seu significado profundo.

Antes de tudo, é preciso realizar o gesto de maneira correta. Estende-se a mão esquerda, fazendo com a direita uma espécie de trono, para depois tomar o Pão com a mão direita e comungar ali mesmo, antes de retirar-se. Não se "pega" o Pão oferecido pelo sacerdote com os dedos da mão direita, a modo de pinças, mas "acolhe-se" o Pão na cavidade da mão esquerda.

É este o gesto. Uma mão aberta que pede, que espera e recebe. Uns olhos que olham com fé o Pão eucarístico que o sacerdote oferece. Uns lábios que dizem "amém".

Este gesto, realizado com fé, expressa o que deve ser nossa atitude interior de humildade, confiança e acolhida ao aproximar-nos para receber a Cristo. Essa mão estendida somos nós mesmos, abertos confiantemente a Deus. Esse Pão que recebemos é o melhor presente que podemos tomar em nossas mãos: o alimento que sustenta nossa fé. Felizes os que, domingo após domingo, se sentem chamados a essa mesa.

## ACOLHER O ESTRANHO

Francesc Torralba publicou um precioso livro sobre a hospitalidade. De acordo com o pensador catalão, numa sociedade onde cresce a imigração e o número de pessoas em busca de lar e proteção, poucas virtudes sociais são mais necessárias do que a hospitalidade, como ato de "acolher o estranho e vulnerável em nossa própria casa".

Vamos encontrar-nos com um número cada vez maior de "estranhos" em nosso caminho. Não devemos pensar só no estrangeiro que não fala nossa língua, tem um rosto diferente e anda entre nós como que desorientado. Também é um estranho a criança que pede esmola, a prostituta que se veste de maneira chamativa ou o mendigo que recolhe o lixo que nós descartamos.

Esses são os mais "vulneráveis" da sociedade. Vivem privados de segurança. Não têm o suficiente para viver. Precisam dos outros. Neles aparece como em nenhum outro setor essa condição do ser humano como *homo mendicans*.

A hospitalidade exige em primeiro lugar reconhecer o outro, não seguir meu caminho ignorando sua existência. Todo ser humano tem necessidade de ser reconhecido e, quando é ignorado ou reduzido a nada, fica sem espaço para viver com paz e segurança.

A hospitalidade pede, além disso, respeitar e defender sua dignidade de pessoas. Não humilhá-las nem tratá-las de qualquer maneira. São, como nós, pessoas que procuram viver. Devemos aprender a libertar-nos de preconceitos para entender seu mundo, compreender sua situação e pôr-nos em seu lugar.

A hospitalidade nos urge a escutar suas necessidades para agir. Nosso ser cresce quando nos responsabilizamos e fazemos pelo outro o bem que podemos fazer. Nem sempre é fácil saber como agir. A primeira coisa que se nos pede é viver com um coração aberto e disposto à ajuda.

A atuação de Jesus é significativa. Ele não se sente chamado a nenhuma conquista religiosa do mundo pagão. Sua missão está em Israel, não entre os gentios. Mas, quando se encontra com um "centurião" estranho, que o chama para curar seu criado, Jesus não duvida em dirigir-se à casa daquele militar. Seu coração está sempre aberto, sempre atento a quem necessita de ajuda.

## CRÍTICAS

Nós cristãos faríamos bem em prestar mais atenção às críticas que nos fazem de fora. Nem tudo está bem entre nós. Ao longo dos séculos houve não pouca mediocridade e, de fato, em nossa prática religiosa foram se introduzindo desvios e ambiguidades que desfiguram o Espírito de Jesus.

Diz-se, por exemplo, que a religião cristã promove o infantilismo e produz pessoas pouco comprometidas na construção de uma sociedade melhor. Isso é verdade em mais de um caso. Mas isto acontece quando se busca a Deus como refúgio para os próprios problemas e se esquece o Deus revelado por Jesus, interessado por uma vida mais digna para todo ser humano. Ser fiel a Deus, experimentado como Pai de todos, não nos desresponsabiliza nunca, mas nos urge a buscar um mundo melhor.

Diz-se também que a religião semeia dogmatismo e intolerância; que os católicos se sentem "proprietários" da verdade absoluta e isso os leva a desprezar os outros; que a religião traz consigo cruzadas e "guerras de religião". Quem pode permanecer insensível a estas críticas quando conhece o que ocorreu ao longo dos séculos? Tudo isso aconteceu quando os cristãos esqueceram o Deus Pai anunciado por Jesus, que "faz nascer seu sol sobre bons e maus e chover sobre justos e injustos".

Afirma-se que a religião não faz senão "culpabilizar": que os cristãos vivem obcecados por questões como o divórcio, os preservativos ou o aborto; que só têm olhos para ver o mal da humanidade. Existe muita verdade em algumas destas críticas. O crente procura ser fiel a Deus e isso o faz ser mais lúcido e sensível ao mal. Mas a "obsessão casuística" ou a "morbosidade moral" ocorrem quando se esquece que Jesus coloca o ser humano não diante de um conjunto de leis, mas diante das exigências do amor.

Afirma-se também que a religião leva ao conservadorismo; que os católicos vivem atados ao passado, incapazes de libertar-se do lastro de ritos, linguagens e costumes de outros tempos. Se isto acontece, é porque se esquece o Espírito criador e renovador de Jesus para buscar a segurança do passado.

A nós cristãos resulta duro ouvir as críticas que nos são dirigidas de fora da Igreja. Quase sempre nos parecem injustas e desprovidas de verdade. Essas críticas nem sempre nascem de pessoas hostis à fé, mas de crentes que, embora vivam mais ou menos afastados da Igreja, procuram responder honestamente a Deus a partir de sua própria consciência. Precisamos ouvir suas críticas, porque nos podem ajudar a ser mais fiéis ao Evangelho. Às vezes, inclusive, podemos aprender de sua atitude responsável diante de Deus. É surpreendente a grandeza de Jesus, capaz de elogiar a fé que encontra num centurião romano: "Digo-vos que nem em Israel encontrei tanta fé".

# 15

# NÃO CHORES

*Naquele tempo, Jesus dirigia-se a uma cidade chamada Naim, e iam com Ele seus discípulos e numerosa multidão. Quando estava perto da cidade coincidiu que levavam para enterrar um morto, filho único de sua mãe, que era viúva; e uma multidão considerável da cidade a acompanhava. Ao vê-la, o Senhor compadeceu-se dela e lhe disse:*

*– Não chores.*

*E, aproximando-se, tocou o caixão e os carregadores pararam. E Jesus disse:*

*– Moço, eu te ordeno, levanta-te!*

*O morto ergueu-se e começou a falar. E Jesus o entregou à sua mãe. Todos, impressionados, davam glória a Deus dizendo:*

*– Um grande profeta surgiu entre nós. Deus visitou seu povo.*

*A notícia do fato espalhou-se por toda a região e por toda a Judeia (Lc 7,11-17).*

## NÃO CHORES

Desde que nascemos não fazemos outra coisa senão suspirar por algo que não possuímos, mas de que necessitamos para viver com plenitude. Nosso erro está em pensar que podemos saciar os anseios mais profundos do coração satisfazendo nossas pequenas necessidades de cada dia. Por isso não é mau sentir o abalo da crise que nos avisa de nosso erro.

Às vezes a crise não é uma ruptura dilacerante. É apenas o "gostinho amargo" que uma vida vivida de maneira medíocre vai deixando em nós. Tenho de tudo, poderia ser feliz, donde me vem então esta sensação de vazio e falsidade? Por que esta nostalgia às vezes tão forte de algo diferente, mais belo e autêntico do que tudo aquilo que me rodeia?

Outras vezes é o cansaço de viver fazendo sempre a mesma coisa, a frustração de viver de maneira repetitiva e mecânica. Será que isso é tudo? Devo contentar-me em levantar, trabalhar, descansar no fim de semana e voltar novamente a fazer o mesmo percurso? A que é que meu ser aspira?

Mais cedo ou mais tarde, chega também a crise que rompe nossa segurança. Vivíamos tranquilos, sem problemas nem preocupações. Tudo parecia assegurado para sempre. De repente uma doença grave, a morte de um ente querido, a crise do casal... Por que não há felicidade duradoura? Uma coisa está clara: meus desejos não têm limite, mas eu sou frágil e limitado. No fundo, não estou desejando algo que supera tudo o que conheço?

São muitas as pessoas que experimentam algo disto mais de uma vez na vida, embora depois não falem disso nem saibam como explicá-lo aos outros. Mas estas crises acontecem e são importantes, porque criam um espaço para fazer-nos perguntas, libertar-nos de enganos e arraigar melhor nossa vida no essencial.

Os evangelistas nos apresentam Jesus como fonte de esperança no meio das crises do ser humano. No relato de Lucas se nos diz que Jesus se encontra com um cortejo fúnebre nas imediações de Naim. Seus olhos se fixam numa mulher dilacerada pela desgraça: uma viúva só e desamparada que acaba de perder seu único filho. Jesus lhe diz apenas duas palavras: "Não chores". Sempre é possível a esperança. Inclusive diante da morte.

## Deus não quer ver-nos chorando

A religião de não poucos está configurada por imagens, ideias e crenças que a eles mesmos resultam pouco convincentes. Não deixa de ter razão o teólogo Andrés Torres Queiruga quando descreve a situação religiosa de muitos nestes termos: "Crê-se, mas duvida-se de que as coisas possam ser assim; duvida-se, mas não se ousa perguntar; pergunta-se, mas não se obtêm respostas claras..."

Muitos vivem sua religião como algo antiquado e pouco gratificante, que ainda conservam "por via das dúvidas". A ninguém escapa que esta maneira de viver a fé "sob eterna suspeita" não pode ser fonte de alegria nem estímulo para viver. O que fazer? Tirar Deus do coração? Esquecê-lo como algo que só pode interessar a pessoas que não sabem viver à altura dos tempos? Muitas pessoas precisam hoje ir ao "núcleo de sua fé": desprender-se de falsas ideias que lhes impedem o encontro com Deus e viver uma experiência nova.

A primeira coisa a fazer é revisar a fundo a maneira como entendemos e vivemos a religião. Às vezes pensamos que há, por assim dizer, dois mundos. Por um lado, o mundo da "religião", o âmbito das crenças, ritos, orações e deveres religiosos; o mundo que pertence a Deus; o mundo que interessa a ele. Por outro lado, "a vida humana", o mundo propriamente "nosso", no qual nos movemos, trabalhamos e nos divertimos; o mundo que interessa a nós.

De acordo com esta maneira de ver as coisas, Deus buscaria o que lhe convém, sua glória, ao passo que nós trabalhamos com afã pelo que nos convém. A Deus só interessaria o que está relacionado com "o sagrado", não nossa vida. De fato, não poucos vivem a religião procurando servir a Deus com a sensação de que fazem o que interessa a Ele, mas não o que realmente lhes convém.

Que transformação quando a pessoa descobre que a única coisa que interessa a Deus somos nós: que Ele não pensa em si mesmo, mas em nosso bem, que a única coisa que lhe dá glória é nossa vida vivida em plenitude! Vi alguém chorar de alegria ao intuir pela primeira vez, com luz transbordante, que Deus só quer nossa felicidade, desde agora mesmo e para sempre.

O evangelista Lucas nos descreve um enterro na pequena aldeia de Naim. Ao ver a mãe viúva que perdeu seu filho único, Jesus se comove e lhe diz: "Não chores". Ao comprovar a intervenção vivificadora de Jesus e ver o jovem cheio de vida, as pessoas, que captam o que aconteceu, exclamam: "Deus visitou seu povo". Deus não quer que o ser humano chore.

Alguém me disse em certa ocasião: "Que bom se Deus fosse como você o apresenta, mas será Ele assim?" Não. Deus não é como eu procuro apresentá-lo. Deus é sempre maior e melhor do que tudo o que nós seres humanos possamos balbuciar. Só o conheceremos quando nos encontrarmos com Ele após a morte.

## PERDER O ENTE QUERIDO

Há poucas experiências tão dolorosas na vida como a perda de um ente querido. O amor não é eterno. A amizade não é para sempre. Mais cedo ou mais tarde, chega o momento do adeus. E imediatamente tudo desaba diante de nós. Impotência, pena, desconsolo; nossa vida nunca mais poderá ser como antes. Como recuperar novamente o sentido da vida?

A primeira coisa é lembrar que libertar-nos da dor não quer dizer esquecer o ente querido ou amá-lo menos. Recuperar a vida não é uma desonra nem uma ofensa àquele que a morte nos arrancou. De alguma maneira essa pessoa vive em nós. Seu amor, seu carinho, sua maneira de ser nos enriqueceram ao longo dos anos. Agora precisamos continuar a viver.

Precisamos escolher entre submergir no sofrimento ou construir novamente a vida, entre sentir-nos vítimas ou olhar para frente com confiança. O passado já não pode mudar. É nossa vida de agora que podemos transformar. Reiniciar as atividades abandonadas; propor-nos viver uma hora, esta tarde, um dia, sem olhar com angústia para nosso futuro incerto.

Talvez por dentro se acumulem em nós todo tipo de sentimentos quando recordamos o ente querido. Momentos de alegria e de plenitude, recordações dolorosas, feridas mútuas, sofrimentos compartilhados, projetos que ficaram pela metade. É uma grande ajuda então poder comunicar o que sentimos a uma pessoa amiga; poder chorar com alguém que compreende nosso desconsolo!

Pode também brotar em nós o sentimento de culpa. Agora que perdemos essa pessoa nos damos conta de que nem sempre a compreendemos, de que podíamos tê-la amado melhor. Não é justo torturar-nos por erros cometidos no passado. Isso só serve para deprimir-nos. É verdade que nosso amor sempre é imperfeito. Agora o importante é perdoar-nos a nós mesmos e sentir-nos perdoados por Deus.

Às vezes não é fácil recuperar-se. A ausência do ente querido nos pesa demais e sempre de novo o sofrimento se apodera de nós. Pode ser o momento de recorrer à própria fé. Desabafar com Deus não é pecado. Deus não rejeita nossas queixas. Ele as entende. Quantos crentes encontraram novamente a força e a paz na seguinte oração: "Não sei o que teria feito se não tivesse tido fé"; "Deus está me dando a força de que necessito".

O evangelista Lucas nos descreve uma cena comovente que convida a despertar nossa fé. Ao aproximar-se da pequena aldeia de Naim, Jesus se encontra com uma viúva que perdeu seu filho único, que estão levando para enterrar. Ao vê-la, Jesus se comove. E de seus lábios saem duas palavras que devemos ouvir, do mais profundo de nosso ser, como vindas do próprio Deus: "Não chores". Deus quer ver-nos desfrutando por toda a eternidade aqueles que a morte nos arrebatou.

## SENSÍVEIS À DOR

É incrível a necessidade que a sociedade parece ter de exibir o sofrimento humano nas páginas dos jornais e nas telas da televisão. A fotografia de uma mulher chorando seu marido soterrado numa mina, a imagem de uma criança agonizando de fome em qualquer país do Terceiro Mundo ou a de alguns palestinos crivados de balas em seu próprio campo de refugiados são cotadas a muitos milhares de dólares.

Lemos todos os dias as notícias mais cruéis de guerras, assassinatos, catástrofes, mortes de vítimas inocentes, enquanto continuamos despreocupadamente nossa vida. Dir-se-ia que até nos dão "certa segurança", porque nos parece que essas coisas sempre acontecem aos outros. Ainda não chegou a nossa vez. Podemos continuar desfrutando nosso fim de semana ou fazendo planos para as férias de verão.

Quando a tragédia acontece mais perto e o sofrimento afeta alguém mais próximo de nós, nos inquietamos mais: não sabemos o que fazer para poder encontrar novamente a tranquilidade perdida.

Porque muitas vezes é isso que procuramos: recuperar nossa mesquinha tranquilidade. Desejamos que desapareçam a fome e a miséria no mundo simplesmente para que não nos incomodem. Queremos que ninguém sofra perto de nós simplesmente para não ver ameaçada nossa mesquinha felicidade.

A atitude de Jesus nos ajuda a descobrir que nosso nível de humanidade é terrivelmente baixo. Jesus vive com alegria profunda a vida de cada dia, mas sua alegria não é fruto de uma cuidadosa fuga do sofrimento. Ela está enraizada na experiência prazerosa de Deus, Pai acolhedor e Salvador de todos.

Por isso sua alegria não o impede de ser sensível à dor que o cerca. Quando Jesus vê uma mãe chorando a morte de seu filho único, Ele não escapole discretamente. Aproxima-se de sua dor como irmão, amigo, semeador de paz e de vida.

Em Jesus descobrimos que só quem tem capacidade de gozar profundamente do amor do Pai pelos pequenos tem capacidade de sofrer com eles e de aliviar sua dor. A pessoa que segue as pegadas de Jesus sempre será uma pessoa feliz a quem lhe falta ainda a felicidade dos outros.

## MULHER, NÃO CHORES

É surpreendente que uma sociedade que parece tão sensível às diferentes violências e opressões não aborde em profundidade a violência que nós varões exercemos sobre a mulher.

No entanto, esta violência não é algo imaginário, mas uma das violências que mais sofrimento causam em nossa sociedade. Os varões que maltratam, violentam ou degradam a mulher são seres reais. Homens "respeitáveis" que sabem levantar a voz para pedir mais liberdade e respeito aos direitos das pessoas.

Construímos uma sociedade na qual a mulher não pode mover-se livremente sem temor do varão. Estudos recentes realizados nos Estados Unidos indicam que toda mulher tem cerca de 46% de probabilidade de, em algum momento de sua vida, ser vítima de um estupro consumado ou tentado. Será que entre nós estamos muito longe destes níveis?

Os estupradores não são necessariamente seres desequilibrados. São frutos eles mesmos de um clima no qual se continua perpetuando o domínio do varão sobre a mulher. O mais grave é que os dados disponíveis indicam que as mulheres violentadas por seu companheiro são o dobro das violentadas por estranhos. Vexações físicas e psicológicas que a mulher sofrerá da parte daquele que um dia se sentiu chamado a amá-la.

Por que não há uma reação mais radical e eficaz diante desta violência vergonhosa contra a mulher? Ao que parece, os varões modelados por uma cultura patriarcal e machista continuam pensando que a mulher deve ser controlada e dominada pelo homem. Por outro lado, os de índole liberal não querem reconhecer que a "revolução sexual", que banalizou o sexo, descuidando o respeito, a acolhida mútua e a relação amorosa, está perpetuando os maus-tratos contra a mulher às vezes de maneira mais brutal do que antes.

Enquanto isso, as igrejas não parecem ouvir de Jesus nenhuma mensagem libertadora para a mulher. Ainda não descobrimos esse Jesus descrito por Lucas em seu evangelho, preocupado em libertar a mulher de tantas humilhações e sofrimentos, e de cujos lábios saem sempre as mesmas palavras: "Mulher, não chores". Este Jesus que, diante da mulher e diante de todos, utiliza seu poder não para dominar, mas para libertar do sofrimento.

# 16

## NÃO EXCLUIR NINGUÉM

*Naquele tempo, um fariseu pediu a Jesus que fosse comer com ele. Jesus, entrando na casa do fariseu, reclinou-se à mesa. E uma mulher da cidade, uma pecadora, quando soube que ele estava comendo na casa do fariseu, veio com um frasco de perfume. Colocando-se atrás aos seus pés e, chorando, pôs-se a banhar-lhe os pés com suas lágrimas e a enxugá-los com seus cabelos, e os cobria de beijos e os ungia com o perfume. Ao ver isto, o fariseu que o havia convidado disse consigo mesmo: "Se este fosse profeta, saberia quem é esta mulher que o está tocando e o que ela é: uma pecadora".*

*Jesus tomou a palavra e lhe disse:*

*– Simão, tenho algo a dizer-te.*

*Ele respondeu:*

*– Fala, Mestre.*

*Jesus lhe disse:*

*– Um credor tinha dois devedores: um lhe devia quinhentos denários e o outro cinquenta. Como não tivessem com que pagar, perdoou aos dois. Qual dos dois o amará mais?*

*Simão respondeu:*

*– Suponho que seja aquele a quem mais perdoou.*

*Jesus lhe disse:*

*– Julgaste corretamente.*

*E, voltando-se para a mulher, disse a Simão:*

*– Vês esta mulher? Quando entrei em tua casa não me deste água para lavar os pés; ela, porém, lavou-me os pés com suas lágrimas e os enxugou com*

*seus cabelos. Tu não me beijaste; ela, porém, desde que entrou não parou de beijar-me os pés. Tu não me ungiste a cabeça com unguento; ela, porém, ungiu-me os pés com perfume. Por isso te digo: seus muitos pecados estão perdoados, porque mostrou muito amor. Mas aquele a quem se perdoa pouco mostra pouco amor.*

*E disse a ela:*

*– Teus pecados estão perdoados.*

*Os demais convidados começaram a dizer entre si:*

*– Quem é este, que até perdoa pecados?*

*Mas Jesus disse à mulher:*

*– Tua fé te salvou. Vai em paz.*

*Depois disto, Ele andava de cidade em cidade e de povoado em povoado, pregando a Boa Notícia do reino de Deus. Acompanhavam-no os Doze e algumas mulheres que Ele havia curado de espíritos malignos e enfermidades: Maria Madalena, da qual haviam saído sete demônios; Joana, mulher de Cuza, intendente de Herodes; Susana e outras muitas que o ajudavam com seus bens (Lc 7,36–8,3).*

## UM OLHAR DIFERENTE

A prostituta do povoado interrompe o banquete organizado por um fariseu para homenagear Jesus. Simão a reconhece e fica nervoso. Conhece bem estas prostitutas que se aproximam no final dos banquetes em busca de clientes.

A prostituta dirige-se diretamente a Jesus. Não diz nada. Está comovida. Não sabe como expressar-lhe seu agradecimento e começa a chorar. Suas lágrimas regam os pés de Jesus. Esquecendo-se dos presentes, solta a cabeleira e os seca. Beija repetidamente aqueles pés queridos e, abrindo um pequeno frasco que traz pendurado ao pescoço, unge-os com perfume.

O fariseu contempla a cena, horrorizado. Seu olhar de homem perito na lei só vê naquela mulher uma "pecadora" indigna, que está contaminando a pureza dos comensais. Não repara nas lágrimas dela. Só vê nela os gestos de uma mulher de seu ofício, que só sabe soltar o cabelo, beijar, acariciar e seduzir com seus perfumes.

O olhar de desprezo do fariseu impede-o, ao mesmo tempo, de reconhecer em Jesus o profeta da compaixão de Deus. Sua acolhida e sua ternura para com a mulher o desconcertam. Esse não pode ser um profeta.

O olhar de Jesus é diferente. Naquele comportamento, que tanto escandaliza o "moralista" Simão, ele só vê o amor e a imensa gratidão de uma mulher que se sabe amada e perdoada por Deus. Por isso, deixa-se tocar e amar por ela. Oferece-lhe o perdão de Deus, ajuda-a a descobrir dentro de si mesma uma fé que a está salvando e a anima a viver em paz.

Jesus nunca foi visto como representante da norma, mas como profeta da compaixão de Deus. Por isso, no movimento dos que hoje procuramos seguir Jesus não precisamos de "mestres" que desprezem os pecadores e desqualifiquem os "profetas" da compaixão de Deus. Precisamos de cristãos que olhem os marginalizados morais e os indesejáveis como Jesus os olhava. Felizes os que estão junto deles, apoiando sua dignidade humana e despertando sua fé nesse Deus que os compreende, os ama e perdoa como nós não sabemos fazer.

## EXCLUÍDOS DO EVANGELHO?

Uma mulher pecadora está tocando Jesus. A reação de Simão é de indignação e escândalo. Aquela mulher é uma indesejável que deveria ser afastada rapidamente do profeta. A reação de Jesus, pelo contrário, é de acolhida e compreensão. Parece ver nela apenas um ser necessitado de amor, reconciliação e paz.

Esta atitude constante de Jesus, descrita ao longo de todo o evangelho de Lucas, de acolhida aos que parecem excluídos de antemão do reino de Deus, nos obriga a revisar nossa atitude para com certos setores e grupos aos quais negamos o direito de aproximar-se de Jesus.

Entre estes grupos há um do qual nós cristãos quase não nos atrevemos a falar: o grupo dos homossexuais, tanto homens quanto mulheres. Um mundo que as Igrejas preferiram quase sempre silenciar, enquanto socialmente eram desprezados, marginalizados e até perseguidos.

Quase nenhuma palavra de esperança. Só condenações e anátemas para reduzi-los à obscuridade, ao silêncio ou ao desprezo. Onde puderam ouvir uma palavra que os fizesse sentir-se chamados também eles ao reino de Deus? Quando puderam saber que Deus é também para os indesejáveis da sociedade? Quem lhes falou da acolhida de Jesus?

E, no entanto, também os homossexuais têm direito ao Evangelho. Nós, seguidores de Jesus, precisamos perguntar-nos: Que ajuda oferecemos a estes homens e mulheres para crescerem em maturidade humana e responsabilidade cristã? Que mensagem ouvem de nós para viverem sua condição sexual a partir de uma atitude responsável e crente?

Não é cristão adotar uma postura de condenação ou rejeição nem julgar a vida de uma pessoa reduzindo-a à sua sexualidade, sem levar em consideração outros valores e dimensões de sua personalidade. Precisamos anunciar e oferecer também a estes homens e mulheres a possibilidade de descobrirem em Jesus sua própria dignidade, a aceitação responsável de sua condição e a acolhida libertadora que quase sempre lhes é negada na sociedade.

## Não afastar ninguém de Jesus

De acordo com o relato de Lucas, um fariseu chamado Simão está muito interessado em convidar Jesus para sua mesa. Provavelmente quer aproveitar a refeição para debater algumas questões com aquele galileu que está adquirindo fama de profeta entre as pessoas. Jesus aceita o convite: a Boa Notícia de Deus deve chegar a todos.

Durante o banquete acontece algo que Simão não previu. Uma prostituta da localidade interrompe o colóquio após a refeição, lança-se aos pés de Jesus e começa a chorar. Não sabe como agradecer-lhe o amor que Ele mostra para com aqueles que, como ela, vivem marcados pelo desprezo geral. Diante da surpresa de todos, beija repetidas vezes os pés de Jesus e os unge com um perfume precioso.

Simão contempla a cena, horrorizado. Uma mulher pecadora tocando Jesus em sua própria casa! Não pode suportar isso: aquele homem é um ignorante, não um profeta de Deus. Aquela mulher impura deveria ser afastada rapidamente de Jesus.

No entanto, Jesus se deixa tocar pela mulher e aceita seu afeto. Ela precisa de Jesus mais que ninguém. Com ternura especial Ele lhe oferece o perdão de Deus, depois a convida a descobrir dentro de seu coração uma fé humilde que a está salvando. Jesus só lhe deseja que viva em paz: "Teus pecados te são perdoados. [...] Tua fé te salvou. Vai em paz".

Todos os evangelhos destacam a acolhida e compreensão de Jesus para com os setores mais excluídos da bênção de Deus: prostitutas, coletores de impostos, leprosos... Sua mensagem é escandalosa: os desprezados pelos setores mais religiosos têm um lugar privilegiado no coração de Deus. A razão é uma só: são os mais necessitados de acolhida, dignidade e amor.

Precisaremos rever algum dia, à luz deste comportamento de Jesus, qual é a nossa atitude diante de certos grupos como as mulheres que vivem da prostituição ou os homossexuais, cujos problemas, sofrimentos e lutas nós preferimos quase sempre ignorar no seio da Igreja, como se para nós não existissem.

Não são poucas as perguntas que nos podemos fazer: Onde podem eles encontrar entre nós uma acolhida parecida com a de Jesus? De quem podem ouvir uma palavra que lhes fale de Deus como ele falava? Que ajuda podem encontrar entre nós para viver sua condição a partir de uma atitude responsável e crente? Com quem podem compartilhar sua fé com paz e dignidade? Quem é capaz de intuir o amor insondável de Deus pelos que são esquecidos pelas religiões?

## Amor compassivo

Os diversos grupos contemporâneos de Jesus inspiravam-se, para seu comportamento moral, numa exigência radical que estava formulada no antigo livro do Levítico com as seguintes palavras: "Sede santos como Eu, o Senhor, vosso Deus, sou santo" (19,2).

Os judeus entendiam esta santidade como uma "separação do impuro". Esta maneira de entender a "imitação de Deus" produziu em Israel uma sociedade discriminatória e excludente, na qual se honrava os puros e se menosprezava os impuros, se valorizava os varões e se suspeitava da pureza das mulheres, se convivia com os sadios, mas se fugia dos leprosos.

Nesta sociedade, Jesus introduz uma alternativa revolucionária: "Sede compassivos como vosso Pai é compassivo" (Lc 6,36). O primeiro traço de Deus é a compaixão, não a santidade. Quem quiser assemelhar-se a Ele não deve viver "separando-se" dos impuros, mas amando-os com amor compassivo.

Por isso, Jesus inaugura um estilo de vida novo, inspirado unicamente no respeito e no amor. Toca os leprosos, acolhe os pecadores, come com publicanos e prostitutas. Sua mesa está aberta a todos. Ninguém está excluído, porque ninguém está excluído do coração de Deus.

Não basta crer em Deus, mas é preciso saber em que Deus nós cremos. O Deus compassivo no qual creu Jesus não leva a atitudes excludentes de desprezo, intolerância ou rejeição, mas atrai para a acolhida e o respeito. Não devemos nos enganar. De Jesus não se aprende a viver de qualquer maneira. Ele só ensina a amar.

O relato de Lucas é inesquecível. Uma mulher "pecadora" aproxima-se de Jesus. A partir de sua visão religiosa, o fariseu Simão reage com uma atitude de suspeita e rejeição: não entende que Jesus possa deixar-se tocar por aquela prostituta. Jesus, pelo contrário, reage a partir do amor. De seu coração só brotam palavras de perdão, de alento e salvação: "Teus pecados estão perdoados. [...] Vai em paz".

## Paixão pela vida

Jesus é um apaixonado pela vida. Sua palavra e sua atuação estão inspiradas por um só desejo: "Eu vim para que tenham vida" (Jo 10,10). É este seu objetivo: renovar a vida, transformá-la, torná-la mais digna e feliz para todos, instaurar o amor e a confiança mútua, ampliar o horizonte até ao infinito, orientar tudo para Deus, "amigo da vida".

Se ele expulsa do templo os mercadores, é porque eles transformam o culto em simples mercado, impedindo que seja fonte de vida para todos. Se critica os escribas, é porque as tradições deles asfixiam a vida e a reduzem a uma mera observância, esquecendo a libertação do amor.

Se se aproxima daqueles em quem a vida está mais enferma, despedaçada e deteriorada, é para curá-los e convidá-los a uma existência mais sadia e saudável. Se perdoa os pecadores e os liberta do medo de Deus, é porque deseja que vivam reconciliados consigo mesmos e em paz com Deus.

Entende-se que Jesus busque com tanto empenho a fecundidade. Ninguém deve viver de maneira estéril, pois a vida é criação. A figueira que tem a ousadia de viver sem dar fruto precisa ser castigada. O servo de projetos mesquinhos, que não arrisca seu talento para fazê-lo frutificar, não merece recompensa alguma. Ninguém deve abafar a vida que Deus faz crescer em nós.

Jesus sonhava com um "ser humano novo", um ser empenhado em transformar a vida e torná-la melhor; um ser chamado a desfrutar a Vida eterna. Como expôs com admirável força o teólogo Paul Tillich, a ressurreição de Cristo não é senão a culminação deste "novo ser" (*new being*) que ele pregou, impulsionou e encarnou.

O perdão de Jesus à mulher pecadora não é um rito rotineiro de "absolvição de pecados". É muito mais. Diante da visão legalista do fariseu Simão, que busca tudo, menos o bem real da mulher, Jesus, que só quer para ela a vida, liberta-a de sua humilhação, devolve-lhe sua dignidade, renova-a por dentro e abre-lhe um novo horizonte: "Tua fé te salvou. Vai em paz".

# 17
## QUEM DIZEIS QUE EU SOU?

*Certa vez, estando a orar a sós na presença de seus discípulos, Jesus pergun-tou-lhes:*

*– Quem dizem as multidões que eu sou?*

*Eles responderam:*

*– Alguns dizem que és João Batista, outros que és Elias, outros dizem que retornou à vida algum dos antigos profetas.*

*Ele lhes perguntou:*

*– E vós, quem dizeis que eu sou?*

*Pedro tomou a palavra e disse:*

*– O Messias de Deus.*

*Ele lhes proibiu terminantemente de dizê-lo a alguém. E acrescentou:*

*– O Filho do homem deve sofrer muito, ser rejeitado pelos anciãos, pelos sumos sacerdotes e letrados, ser executado e ressuscitar ao terceiro dia.*

*E, dirigindo-se a todos, disse:*

*– Quem quiser seguir-me, negue-se a si mesmo, carregue sua cruz cada dia e venha comigo. Pois quem quiser salvar sua vida, irá perdê-la; mas quem perder sua vida por minha causa, esse a salvará (Lc 9,18-24).*

### CREMOS EM JESUS?

As primeiras gerações cristãs conservaram a lembrança deste episódio como um relato de importância vital para os seguidores de Jesus. Sabiam que a Igreja de Jesus deveria ouvir sempre de novo a pergunta que Jesus fez um dia a seus discípulos nas proximidades de Cesareia de Filipe: "E vós, quem dizeis que eu sou?

Se nas comunidades cristãs deixamos apagar-se nossa fé em Jesus, perderemos nossa identidade. Não conseguiremos viver com audácia criativa a missão que Ele nos confiou; não nos atreveremos a enfrentar o futuro, abertos à novidade de seu Espírito; nos asfixiaremos na mediocridade. Quem é hoje Jesus para nós?

Nós confessamos, como Pedro, que Jesus é o "Messias de Deus", o Enviado do Pai. É verdade: Deus amou tanto o mundo que nos presenteou Jesus. Será que nós cristãos sabemos acolher, cuidar, desfrutar e celebrar este grande dom de Deus? É Jesus o centro de nossas celebrações, encontros e reuniões?

Confessamo-lo também como "Filho de Deus". Ele pode ensinar-nos a conhecer melhor a Deus, a confiar mais em sua bondade de Pai, a ouvir com mais fé seu chamado a construir um mundo mais fraterno e justo para todos. Estamos descobrindo em nossas comunidades o rosto de Deus encarnado em Jesus? Sabemos anunciá-lo e comunicá-lo como a grande notícia para todos?

Chamamos Jesus de "Salvador", porque Ele tem força para humanizar nossa vida, libertar nossas pessoas e encaminhar a história humana para sua salvação definitiva. É esta a esperança que se respira entre nós? É esta a paz que se transmite a partir de nossas comunidades?

Confessamos Jesus como nosso único "Senhor". Não queremos ter outros senhores nem submeter-nos a ídolos falsos. Mas, ocupa Jesus realmente o centro de nossa vida? Damos-lhe primazia absoluta em nossas comunidades? Colocamo-lo acima de tudo e de todos? Somos de Jesus? É Ele quem nos anima e faz viver?

A grande tarefa dos cristãos hoje é reunir forças e abrir caminhos para reafirmar com muito mais vigor a centralidade de Jesus em sua Igreja. Todo o resto vem depois.

## CONFESSAR COM A VIDA

"Quem dizeis que eu sou?" Os três primeiros evangelhos recolhem esta pergunta dirigida por Jesus a seus discípulos na região de Cesareia de Filipe. Para os primeiros cristãos era muito importante recordar sempre de novo quem estavam seguindo, como estavam colaborando em seu projeto e por quem estavam arriscando a vida.

Quando nós ouvimos hoje esta pergunta, tendemos a pronunciar as fórmulas que o cristianismo foi cunhando ao longo dos séculos: Jesus é o Filho de Deus feito homem, o Salvador do mundo, o Redentor da humanidade... Basta pronunciar estas palavras para converter-nos em seus "seguidores"?

Infelizmente, trata-se muitas vezes de fórmulas aprendidas em idade infantil, aceitas de maneira mecânica, repetidas de forma leviana e afirmadas mais que vividas. Confessamos Jesus por costume, por piedade ou por disciplina, mas vivemos frequentemente sem captar a originalidade de sua vida, sem ouvir a novidade de seu chamado, sem deixar-nos atrair por seu projeto, sem contagiar-nos com sua liberdade, sem esforçar-nos por seguir sua trajetória.

Adoramos Jesus como "Deus", mas Ele não é o centro de nossa vida. Confessamo-lo como "Senhor", mas vivemos de costas para Ele, sem saber muito bem como Ele era e o que queria. Chamamo-lo "Mestre", mas nos comportamos como membros de uma religião, e não como discípulos seus.

Paradoxalmente, a "ortodoxia" de nossas fórmulas doutrinais pode dar-nos segurança, dispensando-nos de um encontro mais vivo com Ele. Há cristãos muito "ortodoxos" que vivem uma religiosidade instintiva, mas não conhecem por experiência o que é nutrir-se de Jesus. Sentem-se "proprietários" da fé, mas não conhecem o dinamismo do Espírito de Cristo.

Não devemos enganar-nos. Precisamos, cada um de nós, colocar-nos diante de Jesus, deixar-nos olhar diretamente por Ele e ouvir do fundo de nosso ser suas palavras: "Quem sou eu realmente para vós?" A esta pergunta responde-se mais com a vida do que com palavras sublimes.

# O que fizemos de Jesus?

Às vezes é perigoso sentir-se cristão "por toda a vida", porque corremos o risco de não revisar nunca nossa fé e não entender que, definitivamente, a vida cristã não é senão um contínuo processo de passar da incredulidade para a fé no Deus vivo de Jesus Cristo.

Muitas vezes acreditamos ter uma fé inabalável em Jesus, porque o temos perfeitamente definido com fórmulas precisas, e não nos damos conta de que, na vida diária, o estamos desfigurando continuamente com nossos interesses e covardias.

Confessamo-lo abertamente como Deus e Senhor nosso, mas às vezes Ele não significa quase nada nas atitudes que inspiram nossa vida. Por isso, é bom ouvir sinceramente sua pergunta: "E vós, quem dizeis que eu sou?" Na realidade, quem é Jesus para nós? Que lugar ocupa Ele em nossa vida diária?

Quando, em momentos de verdadeira graça, alguém se aproxima sinceramente do Jesus do Evangelho, encontra-se com alguém vivo e palpitante. Alguém que não é possível esquecer. Alguém que continua atraindo-nos apesar de nossas covardias e mediocridade.

Jesus, "o Messias de Deus", nos coloca diante de nossa última verdade e se transforma, para cada um de nós, em convite prazeroso à mudança, à conversão constante, à busca humilde, mas apaixonada, de um mundo melhor para todos.

Jesus é perigoso. Nele descobrimos uma entrega incondicional aos necessitados, entrega esta que põe a descoberto nosso radical egoísmo. Uma paixão pela justiça que sacode nossas seguranças, covardias e servidões. Uma fé no Pai que nos convida a sair de nossa incredulidade e desconfiança.

Jesus é a coisa maior que nós cristãos temos. Ele infunde outro sentido e abre outro horizonte à nossa vida. Ele nos transmite outra lucidez e outra generosidade. Ele nos comunica outro amor e outra liberdade. Ele é nossa esperança.

## REORIENTAR A VIDA

Nem sempre é fácil dar nome a esse estranho mal-estar que às vezes sentimos em algum momento da vida. Assim me confessaram, em mais de uma ocasião, pessoas que, por outro lado, buscavam "algo diferente", uma luz nova, talvez uma experiência capaz de dar sentido novo a seu viver diário.

Podemos chamar isso de "vazio interior". Às vezes seria melhor chamá-lo de "tédio", cansaço de viver sempre a mesma coisa, sensação de não encontrar o segredo da vida: estamos nos equivocando em algo essencial e não sabemos exatamente em quê.

Às vezes a crise adquire um tom religioso. Não sabemos em que crer, nada consegue iluminar-nos por dentro, abandonamos a religião ingênua de outros tempos, mas não a substituímos por nada melhor. Então pode crescer em nós uma sensação estranha de culpabilidade: ficamos sem chave alguma para orientar nossa vida. O que podemos fazer?

A primeira coisa é não ceder à tristeza: tudo está nos chamando a viver. Dentro desse mal-estar existe algo de suma importância: nosso desejo de viver algo com mais verdade. O que precisamos é reorientar nossa vida. Não se trata de corrigir um aspecto ou outro. Isso virá depois. Agora o importante é ir ao essencial, encontrar uma nova fonte de vida e de salvação.

É uma sorte então encontrar-nos com a pessoa de Jesus. Ele nos pode ajudar a conhecer-nos com mais verdade, despertando o que há de melhor em nós. Ele nos pode levar ao essencial, porque nos convida a fazer-nos as perguntas que nos aproximam do que é importante.

Nele ouvimos um chamado a viver a existência a partir de sua raiz última, que é um Deus "amigo da vida". Ele nos convida a reorientar tudo para uma vida mais digna, mais generosa, mais humana. Por isso, é tão importante, em qualquer momento da vida, responder sinceramente a essa pergunta de Jesus: "Quem dizeis que eu sou?"

## O FATOR DECISIVO

O que é que, definitivamente, nos faz cristãos? Poucas perguntas pode haver de maior interesse para quem deseja clarificar sua atitude religiosa. A resposta, em termos concisos, só pode ser esta: o essencial da fé cristã diante de outras religiões é o próprio Cristo, ou seja, aderir confiantemente a Ele e seguir fielmente sua pessoa.

Antes de crer num conjunto de verdades, a fé cristã consiste em *crer em Jesus Cristo*. É este o fator decisivo. Somente a partir desta fé em sua pessoa o cristão descobre a verdade última a partir da qual procura encontrar sentido para sua vida. O cristão conhece também outras interpretações da existência; ouve a mensagem de outras religiões; pode enriquecer-se com elementos valiosos procedentes de outras ideologias. Mas só em Cristo encontra a verdade última, e só a partir dele vai configurando sua *personalidade*.

Por isso, a moral cristã não consiste primordialmente em observar um conjunto de leis morais, mas antes em *seguir Jesus* como modelo de vida, e a partir dele viver o amor como força inspiradora de toda a nossa atuação. O cristão não ignora outros projetos éticos; conhece estilos diferentes de comportamento; está atento a tudo quanto possa humanizar o mundo. Mas só em Cristo encontra o critério último para viver de maneira humana, e só a partir dele vai consolidando sua *responsabilidade*.

A esperança cristã, por sua vez, mais que "esperar algo" depois da morte, consiste em *esperar em Jesus Cristo* como único Salvador, confiando a Ele todo o nosso ser e o nosso futuro. O cristão conhece também outras ofertas de salvação; observa quanto se espera às vezes da ciência ou do desenvolvimento; colabora em tudo aquilo que pode trazer libertação, ainda que de forma fragmentária. Mas só de Cristo ressuscitado espera essa salvação última que o ser humano não pode dar-se a si mesmo, e só a partir dele vai edificando sua *esperança*.

Por isso, quem no meio da crise religiosa deseja saber se continua sendo cristão não precisa examinar sua postura em relação ao papa, à Igreja católica ou à prática dominical. A primeira coisa é perguntar-nos sinceramente:

"Creio em Jesus Cristo?", "sigo-o?", "confio nele?" Nosso coração deixa de ser cristão quando Cristo já não significa nada para nós. Por isso, é tão importante ouvir sempre de novo sua pergunta: "Quem dizeis que eu sou?", o que significo em vossa vida?

# 18

## Escutar Jesus

*Naquele tempo, Jesus tomou Pedro, João e Tiago e subiu ao monte para orar. E, enquanto orava, seu rosto mudou de aparência e suas vestes brilhavam de tão brancas. De repente, dois homens conversavam com Ele: eram Moisés e Elias, que apareceram envoltos em glória; falavam da sua morte, que iria consumar-se em Jerusalém.*

*Pedro e seus companheiros estavam mortos de sono; e, despertando, viram sua glória e os dois homens que estavam com Ele.*

*Enquanto estes se afastavam, Pedro disse a Jesus:*

*– Mestre, como é bom estarmos aqui! Faremos três tendas: uma para ti, outra para Moisés e outra para Elias.*

*Ele não sabia o que estava dizendo.*

*Estava ainda falando quando veio uma nuvem que os cobriu. Eles se assustaram ao entrar na nuvem. Uma voz vinda da nuvem dizia:*

*– Este é meu Filho, o eleito. Escutai-o.*

*Ao ressoar a voz, Jesus encontrou-se sozinho. Eles guardaram silêncio e, por enquanto, não contaram a ninguém nada do que tinham visto (Lc 9,28-36).*

### A QUEM ESCUTAR?

Nós cristãos ouvimos falar, desde crianças, de uma cena evangélica chamada tradicionalmente "transfiguração de Jesus". Já não é possível saber com segurança como se originou o relato. Foi recolhido na tradição cristã sobretudo por dois motivos: ajudava os cristãos a recordar o mistério encerrado em Jesus e os convidava a escutar somente a Ele.

No cume de uma "montanha alta", os discípulos mais próximos veem Jesus com o rosto "transfigurado". Acompanham-no dois personagens legendários da história de Israel: Moisés, o grande legislador do povo, e Elias, o profeta de fogo que defendeu Deus com zelo abrasador.

Os dois personagens, representantes da Lei e dos Profetas, têm o rosto apagado: só Jesus irradia luz. Por outro lado, não proclamam nenhuma mensagem, apenas vêm "conversar" com Jesus: só este tem a última palavra. Só Ele é a chave para ler qualquer outra mensagem.

Pedro parece não ter entendido do que se tratava. Propõe fazer "três tendas", uma para cada um. Ele coloca os três no mesmo plano. Não captou a novidade de Jesus. A voz surgida da nuvem vai esclarecer as coisas: "Este é meu Filho, o eleito. Escutai-o". Não devemos escutar Moisés ou Elias, mas Jesus, o "Filho amado". Suas palavras e sua vida nos revelam a verdade de Deus.

Viver ouvindo Jesus é uma experiência única. Finalmente estamos ouvindo alguém que diz a verdade. Alguém que sabe por que e para que viver. Alguém que oferece as chaves para construir um mundo mais justo e mais digno do ser humano.

Nós, seguidores de Jesus, não vivemos de qualquer crença, norma ou rito. A comunidade vai se tornando cristã quando vai pondo em seu centro o Evangelho e só o Evangelho. Ali se decide nossa identidade. Não é fácil imaginar um fato social mais humanizador do que um grupo de crentes reunidos, ouvindo o "relato de Jesus". Cada domingo podemos sentir seu apelo a olhar a vida com olhos diferentes e a vivê-la com mais responsabilidade, construindo um mundo mais habitável.

## ESCUTAR SOMENTE JESUS

A cena é chamada tradicionalmente de "transfiguração de Jesus". Não é possível reconstruir com certeza a experiência que deu origem a este surpreendente relato. Só sabemos que os evangelistas lhe dão grande importância, pois se trata de uma experiência que deixa entrever algo da verdadeira identidade de Jesus.

Num primeiro momento, o relato destaca a transformação de seu rosto e, embora venham conversar com Ele Moisés e Elias, talvez como representantes da Lei e dos Profetas respectivamente, só o rosto de Jesus permanece transfigurado e resplandecente no centro da cena.

Ao que parece, os discípulos não captam o conteúdo daquilo que estão vivendo, porque Pedro diz a Jesus; "Mestre, como é bom estarmos aqui! Faremos três tendas: uma para ti, outra para Moisés e outra para Elias". Ele coloca Jesus no mesmo plano e no mesmo nível que os dois grandes personagens bíblicos. A cada um sua tenda. Jesus não ocupa ainda um lugar central e absoluto em seu coração.

A voz de Deus vai corrigi-lo, revelando a verdadeira identidade de Jesus: "Este é meu Filho, o eleito", aquele que tem o rosto transfigurado. Não deve ser confundido com os de Moisés ou Elias, que estão apagados. "Escutai-o." E a ninguém mais. Sua Palavra é a única decisiva. As outras nos devem levar até Ele.

É urgente recuperar na Igreja atual a importância decisiva que teve em seus inícios a experiência de ouvir, no seio das comunidades cristãs, o relato de Jesus recolhido nos evangelhos. Estes quatro escritos constituem para nós uma obra única que não devemos equiparar ao resto dos livros bíblicos.

Há algo que só neles podemos encontrar: o impacto causado por Jesus nos primeiros que se sentiram atraídos por Ele e o seguiram. Os evangelhos não são livros didáticos que expõem doutrina acadêmica sobre Jesus. Tampouco são biografias redigidas para informar detalhadamente sobre sua trajetória histórica. São "relatos de conversão" que convidam à mudança, ao seguimento de Jesus e à identificação com seu projeto.

Por isso pedem ser ouvidos em atitude de conversão. E nessa atitude devem ser lidos, pregados, meditados e guardados no coração de cada crente e de cada comunidade. Uma comunidade cristã que sabe escutar cada domingo o relato evangélico de Jesus em atitude de conversão começa a transformar-se. A Igreja não tem um potencial mais vigoroso de renovação do que aquele que se encerra nestes quatro pequenos livros.

## VIVER DIANTE DO MISTÉRIO

O homem moderno começa a experimentar a insatisfação produzida em seu coração pelo vazio interior, pela trivialidade do cotidiano, pela superficialidade de nossa sociedade, pela falta de comunicação com o Mistério.

São muitos os que, às vezes de maneira vaga e confusa, outras de maneira clara e palpável, sentem uma decepção e um desencanto inconfessável diante de uma sociedade que despersonaliza as pessoas, as esvazia interiormente e as incapacita para abrir-se ao Transcendente.

É fácil descrever a trajetória seguida pela humanidade: ela foi aprendendo a utilizar, com uma eficácia cada vez maior, o instrumento de sua razão; foi acumulando um número cada vez maior de dados; sistematizou seus conhecimentos em ciências cada vez mais complexas; transformou as ciências em técnicas cada vez mais poderosas para dominar o mundo e a vida.

Este caminhar apaixonante ao longo dos séculos tem um risco. Inconscientemente acabamos crendo que a razão nos levará à libertação total. Não aceitamos o Mistério. E, no entanto, o Mistério está presente no mais profundo de nossa existência.

O ser humano quer conhecer e dominar tudo. Mas não pode conhecer e dominar nem sua origem nem seu destino último. E o mais racional seria reconhecer que estamos envoltos em algo que nos transcende: precisamos mover-nos humildemente num horizonte de Mistério.

Na mensagem de Jesus há um convite escandaloso para os ouvidos modernos: nem tudo se reduz à razão. O ser humano precisa aprender a viver diante do Mistério. E o Mistério tem um nome: Deus, nosso "Pai", que nos acolhe e nos chama a viver como irmãos.

Nosso maior problema talvez seja ter-nos tornado incapazes de orar e dialogar com um Pai. Estamos órfãos e não conseguimos entender-nos como irmãos. Também hoje, em meio a nuvens e escuridão, pode-se ouvir uma voz que continua nos chamando: "Este é meu Filho. [...] Escutai-o".

## PERDIDOS

De acordo com os peritos, um dos dados mais preocupantes da sociedade moderna é a "perda de referentes". Todos nós podemos comprová-lo: a religião vai perdendo força nas consciências; vai se diluindo a moral tradicional; já não se sabe com certeza quem pode possuir as chaves que orientem a existência.

Muitos educadores não sabem o que dizer nem em nome de quem falar a seus alunos acerca da vida. Os pais não sabem que "herança espiritual" deixar a seus filhos. A cultura vai se transformando em modas sucessivas. Os valores do passado interessam menos que a informação do imediato.

São muitos os que não sabem muito bem onde fundamentar sua vida nem a quem recorrer para orientá-la. Não se sabe onde encontrar os critérios que possam reger a maneira de viver, pensar, trabalhar, amar ou morrer. Tudo fica submetido à mudança constante das modas ou dos gostos do momento.

É fácil constatar já algumas consequências. Se não há a quem recorrer, cada qual procurará defender-se como pode. Alguns vivem com uma "personalidade emprestada", alimentando-se da cultura da informação. Há os que buscam algum sucedâneo nas seitas ou entrando no mundo sedutor do "virtual". Por outro lado, é cada vez maior o número dos que vivem perdidos. Não têm meta nem projeto. Logo se transformam em presa fácil de qualquer um que possa satisfazer seus desejos imediatos.

Precisamos reagir. Viver com um coração mais atento à verdade última da vida; parar para escutar as necessidades mais profundas de nosso ser; sintonizar com nosso verdadeiro eu. Facilmente pode despertar em nós a necessidade de ouvir uma mensagem diferente. Talvez reservemos então um espaço maior para Deus.

A cena evangélica de Lucas recupera um profundo sentido em nosso tempo. De acordo com o relato, os discípulos "se assustam" ao ficar cobertos por uma nuvem. Sentem-se sós e perdidos. No meio da nuvem ouvem uma voz que lhes diz: "Este é meu Filho, o eleito. Escutai-o". É difícil viver sem ouvir uma voz que lance luz e esperança em nosso coração.

## Onde escutar Jesus?

Entre todos os métodos possíveis de ler a Palavra de Deus está sendo revalorizado cada vez mais, em alguns setores cristãos, o método chamado *lectio divina*, muito apreciado em outros tempos, sobretudo nos mosteiros. Consiste numa leitura meditada da Bíblia, orientada diretamente para suscitar o encontro com Deus e para a escuta de sua Palavra no fundo do coração. Esta forma de ler o texto bíblico exige diversos passos.

O primeiro passo é *ler o texto* procurando captar o seu sentido original, para evitar qualquer interpretação arbitrária ou subjetiva. Não é legítimo fazer a Bíblia dizer qualquer coisa, tergiversando seu sentido real. Precisamos compreender o texto empregando todas as ajudas que tivermos à mão: uma boa tradução, as notas da Bíblia, algum comentário simples.

A *meditação* implica um passo a mais. Agora trata-se de acolher a Palavra de Deus meditando-a no fundo do coração. Para isso começa-se por repetir devagar as palavras fundamentais do texto, procurando assimilar sua mensagem e torná-la nossa. Os antigos diziam que é necessário "mastigar" ou "ruminar" o texto bíblico para "fazê-lo descer da cabeça ao coração". Este momento pede recolhimento e silêncio interior, fé em Deus que me fala, abertura dócil à sua voz.

O terceiro passo é a *oração*. O leitor passa agora de uma atitude de escuta a uma postura de resposta. Esta oração é necessária para que se estabeleça o diálogo entre o crente e Deus. Não é preciso fazer grandes esforços de imaginação nem inventar belos discursos. Basta perguntar-nos com sinceridade: "Senhor, que queres dizer-me através deste texto? A que me chamas concretamente? Que convicção queres semear em meu coração?"

Pode-se passar a um quarto momento, que costuma ser chamado de *contemplação* ou silêncio diante de Deus. O crente descansa em Deus, calando outras vozes. É o momento de estar diante dele, ouvindo apenas seu amor e sua misericórdia, sem nenhuma outra preocupação ou interesse.

Por último, é necessário recordar que a verdadeira leitura da Bíblia termina na vida concreta e que o critério para verificar se ouvimos a Deus é nossa *conversão*. Por isso, é necessário passar da "Palavra escrita" para a "Palavra vivida". São Nilo, venerável Pai do deserto, dizia: "Eu interpreto a Escritura com minha vida".

De acordo com o relato da cena do Tabor, os discípulos ouvem este convite: "Este é meu Filho, o eleito. Escutai-o". Uma forma de escutá-lo é aprender a ler os evangelhos de Jesus com este método. Descobriremos um estilo de vida que pode transformar para sempre nossa existência.

# 19

## SEGUIR JESUS

Quando estava se completando o tempo de ser levado ao céu, Jesus tomou a decisão de ir a Jerusalém. E enviou mensageiros na frente. Pelo caminho entraram numa aldeia da Samaria para preparar-lhe alojamento. Mas não o receberam, porque ele se dirigia a Jerusalém. Ao ver isto, os discípulos Tiago e João perguntaram-lhe:

– Senhor, queres que mandemos descer fogo do céu para acabar com eles?

Ele voltou-se e os repreendeu. E dirigiram-se para outra aldeia. Enquanto iam pelo caminho, alguém lhe disse:

– Eu te seguirei para onde fores.

Jesus lhe respondeu:

– As raposas têm tocas e os pássaros têm ninhos, mas o Filho do homem não tem onde reclinar a cabeça.

A outro Ele disse:

– Segue-me.

Mas ele respondeu:

– Deixa-me ir primeiro enterrar meu pai.

Ele respondeu:

– Deixa que os mortos enterrem seus mortos; tu vais anunciar o reino de Deus.

Outro lhe disse:

– Eu te seguirei, Senhor. Mas deixa-me antes despedir-me da minha família.

*Jesus lhe respondeu:*

*– Aquele que põe a mão no arado e continua olhando para trás não serve para o reino de Deus (Lc 9,51-62).*

## NÃO INSTALAR-SE NEM OLHAR PARA TRÁS

Seguir Jesus é o coração da vida cristã. É o essencial. Nada há de mais importante ou decisivo. Precisamente por isso Lucas descreve três pequenas cenas, para que as comunidades que lerem seu evangelho tomem consciência de que, aos olhos de Jesus, nada pode haver de mais urgente e inadiável.

Jesus emprega imagens duras e escandalosas. Vê-se que Ele quer sacudir as consciências. Não procura ter mais seguidores, e sim seguidores mais comprometidos que o sigam sem reservas, renunciando a falsas seguranças e assumindo as rupturas necessárias. Suas palavras colocam, no fundo, uma única questão: que relação queremos estabelecer com Ele nós que nos dizemos seguidores seus?

Primeira cena. Um dos que acompanham Jesus sente-se tão atraído por Ele que, antes de ser chamado, toma ele próprio a iniciativa: "Eu te seguirei para onde fores". Jesus o faz tomar consciência do que está dizendo: "As raposas têm tocas e os pássaros têm ninhos", mas Ele "não tem onde reclinar a cabeça".

Seguir Jesus é toda uma aventura. Ele não oferece segurança ou bem-estar aos seus. Não ajuda a ganhar dinheiro ou adquirir poder. Seguir Jesus é "viver a caminho", sem instalar-nos no bem-estar e sem buscar um falso refúgio na religião. Uma Igreja menos poderosa e mais vulnerável não é uma desgraça. É o melhor que nos pode acontecer para purificar nossa fé e confiar mais em Jesus.

Segunda cena. Outro está disposto a segui-lo, mas pede-lhe que o deixe cumprir primeiro com a obrigação sagrada de "enterrar seu pai". A nenhum judeu isso pode causar estranheza, pois se trata de uma das obrigações religiosas mais importantes. A resposta de Jesus é desconcertante: "Deixa que os mortos enterrem seus mortos; tu vais anunciar o reino de Deus".

Abrir caminhos para o reino de Deus trabalhando por uma vida mais humana é sempre a tarefa mais urgente. Nada deve atrasar nossa decisão. Ninguém nos deve reter ou frear. Os "mortos", que não vivem ao serviço do reino da vida, já se dedicarão a outras obrigações menos prementes do que o reino de Deus e sua justiça.

Terceira cena. A um terceiro, que quer despedir-se de sua família antes de segui-lo, Jesus lhe diz: "Aquele que põe a mão no arado e continua olhando para trás não serve para o reino de Deus". Não é possível seguir Jesus olhando para trás. Não é possível abrir caminhos para o reino de Deus permanecendo no passado. Trabalhar no projeto do Pai exige dedicação total, confiança no futuro de Deus e audácia para seguir os passos de Jesus.

## SEGUIR JESUS

"Seguir" Jesus é uma metáfora que os discípulos aprenderam pelos caminhos da Galileia. Para eles significa concretamente: não perder Jesus de vista; não ficar parados longe dele; caminhar, mover-se e dar passos atrás dele. "Seguir" Jesus exige uma dinâmica de movimento. Por isso, o imobilismo dentro da Igreja é uma enfermidade mortal: mata a paixão de seguir Jesus compartilhando sua vida, sua causa e seu destino.

As primeiras gerações cristãs nunca esquecem que ser cristão é "seguir" Jesus e viver como Ele. Isso é o fundamental. Por isso, Lucas dá tanta importância a três ditos de Jesus.

Primeiro dito. A alguém que se aproxima dele, decidido a segui-lo, Jesus o adverte da seguinte maneira: "O Filho do homem não tem onde reclinar a cabeça". O instinto de sobrevivência no meio da sociedade moderna está levando hoje, a nós cristãos, a buscar segurança. A hierarquia se esforça por recuperar um apoio social que vai decrescendo. As comunidades cristãs perdem peso e força para influir no ambiente. Não sabemos "onde reclinar a cabeça". É o momento de aprender a seguir Jesus de maneira mais humilde e vulnerável, mas também mais autêntica e real.

165

Segundo dito. A alguém que lhe pede que o deixe antes enterrar seu pai Jesus lhe diz: "Deixa que os mortos enterrem seus mortos; tu vais anunciar o reino de Deus". Na Igreja vivemos frequentemente distraídos por costumes e obrigações que provêm do passado, mas não ajudam a gerar vida evangélica hoje. Há pastores que se sentem como "mortos que se dedicam a enterrar mortos". É o momento de voltar a Jesus e buscar primeiro o reino de Deus. Só assim nos colocaremos na verdadeira perspectiva para entender e viver a fé como Ele queria.

Terceiro dito. A outro Ele diz: "Aquele que põe a mão no arado e continua olhando para trás não serve para o reino de Deus". Olhando só para trás não é possível anunciar o reino de Deus. Quando se sufoca a criatividade ou se mata a imaginação evangélica, quando se controla toda novidade como perigosa e se promove uma religião estática, estamos impedindo o seguimento vivo de Jesus. É o momento de buscar, mais uma vez, "vinho novo em odres novos". Jesus o pedia.

## UM CRISTIANISMO DE SEGUIMENTO

Em tempos de crise é grande a tentação de buscar segurança, voltar a posições fáceis e bater novamente às portas de uma religião que nos "proteja" de tantos problemas e conflitos.

Precisamos revisar nosso cristianismo para ver se, na Igreja atual, vivemos motivados pela paixão de seguir Jesus ou andamos buscando "segurança religiosa". De acordo com o conhecido teólogo alemão Johann Baptist Metz, esse é o desafio mais grave que nós cristãos enfrentamos na Europa: decidir-nos entre uma "religião burguesa" ou um "cristianismo de seguimento".

Seguir Jesus não significa fugir para um passado já morto, mas procurar viver hoje com o espírito que animou Jesus. Como disse alguém com maestria, trata-se de viver hoje "com a atmosfera de Jesus" e não "ao sabor do vento que mais sopra".

Este seguimento não consiste em buscar novidades nem em promover grupos de seletos, mas em fazer de Jesus o eixo único de nossas comunidades, pondo-nos a serviço daquilo que Ele chamava reino de Deus.

Por isso, seguir Jesus implica quase sempre andar "contra a corrente", em atitude de rebeldia diante de costumes, modas ou correntes de opinião que não concordam com o espírito do Evangelho.

E isto exige não só não deixar-nos domesticar por uma sociedade superficial e consumista, mas inclusive contradizer os próprios amigos e familiares, quando nos convidam a seguir caminhos contrários ao Evangelho.

Por isso, seguir Jesus exige estar dispostos a enfrentar conflitos e a cruz. Estar dispostos a compartilhar sua sorte. Aceitar o risco de uma vida crucificada como a sua, sabendo que nos espera a ressurreição. Não seremos capazes de escutar hoje o chamado sempre vivo de Jesus a segui-lo?

## INVERNO NA IGREJA

Nos últimos anos de sua vida, o célebre teólogo Karl Rahner dizia que na Europa a fé se encontra em "tempo invernal". Depois foram vários os teólogos europeus que usaram a mesma metáfora para descrever o momento atual da Igreja. Trata-se, sem dúvida, de uma expressão dura, mas é sugerida por alguns indícios graves. Assinalarei apenas os que despontam com mais força.

Muitos cristãos sentem-se abalados em sua própria identidade. Não estão seguros de ser crentes. Tampouco conseguem comunicar-se com Deus. Alguns falam da "secreta descrença" que cresce no próprio interior da Igreja. Por outro lado, não parece que as Igrejas estejam conseguindo transmitir a fé às novas gerações.

Outro dado importante é a perda de credibilidade. A Igreja já não desperta a confiança que despertava alguns anos atrás. Sua palavra, muitas vezes autoritária e exigente, não tem o peso moral de outros tempos. A autoridade religiosa é questionada dentro e fora da Igreja. Pede-se ao cristianismo fatos, não discursos.

Além disso, "o cristão" parece cada vez mais irrelevante do ponto de vista social. N. Greinacher, teólogo de Tübingen, observa que "a Igreja está se transformando cada vez mais num fenômeno marginal de nossa sociedade". Em alguns ambientes, sua atuação nem sequer é considerada digna de discussão ou de crítica.

A imagem de Karl Rahner continha, no entanto, um sentido mais positivo que o da "rigidez hibernal". No inverno já se anuncia a primavera e, sob os campos gelados, a vida se prepara para um novo renascer. Mas nada importante nasce de forma fácil. O próprio Rahner pedia, em primeiro lugar, radicalidade, retorno às raízes. "É difícil saber de que modo ou com que meios fazê-lo; mas, se o cristianismo estivesse marcado pela radicalidade, surgiria a primavera na Igreja". Hoje não temos santos entre nós, ou talvez não somos capazes de reconhecê-los. É este o nosso primeiro problema.

A Igreja precisa desprender-se de falsas seguranças para acompanhar os homens e mulheres de hoje na busca de sentido e esperança. O "restauracionismo" só leva a perigosos atoleiros de endurecimento e crispação. Precisamos de conversão pessoal e coletiva ao Deus vivo de Jesus Cristo.

Chegou o momento em que a Igreja, esquecendo questões secundárias, deve ouvir o chamado de Jesus: "Deixa que os mortos enterrem seus mortos; tu vais anunciar o reino de Deus".

## Deus não é violento

Jesus não aceitou nenhuma forma de violência. Pelo contrário, quis eliminá-la pela raiz. Disso não há dúvida nenhuma. Os cristãos sempre o proclamaram e a investigação atual o afirma categoricamente. A não violência é um dos traços essenciais da atuação e da mensagem de Jesus. No relato de Lucas, Jesus reage energicamente e repreende seus discípulos porque desejam que "o fogo do céu" destrua os odiados samaritanos, que não o acolheram.

No entanto, surpreendentemente, esta não violência de Jesus não foi considerada normativa nem relevante para o cristianismo. Ao longo dos séculos, os cristãos a consideraram como algo desconectado da fé ou do comportamento cristão. Chegou-se inclusive a bendizer guerras, cruzadas e posições militaristas, sem ter consciência de que isso ia contra algo essencial da adesão a Jesus Cristo.

Onde está a raiz desta contradição? De acordo com diversos teólogos, o cristianismo continua preso à ideia do Deus violento da Bíblia, sem atrever-se a seguir Jesus. Conhece-se e admira-se a não violência do Mestre da Galileia, mas na consciência social dos povos "cristãos" continua vivo e operante o arquétipo de um Deus justiceiro e castigador, que se impõe a todos porque tem mais força do que ninguém. É este Deus que nos leva sempre de novo à guerra.

Se Jesus quis alguma coisa, foi arrancar das consciências a imagem de um Deus violento. Seus gestos, suas palavras, sua vida inteira revela um Deus Pai que não se impõe nunca pela violência. Para Jesus, acolher o reino de Deus significa precisamente eliminar toda forma de violência entre os indivíduos e entre os povos. Sua mensagem é sempre a mesma: "Deus é um Pai que está próximo. Só quer uma vida mais digna e feliz para todos. Mudai vossa maneira de pensar e de agir e crede nesta Boa Notícia".

A fé de Jesus não conseguiu ainda mudar a inclinação humana ao recurso à violência. Os que dominam o mundo só parecem entender a linguagem da guerra. Pretendem "impor a justiça" atuando à imagem do Deus violento de algumas páginas do Antigo Testamento. É preciso mudar e crer no Deus de Jesus. Não é absurdo tentar caminhos não violentos. O absurdo é que ainda haja alguém que continue crendo na guerra apesar de tantos séculos de sua bárbara inutilidade.

# 20
## ENVIADOS POR JESUS

*Naquele tempo o Senhor designou outros setenta e dois e os mandou na frente, dois a dois, a todos os povoados e lugares aonde Ele pretendia ir. E lhes dizia: – A colheita é abundante e os trabalhadores são poucos: pedi, pois, ao dono da colheita que mande trabalhadores para sua colheita. Ponde-vos a caminho! Eis que vos envio como cordeiros para o meio de lobos. Não leveis bolsa, nem alforje, nem sandálias; e não vos detenhais a saudar ninguém pelo caminho. Quando entrardes numa casa, dizei primeiro: "Paz a esta casa". E, se ali houver pessoas de paz, repousará sobre elas a vossa paz; se não, ela voltará para vós. Permanecei na mesma casa, comei e bebei do que tiverem, porque o operário merece seu salário. Não andeis de casa em casa. Quando entrardes num povoado e vos receberem bem, comei do que vos servirem, curai os enfermos que houver e dizei: "Está próximo de vós o reino de Deus". Mas, se entrardes num povoado e não vos receberem bem, saí pelas ruas e dizei: "Até o pó de vosso povoado que se pegou aos nossos pés, nós o sacudimos sobre vós. De qualquer modo, sabei que está perto o reino de Deus". Digo-vos que o dia do juízo será mais tolerável para Sodoma do que para esse povoado.*

*Os setenta e dois voltaram muito contentes e disseram:*

*– Senhor, até os demônios se nos submetem em teu nome.*

*Ele lhes respondeu:*

*– Eu via Satanás cair do céu como um raio. Vede: eu vos dei poder para pisotear serpentes e escorpiões e todo o exército do inimigo. E nada vos fará*

*mal. No entanto, não vos alegreis porque os espíritos se vos submetem; alegrai-vos porque vossos nomes estão inscritos no céu (Lc 10,1-12.17-20).*

## PORTADORES DO EVANGELHO

Lucas recolhe em seu evangelho uma importante exortação de Jesus dirigida não aos Doze, mas a outro grupo numeroso de discípulos, enviados por Ele para colaborarem em seu projeto do reino de Deus. As palavras de Jesus constituem uma espécie de carta fundacional na qual seus seguidores deverão inspirar sua tarefa evangelizadora. Destaco algumas linhas mestras.

• "Ponde-vos a caminho". Embora o esqueçamos sempre de novo, a Igreja está marcada pelo envio de Jesus. Por isso, é perigoso concebê-la como uma instituição fundada para cuidar e desenvolver sua própria religião. Corresponde melhor ao desejo original de Jesus a imagem de um movimento profético que caminha pela história segundo a lógica do envio: saindo de si mesma, pensando nos outros, servindo ao mundo a Boa Notícia de Deus. "A Igreja não está ali para ela mesma, mas para a humanidade" (Bento XVI).

Por isso, é tão perigosa hoje a tentação de dobrar-nos sobre nossos próprios interesses, nosso passado, nossas aquisições doutrinais, nossas práticas e costumes. Mais ainda se o fizemos endurecendo a relação com a cultura atual. O que é uma Igreja rígida, paralisada, encerrada em si mesma, sem profetas de Jesus nem portadores do Evangelho?

• "Quando entrardes num povoado [...] curai os enfermos e dizei: 'Está próximo de vós o reino de Deus'". Esta é a grande notícia: Deus está próximo de nós, encorajando-nos a tornar mais humana a vida. Mas não basta pregar uma verdade para que ela seja realmente atraente e desejável. É necessário torná-la compreensível: o que é que pode levar hoje as pessoas para o Evangelho? Como podem elas entender Deus como algo novo e bom? Que gestos e palavras se pedem hoje à Igreja?

Certamente falta-nos amor ao mundo atual, e não sabemos atingir o coração do homem e da mulher de hoje. Não basta pregar sermões do altar. Precisamos aprender a escutar, acolher, curar as feridas dos que sofrem... Só assim encontraremos palavras humildes e boas que aproximem desse Jesus cuja ternura insondável nos põe em contato com Deus, o Pai bom de todos.

• "Quando entrardes numa casa, dizei primeiro: 'Paz a esta casa'". A Boa Notícia de Jesus se comunica com respeito total, a partir de uma atitude amistosa e fraterna, transmitindo paz. É um erro pretender impô-la a partir da superioridade, da ameaça ou do ressentimento. É antievangélico tratar sem amor as pessoas só porque não aceitam nossa mensagem. Como a aceitarão se não se sentem compreendidas por nós que nos apresentamos como seguidores de Jesus?

## DUAS INSTRUÇÕES DE JESUS

Depois de vinte séculos de cristianismo é difícil ouvir as instruções de Jesus aos seus sem enrubescer. Não se trata de vivê-las ao pé da letra. Não. Trata-se simplesmente de não atuar contra o espírito que elas contêm. Recordarei apenas duas instruções.

Jesus envia seus discípulos pelas aldeias da Galileia como "cordeiros no meio de lobos". Quem crê hoje que esta deve ser nossa identidade numa sociedade atravessada por todo tipo de conflitos e enfrentamentos? E, no entanto, não precisamos entre nós de mais lobos, e sim de mais cordeiros. Cada vez que, da parte da Igreja ou de seu entorno, se alimenta a agressividade e o ressentimento, ou se lançam insultos e ataques que tornam mais difícil o entendimento mútuo, estamos agindo contra o espírito de Jesus.

A "primeira coisa" que os discípulos de Jesus devem comunicar ao entrar numa casa é: "Paz a esta casa". A paz é o primeiro sinal do reino de Deus. Se a Igreja não introduz paz na convivência, nós cristãos estamos anulando pela raiz nossa tarefa primeira.

A outra instrução é mais desconcertante: "Não leveis bolsa, nem alforje, nem sandálias". Os seguidores de Jesus viverão como os vagabundos que encontram em seu caminho. Não levarão dinheiro nem provisões. Andarão descalços, como tantos pobres que não têm um par de sandálias de couro. Não levarão sequer um alforje, como faziam alguns filósofos itinerantes.

Em sua maneira de vestir e de equipar-se, todos poderão ver sua paixão pelos últimos. O surpreendente é que Jesus não está pensando no que devem levar consigo, mas precisamente no contrário: naquilo que não devem levar, para não se distanciarem demasiado dos mais pobres.

Como se pode traduzir hoje este espírito de Jesus na sociedade do bem-estar? Não simplesmente recorrendo a um traje que nos identifique como membros de uma instituição religiosa ou responsáveis por um cargo na Igreja. Precisamos, cada um de nós, rever com humildade que nível de vida, que comportamentos, que palavra, que atitude nos identificam melhor com os últimos.

## COM MEIOS POBRES

Muitas vezes entendemos o ato evangelizador de maneira excessivamente doutrinal. Levar o Evangelho seria dar a conhecer a doutrina de Jesus a quem ainda não a conhece ou a conhece de maneira insuficiente.

Se entendemos as coisas assim, as consequências são evidentes. Precisaremos, antes de mais nada, de "meios de poder", para com eles assegurar a propagação de nossa mensagem diante de outras ideologias, modas e correntes de opinião.

Além disso, precisaremos de cristãos bem formados, que conheçam bem a doutrina e sejam capazes de transmiti-la de maneira persuasiva e convincente. Precisaremos também de estruturas, técnicas e pedagogias adequadas para propagar a mensagem cristã.

Definitivamente, será importante o número de pessoas preparadas que, com os melhores meios, cheguem a convencer o maior número de pessoas.

Tudo isto é muito razoável e encerra, sem dúvida, grandes valores. Mas, quando nos aprofundamos um pouco na atuação de Jesus e em sua ação evangelizadora, as coisas mudam bastante.

O Evangelho não é só nem sobretudo uma doutrina. O Evangelho é a pessoa de Jesus: a experiência humanizadora, salvadora, libertadora que começou com Ele. Por isso, evangelizar não é só propagar uma doutrina, mas tornar presente, no próprio coração da sociedade e da vida, a força salvadora da pessoa de Jesus Cristo. E isto não se pode fazer de qualquer maneira.

Para tornar presente esta experiência libertadora, os meios mais adequados não são os de poder, mas os meios pobres dos quais se serviu o próprio Jesus: amor solidário aos mais abandonados, acolhida a cada pessoa, oferecimento do perdão de Deus, criação de uma comunidade fraterna, defesa dos últimos...

Então, o importante é contar com testemunhas em cuja vida se possa perceber a força humanizadora contida na pessoa de Jesus quando é acolhida de maneira responsável. A formação doutrinal é importante, mas só quando alimenta uma vida mais evangélica.

O testemunho tem primazia absoluta. As estruturas são necessárias precisamente para apoiar a vida e o testemunho dos seguidores de Jesus. Por isso, o mais importante também não é o número, e sim a qualidade de vida evangélica que uma comunidade pode irradiar.

Talvez devamos ouvir com mais atenção as palavras de Jesus a seus enviados: "Não leveis bolsa, nem alforje, nem sandálias". Levai convosco meu Espírito.

## Um destino surpreendente

Há expressões de Jesus às quais nos acostumamos e sobre as quais nunca nos detivemos para extrair o conteúdo que encerram. Palavras que, quando sabemos ouvi-las interiormente, nos iluminam com luz nova e nos revelam o quanto estamos longe de entender e acolher seu Evangelho.

Como pode alguém reagir se ouvir com sinceridade este destino inaudito de que fala Jesus a seus discípulos: "Eu vos envio como cordeiros para o meio de lobos"?

Numa sociedade que se nos apresenta frequentemente tão violenta, tão agressiva e inclusive às vezes tão cruel, pode-se porventura viver de outra maneira que não seja a do lobo (*homo homini lupus*, "o homem é lobo para o homem")? Numa convivência atravessada por tantos interesses, rivalidades e enfrentamentos, pode ainda significar alguma coisa viver "como cordeiros"?

No entanto, há algo de atraente nesse destino surpreendente do discípulo cristão. Somos chamados a viver ajudando a descobrir que a bondade e a benevolência existem e que a vida, "apesar de tudo", pode ser boa.

Não há motivo para tudo ser rivalidade, competição e enfrentamento. Também é possível aproximar-se da vida e das pessoas com uma atitude de respeito, serviço e amizade. A pessoa pode ser para outra pessoa não um lobo, mas simplesmente um ser humano.

Mais ainda. Embora vivamos presos a muitos interesses, talvez o mais importante seja passar por esta vida trazendo ao mundo um pouco mais de bondade, amor e ternura. Nossa cultura está necessitada de bondade. Cada palavra agressiva que se pronuncia, cada mentira que se diz, cada violência que se comete, está nos empurrando a todos para uma sociedade menos humana e mais destrutiva.

Não é fácil viver hoje nesta atitude de respeito, amizade e acolhida. O que é fácil é endurecer-nos cada dia um pouco mais e defender-nos atacando e fazendo o mal. Precisamos voltar a Jesus e aprender dele. Seu empenho em tornar a vida mais humana, sua amizade aberta a todos, sua proximidade aos mais esquecidos, sua bondade incansável continuam nos atraindo. Ele viveu como cordeiro no meio de lobos.

## A PAZ DE DEUS

Todos nós falamos de "paz", mas o significado deste termo foi mudando, afastando-se cada vez mais de seu sentido bíblico. Seu uso interessado fez da paz um termo ambíguo e problemático. Hoje as mensagens de paz resultam geralmente bastante suspeitas e quase não conquistam credibilidade.

Quando as primeiras gerações cristãs falam de paz não pensam, em primeiro lugar, numa vida tranquila, que percorra caminhos de maior bem-estar. Antes disto, e como fonte de toda paz individual ou social, está a convicção de que todos somos aceitos por Deus apesar de nossos erros. Todos podemos viver reconciliados e em amizade com Ele. Esta é primeira coisa e a mais decisiva: "Estamos em paz com Deus" (Rm 5,1).

Esta paz nasce da confiança total em Deus e afeta o próprio centro da pessoa. Por isso, não depende só de circunstâncias externas. É uma paz que brota no coração, vai invadindo gradualmente toda a pessoa e, a partir dela, se estende aos outros.

Esta paz é presente de Deus, mas também fruto de um trabalho não pequeno. Acolher a paz de Deus, guardá-la fielmente no coração, mantê-la no meio dos conflitos e transmiti-la aos outros exige o esforço apaixonante de unificar a vida a partir de Deus.

Esta paz não é uma fuga que afasta dos problemas e conflitos; não é um refúgio cômodo para pessoas desenganadas ou céticas diante de uma paz social quase impossível. Se é verdadeira paz de Deus, ela se transforma no melhor estímulo para viver trabalhando por uma convivência pacífica entre todos e para o bem de todos.

Jesus pede a seus discípulos que, ao anunciar o reino de Deus, sua primeira mensagem seja oferecer a paz a todos: "Dizei primeiro: 'Paz a esta casa'". Se a paz for acolhida, irá se difundindo pelas aldeias da Galileia. Do contrário, "voltará" novamente para eles, mas nunca a deverão perder, porque a paz é um presente de Deus.

# 21

## Amor compassivo

*Naquele tempo, apresentou-se um letrado e perguntou a Jesus para pô-lo à prova:*

*– Mestre, o que devo fazer para herdar a vida eterna?*

*Ele lhe disse:*

*– O que está escrito na Lei? O que lês nela?*

*O letrado respondeu:*

*– Amarás o Senhor, teu Deus, com todo o teu coração, com toda a tua alma, com todas as tuas forças e com todo o teu ser. E o próximo como a ti mesmo.*

*Ele lhe disse:*

*– Disseste bem. Faze isto e terás a vida.*

*Mas o letrado, querendo aparecer como justo, perguntou a Jesus:*

*– E quem é o meu próximo?*

*Jesus disse:*

*– Um homem descia de Jerusalém para Jericó. Caiu nas mãos de alguns bandidos, que o despojaram, o espancaram e foram embora, deixando-o quase morto. Por acaso, descia por aquele caminho um sacerdote e, ao vê-lo, deu uma volta e passou ao largo. E a mesma coisa fez um levita que chegou àquele lugar: ao vê-lo, deu uma volta e passou ao largo. Mas um samaritano que seguia viagem chegou aonde ele estava e, ao vê-lo, sentiu compaixão. Aproximou-se, vendou-lhe as feridas, derramando nelas azeite e vinho, e, pondo-o sobre sua própria montaria, levou-o a uma hospedaria e cuidou dele. No dia seguinte, tirou dois denários, deu-os ao hospedeiro e lhe disse: "Cuida dele e*

*o que gastares a mais te pagarei na volta". Em tua opinião, qual destes três se comportou como próximo daquele que caiu nas mãos dos bandidos?*

*O letrado respondeu:*

*– Aquele que praticou a misericórdia com ele.*

*Jesus lhe disse:*

*– Vai e faze tu o mesmo (Lc 10,25-37).*

## Os feridos das valetas

A parábola do "bom samaritano" brotou do coração de Jesus porque andava pela Galileia muito atento aos mendigos e doentes que via nas valetas dos caminhos. Queria ensinar a todos a andar pela vida com "compaixão", mas pensava sobretudo nos dirigentes religiosos.

Na valeta de um caminho perigoso um homem assaltado e roubado foi abandonado "quase morto". Felizmente, chega pelo caminho um sacerdote e depois um levita. Ambos pertencem ao mundo oficial do templo. São pessoas religiosas. Sem dúvida terão piedade dele.

Mas isto não acontece. Ao ver o ferido, os dois fecham os olhos e o coração. Para eles é como se aquele homem não existisse: "Dão uma volta e passam ao largo", sem deter-se. Ocupados em sua piedade e em seu culto a Deus, seguem seu caminho. Sua preocupação não são os que sofrem.

No horizonte aparece um terceiro viajante. Não é sacerdote nem levita. Não vem do templo nem sequer pertence ao povo escolhido. É um desprezível "samaritano". Dele pode-se esperar o pior.

No entanto, ao ver o ferido, "suas entranhas se comovem". Não passa ao largo. Aproxima-se dele e faz tudo o que pode: desinfeta-lhe as feridas, cuida delas e as venda. Depois o leva em sua montaria para uma hospedaria. Ali cuida dele pessoalmente e toma providências para que continuem a atendê-lo.

É difícil imaginar um apelo mais provocante de Jesus a seus seguidores, e de maneira direta aos dirigentes religiosos. Não basta que na Igreja haja instituições, organismos e pessoas que estejam junto aos que sofrem. É toda a Igreja que deve aparecer publicamente como a instituição mais sensível e comprometida com os que sofrem física e moralmente.

Se à Igreja não se lhe comovem as entranhas diante dos feridos que jazem nas sarjetas, tudo o que ela fizer e disser será bastante irrelevante. Só a compaixão pode tornar hoje a Igreja de Jesus mais humana e mais digna de crédito.

## FAZE TU O MESMO

Para não sair-se mal de uma conversa com Jesus, um mestre da Lei acaba perguntando-lhe: "E quem é o meu próximo?" É a pergunta de quem só se preocupa em cumprir a Lei. Interessa-lhe saber a quem deve amar e a quem pode excluir de seu amor. Não pensa nos sofrimentos das pessoas.

Jesus, que vive aliviando o sofrimento dos que encontra em seu caminho, infringindo, se for necessário, a lei do sábado ou as normas de pureza, responde-lhe com um relato que denuncia de maneira provocativa todo legalismo religioso que ignore o amor ao necessitado.

No caminho que desce de Jerusalém para Jericó, um homem foi assaltado por alguns bandidos. Agredido e despojado de tudo, fica na valeta, quase morto, abandonado à própria sorte. Não sabemos quem é. Só sabemos que é um "homem". Poderia ser qualquer um de nós. Qualquer ser humano abatido pela violência, pela desgraça ou pelo desespero.

"Por acaso" aparece pelo caminho um sacerdote. O texto indica que é por acaso, como se nada tivesse que fazer ali um homem dedicado ao culto. Sua tarefa não é descer até os feridos que estão nas valetas. Seu lugar é o templo. Sua ocupação são as celebrações sagradas. Quando chega à altura do ferido, ele "o vê, dá uma volta e passa ao largo".

Sua falta de compaixão não é só uma reação pessoal, pois também um levita do templo, que passa junto ao ferido, "faz o mesmo". É antes a tentação que espreita os que se dedicam ao mundo do sagrado: viver longe do mundo real onde as pessoas lutam, trabalham e sofrem.

Quando a religião não está centrada num Deus, Pai dos que sofrem, o culto sagrado pode transformar-se numa experiência que afasta da vida profana, preserva do contato com o sofrimento das pessoas e nos faz caminhar sem reagir diante dos feridos que vemos nas sarjetas. De acordo com Jesus, quem melhor nos podem indicar como devemos tratar os que sofrem não são os homens do culto, mas as pessoas que têm coração.

Pelo caminho chega um samaritano. Ele não vem do templo. Nem sequer pertence ao povo escolhido de Israel. Vive dedicado a algo tão pouco sagrado como seu pequeno negócio de comerciante. Mas, quando vê o ferido, não se pergunta se é próximo ou não. Comove-se e faz por ele tudo o que pode. É este que devemos imitar. Assim diz Jesus ao legista: "Vai e faze tu o mesmo". A quem imitaremos ao encontrar-nos em nosso caminho com as vítimas mais golpeadas pela crise econômica de nossos dias?

## IGREJA SAMARITANA

Há muitas maneiras de empobrecer e desfigurar a misericórdia. Às vezes ela fica reduzida a um sentimento de compaixão próprio de pessoas sensíveis. Para alguns consiste nessa "ajuda paternal" que se oferece aos necessitados para tranquilizar a própria consciência. Há os que recordam as "obras de misericórdia" do catecismo como algo que é preciso praticar para ser virtuoso.

A partir da fé cristã devemos dizer que a misericórdia é a única reação verdadeiramente humana diante do sofrimento alheio que, uma vez interiorizada, se transforma em princípio de atuação e de ajuda solidária a quem sofre. Por isso, o teólogo Jon Sobrino começou a falar, há muitos anos, do "princípio misericórdia", apresentando-o não como uma virtude a mais, mas como a atitude radical de amor que deve inspirar a atuação do ser humano diante do sofrimento do outro.

O relato do "bom samaritano" não é uma parábola a mais, e sim aquela que melhor expressa, de acordo com Jesus, o que é ser verdadeiramente humano. O samaritano é uma pessoa que vê em seu caminho alguém ferido, aproxima-se, reage com misericórdia e o ajuda no que pode. Esta é a única maneira de ser humano: reagir com misericórdia. Pelo contrário, "dar uma volta" diante de quem sofre – postura do sacerdote e do levita – é viver desumanizado.

A misericórdia é o princípio fundamental da atuação de Deus e o que configura toda a vida, a missão e o destino de Jesus. Diante do sofrimento, não há nada mais importante do que a misericórdia. Ela é a primeira coisa e a última. O princípio ao qual se deve subordinar todo o resto. Também na Igreja.

Uma Igreja verdadeira é, antes de tudo, uma Igreja que "se parece" com Jesus. E uma Igreja que se parece com Jesus deverá necessariamente ser uma "Igreja samaritana", que reage com misericórdia diante do sofrimento das pessoas. Esta é a primeira coisa que se pede também hoje à Igreja: que seja boa, que tenha entranhas de misericórdia, que não discrimine ninguém, que não dê voltas diante dos que sofrem, que ajude os que padecem feridas físicas, morais ou espirituais.

Se quiser parecer-se com Jesus, a Igreja deve reler a parábola do "bom samaritano". É importante a ortodoxia. É urgente a ação evangelizadora. Mas como fica tudo isso se os homens e mulheres de hoje não podem descobrir nela o rosto misericordioso de Deus nem sentir sua proximidade e ajuda no sofrimento?

## Outra maneira de viver

Não é difícil resumir o ensinamento nuclear desta inesquecível parábola do samaritano. De acordo com Jesus, o importante na vida não é teorizar muito ou discutir longamente sobre o sentido da existência, mas andar como o samaritano: com os olhos abertos para ajudar qualquer pessoa que possa estar precisando de nós.

Por isso, antes de discutir o que é aquilo em que cada um de nós crê ou que ideologia defendemos, precisamos perguntar-nos a que nos dedicamos, a quem amamos e o que fazemos concretamente por esses homens e mulheres que precisam da ajuda de alguém próximo.

É esta a verdadeira conversão de que precisamos. A de aproximar-nos das pessoas que vamos encontrando na vida, para oferecer-lhes amizade fraterna e ajuda solidária. As outras são quase sempre "conversões teóricas", das quais é melhor desconfiar enquanto não se traduzirem em amor prático ao irmão.

O teólogo italiano Arturo Paoli resume muito bem o triste destino de quem renuncia à fraternidade: "Quando alguém deixa sem resolver o problema do amor e não enfrenta corajosamente esta aventura da fraternidade, cobre sua nudez, seu fracasso, seu não ser verdadeiramente homem, com duas máscaras que aparentemente são bastante espessas, mas são tênues como névoa da manhã: o dinheiro e o poder".

Pelo contrário, nossa vida vai adquirindo uma cor e uma alegria diferentes quando somos capazes de ir renunciando a interesses egoístas, para atrever-nos a atuar de maneira mais fraterna e solidária.

Quando alguém tem a coragem de viver de maneira mais fraterna, entende melhor a profundidade da existência e a verdade da fé cristã. Em seu sugestivo livro *Amor a Jesus, amor ao irmão*, Karl Rahner interpela assim os crentes: "Não aparece a vida cristã sob uma luz inteiramente diferente quando o axioma 'Salva tua alma' é entendido, espontaneamente e sem querer, como 'Salva teu próximo'?"

Em nossa vida cotidiana, às vezes tão medíocre e vulgar, pode acontecer ainda "o milagre da fraternidade". Basta atrever-nos a renunciar a pequenas vantagens e começar a aproximar-nos das pessoas com os olhos e o coração do samaritano.

## SEM RODEIOS

Não é necessária uma análise muito profunda para descobrir as atitudes de autodefesa, receio e fuga que adotamos diante das pessoas que possam perturbar a nossa tranquilidade. Quantos rodeios para evitar os que nos são molestos ou incômodos. Como apressamos o passo para não nos deixarmos alcançar por aqueles que nos sobrecarregam com seus problemas, dores e desgostos.

Dir-se-ia que vivemos em atitude de guarda permanente contra quem possa ameaçar nossa felicidade. E, quando não encontramos outra maneira melhor de justificar nossa fuga diante de pessoas que precisam de nós, sempre podemos recorrer ao fato de que "estamos muito ocupados".

Como é atual a "parábola do samaritano" nesta sociedade de homens e mulheres que correm cada qual para suas ocupações, se agitam atrás de seus próprios interesses e gritam cada qual suas próprias reivindicações!

De acordo com Jesus, só há uma maneira de "ser humano". E não é a do sacerdote ou do levita, que veem o necessitado e "dão uma volta" para prosseguir seu caminho, mas a do samaritano, que caminha pela vida com os olhos e o coração bem abertos para deter-se diante de quem possa precisar de sua ajuda.

Quando ouvimos sinceramente as palavras de Jesus, sabemos que Ele nos está chamando – a passar da hostilidade – à hospitalidade. Sabemos que Ele nos urge a viver de outra maneira, criando em nossa vida um espaço mais amplo para os que precisam de nós. Não podemos esconder-nos atrás de "nossas ocupações" nem refugiar-nos em belas teorias.

Quem compreendeu a fraternidade cristã sabe que todos nós somos "companheiros de viagem" que compartilhamos a mesma condição de seres frágeis, precisando uns dos outros. Quem vive atento ao irmão necessitado que encontra em seu caminho descobre um novo gosto para a vida. De acordo com Jesus, ele "herdará a vida eterna".

# 22

## SÓ UMA COISA É NECESSÁRIA

*Naquele tempo, Jesus entrou numa aldeia e uma mulher chamada Marta o recebeu em sua casa. Ela tinha uma irmã chamada Maria, que, sentada aos pés do Senhor, escutava sua palavra. E Marta se multiplicava para dar conta do serviço, até que parou e disse:*

*– Senhor, não te importa que minha irmã me tenha deixado sozinha com o serviço? Dize-lhe que me dê uma mãozinha.*

*Mas o Senhor lhe respondeu:*

*– Marta, Marta, andas inquieta e nervosa com tantas coisas. Só uma coisa é necessária. Maria escolheu a melhor parte, e esta não lhe será tirada (Lc 10,38-42).*

### NECESSÁRIO E URGENTE

Enquanto o grupo de discípulos prossegue seu caminho, Jesus entra sozinho numa aldeia e se dirige a uma casa onde encontra duas irmãs de quem Ele gosta muito. A presença de seu amigo Jesus vai provocar nelas duas reações muito diferentes.

Maria, certamente a irmã mais jovem, deixa tudo e fica "sentada aos pés do Senhor". Sua única preocupação é escutá-lo. O evangelista descreve-a com traços que caracterizam o verdadeiro discípulo: aos pés do Mestre, atenta à sua voz, acolhendo sua Palavra e alimentando-se de seu ensinamento.

A reação de Marta é diferente. Desde que Jesus chegou, ela não faz senão desvelar-se para acolhê-lo e atendê-lo devidamente. Lucas descreve-a angustiada por muitas ocupações. Chega um momento em que, sobrepujada pela situação e magoada com sua irmã, expõe sua queixa a Jesus: "Senhor, não te importa que minha irmã me tenha deixado sozinha com o serviço? Dize-lhe que me dê uma mãozinha".

Jesus não perde a calma. Responde a Marta com um grande carinho, repetindo devagar seu nome; depois lhe faz ver que também Ele se preocupa com o sufoco que ela está passando, mas ela precisa saber que escutar a Ele é tão necessário que nenhum discípulo deve ser deixado sem sua Palavra: "Marta, Marta, andas inquieta e nervosa com tantas coisas. Só uma coisa é necessária. Maria escolheu a melhor parte, e esta não lhe será tirada".

Jesus não critica o serviço de Marta. Como iria fazê-lo, se Ele próprio, com seu exemplo, está ensinando a todos a viver acolhendo, servindo e ajudando os outros? O que Ele critica é seu modo de trabalhar com os nervos à flor da pele, sob a pressão de demasiadas ocupações.

Jesus não contrapõe vida ativa e vida contemplativa, nem escuta fiel de sua Palavra e o compromisso de viver praticamente a entrega aos outros. Antes, alerta quanto ao perigo de viver absorvidos por um excesso de atividade, apagando em nós o Espírito e transmitindo mais nervosismo e afobação do que paz e amor.

Sob a pressão da escassez de forças, estamos nos habituando a pedir aos cristãos mais generosos todo tipo de compromissos dentro e fora da Igreja. Se, ao mesmo tempo, não lhes oferecermos espaços e momentos para conhecer Jesus, escutar sua Palavra e alimentar-se de seu Evangelho, correremos o risco de fazer crescer na Igreja a agitação e o nervosismo, mas não seu Espírito e sua paz. Podemos deparar-nos com comunidades animadas por funcionários afobados, mas não por testemunhas que irradiam seu vigor.

## DIREITO DE SENTAR-SE

Mais uma vez, Jesus aproxima-se de Betânia, uma aldeia próxima de Jerusalém, para hospedar-se na casa de uns irmãos muito amigos seus. Ao que parece, Ele o faz sempre que sobe para a capital. Estão em casa apenas as mulheres. As duas adotam posturas diferentes. Marta se queixa e Jesus pronuncia umas palavras que Lucas não quer que sejam esquecidas entre os seguidores de Jesus.

Marta é quem "recebe" Jesus e lhe oferece sua hospitalidade. Desde que Ele chegou desvela-se para atendê-lo. Isso nada tem de estranho. É a tarefa que cabe à mulher naquela sociedade. Esse é seu lugar e sua incumbência: fazer o pão, cozinhar, servir ao varão, lavar-lhe os pés, estar ao serviço de todos.

Enquanto isso, sua irmã Maria permanece "sentada aos pés" de Jesus, em atitude própria de uma discípula que ouve atenta sua palavra, concentrada no essencial. A cena é estranha, porque a mulher não estava autorizada a ouvir como discípula os mestres da lei.

Quando Marta, sobrecarregada pelo trabalho, critica a indiferença de Jesus e pede ajuda, Jesus responde de maneira surpreendente. Nenhum varão judeu teria falado assim.

Ele não critica a Marta sua acolhida e seu serviço. Ao contrário, fala-lhe com simpatia, repetindo carinhosamente seu nome. Não duvida do valor e da importância daquilo que ela está fazendo. Mas não quer ver as mulheres absorvidas somente pelos afazeres da casa: "Marta, Marta, andas inquieta e nervosa com tantas coisas. Só uma coisa é necessária. Maria escolheu a melhor parte, e esta não lhe será tirada".

A mulher não deve ficar reduzida às tarefas do lar. Ela tem direito a "sentar-se", como os varões, para escutar a Palavra de Deus. O que Maria está fazendo corresponde à vontade do Pai. Jesus não quer ver as mulheres só trabalhando. Quer vê-las "sentadas". Por isso, acolhe-as em seu grupo como discípulas, no mesmo plano e com os mesmos direitos que os varões.

Falta-nos muito, na Igreja e na sociedade, para olhar e tratar as mulheres como o fazia Jesus. Considerá-las como trabalhadoras ao serviço do varão não corresponde às exigências desse reino de Deus que Jesus entendia como um espaço sem dominação masculina.

## UMA SÓ COISA NECESSÁRIA

Quase sem dar-nos conta, as atividades de cada dia vão modelando nossa maneira de ser. Se não somos capazes de viver a partir de dentro, os acontecimentos cotidianos nos puxam e levam de um lado para outro, sem outro horizonte que a preocupação de cada dia. Por isso, é bom ouvir as palavras de Jesus àquela mulher tão ativa e trabalhadora: "Marta, Marta, andas inquieta e nervosa com tantas coisas, mas só uma coisa é necessária".

Agitados por tantas ocupações e preocupações, precisamos reservar, de vez em quando, um tempo de descanso para sentir-nos novamente vivos. Mas precisamos, além disso, parar e encontrar o sossego necessário para lembrar novamente "as coisas importantes" da vida.

As férias teriam para nós um conteúdo novo e enriquecedor, se fôssemos capazes de responder a estas duas perguntas simples: Quais são as pequenas coisas da vida que a falta de sossego, de silêncio e de oração tornaram indevidamente grandes, ao ponto de chegarem a matar em mim o prazer de viver? Quais são as coisas importantes às quais dediquei pouco tempo, empobrecendo assim minha vida diária?

No silêncio e na paz do descanso podemos encontrar-nos mais facilmente com nossa própria verdade, porque voltamos a ver as coisas como elas são. E podemos também encontrar-nos com Deus para descobrir nele não só a força para continuar lutando, mas também a fonte última da paz.

Lembremos a experiência de "abandono em Deus", pregada com tanta profundidade pelo Mestre Eckhart e tão belamente comentada por Dorothee Sölle: "Não preciso aferrar-me a mim mesmo, porque sou sustentado. Não preciso carregar o fardo, porque sou carregado. Posso sair de mim mesmo e entregar-me".

Quando somos capazes de encontrar em Deus nosso descanso e nossa paz interior, as férias se transformam em graça. Talvez uma das maiores graças que podemos receber em nossa vida tão agitada e nervosa.

## O MESTRE INTERIOR

Enquanto a hierarquia católica insiste na necessidade do "magistério eclesiástico" para instruir e guiar os fiéis, setores importantes de cristãos orientam hoje sua vida sem levar em consideração suas diretrizes. Para onde pode levar-nos este fenômeno? A questão inquieta cada vez mais.

Alguns teólogos acreditam ser necessário recuperar a consciência do "magistério interior", tão esquecido entre os cristãos. Chega-se a dizer o seguinte: pouco adianta insistir no "magistério hierárquico" se nós crentes – hierarquia e fiéis – não escutarmos a voz de Cristo, "Mestre interior" que continua instruindo através de seu Espírito os que realmente querem segui-lo.

A ideia de Cristo "Mestre interior" tem sua origem no próprio Jesus: "Não chameis a ninguém de mestre, porque um só é vosso Mestre: Cristo" (Mt 23,10). Mas foi sobretudo santo Agostinho quem a introduziu na teologia, reivindicando com força sua importância: "Temos um só Mestre. E sob Ele somos todos condiscípulos. Não nos constituímos mestres pelo fato de falar-vos a partir de um púlpito. O verdadeiro Mestre fala a partir de dentro".

A teologia contemporânea volta a insistir nesta verdade demasiadamente esquecida por todos, hierarquia e fiéis: as palavras pronunciadas na Igreja só devem servir como convite para que cada crente ouça dentro de si a voz de Cristo. É isto que é decisivo. Somente quando alguém "aprende" do próprio Cristo produz-se "algo novo" em sua vida de crente.

Isto traz consigo diversas exigências. Sobretudo para aqueles que falam com autoridade dentro da Igreja. Eles não são os proprietários da fé nem da moral cristã. Sua missão não é julgar e condenar as pessoas. Menos ainda "impor fardos pesados e insuportáveis" aos outros. Não são mestres de ninguém. São discípulos que devem viver "aprendendo" de Cristo. Só então poderão ajudar os outros a "deixar-se ensinar" por Ele. Santo Agostinho interpela assim os pregadores: "Por que gostas tanto de falar e tão pouco de escutar? Quem ensina de verdade está dentro; entretanto, quando procuras ensinar, sais de ti mesmo e vais para fora. Escuta primeiro aquele que fala dentro de ti, e a partir de dentro fala depois aos que estão fora".

Por outro lado, todos nós precisamos recordar que o importante, ao ouvir a palavra do magistério, é sentir-nos convidados a voltar-nos para dentro a fim de escutar a voz do único Mestre. Quem nos recorda isto é também santo Agostinho: "Não vás para fora. Não te esparrames. Penetra em tua intimidade. A verdade reside no homem interior". É instrutiva a cena em que Jesus elogia a atitude de Maria, que, "sentada aos pés do Senhor, escutava sua palavra". As palavras de Jesus são claras: "Só uma coisa é necessária. Maria escolheu a melhor parte".

## MÍSTICA OU MISTIFICAÇÃO?

Não é fácil avaliar o que representa a *New Age* na história da religiosidade. Trata-se de um fenômeno ainda vago e difuso e, por outro lado, falta-nos perspectiva para constatar seus resultados. Seja como for, será cada vez mais necessário um esforço de discernimento para saber se nos encontramos diante de uma mística enriquecedora ou de uma mistificação regressiva.

A *New Age* implicou, entre outras coisas, a atenção e o apreço pelas chamadas "energias", um âmbito desconhecido para a cultura cristã e para a psicologia ocidental. Entre nós não se contemplou o mundo das auras, dos chacras ou da irradiação dos corpos. A incorporação deste tipo de conhecimento pode significar um avanço no conhecimento do real, mas não se deve subestimar um grave risco: reduzir tudo a técnicas de equilíbrio e bem-estar interior, sem comprometer-nos numa transformação ou conversão da pessoa.

Outro traço da nova religiosidade é a sacralização da experiência pessoal: esta constitui o critério último para verificar o autêntico e verdadeiro. A fonte da verdade está no interior da pessoa, na qualidade das experiências chamadas "espirituais". Compreende-se esta reação diante de certos dogmatismos das religiões tradicionais, mas o que será de uma religião cuja verdade não possa ser verificada pela solidariedade, pela entrega generosa, pela luta em prol da justiça ou pelo amor aos fracos?

No âmbito da *New Age* procura-se a plenitude humana e divina, mas o que há por trás de uma linguagem tão atraente? Para onde leva esta espiritualidade? Para a solidariedade fraterna ou para uma "espiritualidade anestesiada", que busca o próprio bem-estar e se desinteressa do sofrimento dos outros?

A nova religiosidade encerra o risco de transformar-se em "um consumismo de novidades que não transformam a pessoa, mas simplesmente a entretêm" (Javier Melloni). Para os cristãos, um dos critérios mais importantes de toda vida espiritual é a abertura a Deus e a acolhida fiel de sua Palavra transformadora. No relato evangélico, Jesus elogia e reafirma a atitude de Maria, que sabe escutar com atenção a mensagem do Enviado de Deus. Ela escolheu "a melhor parte", a única "necessária" para viver sinceramente diante de Deus.

# 23

## PEDIR, BUSCAR E BATER

*Aconteceu que Jesus estava orando em certo lugar. Quando terminou, um dos discípulos lhe disse:*

*– Senhor, ensina-nos a orar, como João ensinou a seus discípulos.*

*Ele lhes disse:*

*– Quando orardes, dizei: "Pai, santificado seja teu nome, venha teu reino, dá-nos cada dia nosso pão do amanhã, perdoa-nos os nossos pecados, porque também nós perdoamos a todo aquele que nos deve algo, e não nos deixes cair na tentação".*

*E lhes disse:*

*– Se alguém de vós tiver um amigo e for procurá-lo à meia-noite para dizer-lhe: "Amigo, empresta-me três pães, porque um de meus amigos chegou de viagem e não tenho nada para oferecer-lhe"; e se, de dentro, o outro lhe responder: "Não me incomodes; a porta já está fechada; meus filhos e eu estamos deitados; não posso levantar-me para te dar os pães"; e se o outro insistir batendo à porta, eu vos digo que, se não se levantar e os der por ser seu amigo, pelo menos se levantará por causa da importunação e lhe dará tudo quanto ele precisar. Pois eu vos digo: Pedi e vos será dado; buscai e achareis; batei à porta e vos abrirão. Porque quem pede recebe; quem busca encontra; e a quem bate se abre. Qual pai entre vós dará uma pedra ao filho que lhe pede pão? Ou, se lhe pedir um peixe, lhe dará uma cobra? Ou, se lhe pedir um ovo, lhe dará um escorpião? Portanto, se vós, que sois maus, sabeis dar coisas boas a vossos filhos, quanto mais vosso Pai celestial dará o Espírito Santo aos que o pedirem! (Lc 11,1-13).*

## Pedir, buscar, bater

Nas primeiras comunidades cristãs recordavam-se algumas palavras de Jesus dirigidas a seus seguidores, nas quais se lhes indica com que atitude devem viver: "Digo-vos: Pedi e vos será dado; buscai e achareis; batei à porta e vos abrirão. Porque quem pede recebe; quem busca encontra; e a quem bate se abre".

Não se diz o que pedir, o que buscar e a que porta bater. O importante é a atitude de viver pedindo, buscando e batendo. Como, um pouco mais adiante, Lucas diz que o Pai "dará seu Espírito Santo aos que o pedirem", parece que a primeira coisa que se deve pedir, buscar e invocar batendo à porta é o Espírito Santo de Deus.

"Pedi e vos será dado." Na Igreja planeja-se, organiza-e e trabalha-se buscando eficácia e rendimento. Mas muitas vezes só contamos com nosso esforço. Não há lugar para o Espírito. Nem o pedimos nem o recebemos.

Pedimos vocações sacerdotais e religiosas, pensando que é o que mais precisamos para que a Igreja continue funcionando, mas não pedimos vocações de profetas, cheios do Espírito de Deus, que promovam a conversão ao Evangelho.

"Buscai e achareis". Muitas vezes não sabemos buscar para além de nosso passado. Sentimos medo de abrir novos caminhos ouvindo o Espírito. Não nos atrevemos a dar por encerrado aquilo que já não gera vida e sufocamos a criatividade que nos incita a buscar algo realmente novo e bom.

Sem buscadores é difícil a Igreja encontrar caminhos para evangelizar o mundo de hoje. No entanto, os jovens têm direito de saber se na Igreja nos preocupamos com seu futuro e com o mundo novo no qual terão que viver.

"Batei à porta e vos abrirão". Se ninguém bate à porta chamando pelo Espírito, não se nos abrirão novas portas. Defenderemos a segurança com todas as nossas forças. Teremos medo das mudanças, porque, se este presente desabar, não há mais nada. Falta-nos fé no Espírito criador de nova vida. Construiremos uma Igreja segura, defendida de perigos e ameaças, mas será uma Igreja sem alegria e sem ar, porque nos faltará o Espírito Santo de Deus.

## Com confiança

Lucas e Mateus recolheram em seus respectivos evangelhos algumas palavras de Jesus que, sem dúvida, ficaram profundamente gravadas em seus seguidores mais próximos. É provável que Jesus as tenha pronunciado enquanto se deslocava com seus discípulos pelas aldeias da Galileia, pedindo algo para comer, procurando acolhida, batendo à porta dos moradores.

Provavelmente nem sempre recebem a resposta desejada, mas Jesus não desanima. Sua confiança no Pai é absoluta. Seus seguidores precisam aprender a confiar como Ele: "Digo-vos: Pedi e vos será dado; buscai e achareis; batei à porta e vos abrirão". Jesus sabe o que está dizendo, pois sua experiência é esta: "Quem pede recebe; quem busca encontra; e a quem bate se abre".

Se precisamos aprender algo de Jesus nestes tempos de crise e desconcerto em sua Igreja, é a confiança. Não como uma atitude ingênua de quem se tranquiliza esperando tempos melhores. Menos ainda como uma postura passiva e irresponsável, mas como o comportamento mais evangélico e profético de seguir hoje a Jesus, o Cristo. Embora seus três convites apontem para a mesma atitude básica de confiança em Deus, sua linguagem sugere diversos matizes.

"Pedir" é a atitude própria do pobre, que precisa receber do outro aquilo que não pode conseguir com seu próprio esforço. Assim imagina Jesus seus seguidores: como homens e mulheres pobres, conscientes de sua fragilidade e indigência, sem nenhum vestígio de orgulho ou autossuficiência. Não é uma desgraça viver numa Igreja pobre, fraca e privada de poder. O que é deplorável é pretender seguir Jesus hoje pedindo ao mundo uma proteção que só nos pode vir do Pai.

"Buscar" não é só pedir. É, além disso, mover-nos, dar passos para alcançar algo que nos é ocultado, porque está encoberto ou escondido. Assim Jesus vê seus seguidores: como "buscadores do reino de Deus e de sua justiça". É normal viver hoje numa Igreja desconcertada diante de um futuro incerto. O estranho é não mobilizar-nos para, juntos, buscar caminhos novos para semear o Evangelho na cultura moderna.

"Bater" é bradar para alguém que não sentimos próximo, mas que acreditamos que nos pode escutar e atender. Assim Jesus brada ao Pai na solidão da cruz. É explicável que se obscureça hoje a fé de não poucos cristãos que aprenderam a confessá-la, celebrá-la e vivê-la numa cultura pré-moderna. O que é lamentável é que não nos esforcemos mais para aprender a seguir Jesus hoje bradando a Deus a partir das contradições, conflitos e interrogações do mundo atual.

## PRECISAMOS ORAR

Talvez a tragédia mais grave do ser humano de hoje seja sua crescente incapacidade para a oração. Estamos esquecendo o que é orar. As novas gerações abandonam as práticas de piedade e as fórmulas de oração que alimentaram a fé de seus pais. Reduzimos o tempo dedicado à oração e à reflexão interior. Às vezes excluímos praticamente a oração de nossa vida.

Mas não é isto o mais grave. Parece que as pessoas estão perdendo a capacidade de silêncio interior. Já não são capazes de encontrar-se com o fundo de seu ser. Distraídas por mil sensações, embotadas interiormente, presas a um ritmo de vida afobado, estão abandonando a atitude orante diante de Deus.

Por outro lado, numa sociedade na qual se aceita como critério primeiro e quase único a eficácia, o rendimento ou a utilidade imediata, a oração fica desvalorizada como algo inútil. Facilmente se afirma que o importante é "a vida", como se a oração pertencesse ao mundo da "morte".

No entanto, precisamos orar. Não é possível viver com vigor a fé cristã nem a vocação humana subalimentados interiormente. Mais cedo ou mais tarde, a pessoa experimenta a insatisfação produzida no coração humano pelo vazio interior, pela trivialidade do cotidiano, pelo tédio da vida ou pela falta de comunicação com o Mistério.

Precisamos orar para encontrar silêncio, serenidade e descanso que nos permitam sustentar o ritmo de nossos afazeres diários. Precisamos orar para viver em atitude lúcida e vigilante no meio de uma sociedade superficial e desumanizadora. Precisamos orar para enfrentar nossa própria verdade e ser capazes de uma autocrítica pessoal sincera. Precisamos orar para nos libertarmos aos poucos daquilo que nos impede de ser mais humanos. Precisamos orar para viver diante de Deus em atitude mais festiva, agradecida e criativa.

Felizes os que também em nossos dias são capazes de experimentar nas profundezas de seu ser a verdade das palavras de Jesus: "Quem pede está recebendo, quem busca está encontrando e a quem bate estão abrindo".

## APRENDER A ORAR

Provavelmente muitos de nós crentes vivemos a triste experiência do abandono da oração que Pierre Guilbert descreve com comovente sinceridade em seu livro *La prière retrouvée* (*A oração reencontrada*).

Quase sem perceber, enchemos nossa vida de coisas, atividades e preocupações que, pouco a pouco, nos foram afastando de Deus. Sempre temos algo mais importante para fazer, algo mais urgente ou mais útil. Como pôr-nos a orar quando temos tantas coisas para ocupar-nos? Sem nos darmos conta, acabamos "vivendo bastante bem" sem necessidade alguma de orar.

É possível sair dessa mediocridade em que alguém foi se instalando ao longo dos anos? É possível experimentar em nossa própria vida a verdade das palavras de Jesus: "Buscai e achareis, batei à porta e vos abrirão"?

A primeira coisa que se nos pede é dizer interiormente um "sim" a Deus. Um "sim" pequeno, humilde, minúsculo, que aparentemente ainda não muda em nada nossa vida, mas que nos põe na busca de Deus.

Provavelmente a experiência nos diz que o tentamos muitas vezes e que sempre voltamos à nossa mediocridade anterior. Daí a necessidade de sermos sinceros: "Não posso apoiar-me em minha fidelidade a Deus, pois a experiência me diz que não sou fiel. Senhor, abandono-me à tua fidelidade. Ensina-me a orar".

199

Uma oração como esta é sempre ouvida. O importante é buscar a Deus para além de métodos, livros, orações e frases. Repetir de maneira simples essas orações que as pessoas faziam a Jesus: "Senhor, que eu veja", "Senhor, tem compaixão de mim, porque sou pecador", "Senhor, eu creio, mas aumenta a minha fé".

Talvez mais de um se diga a si mesmo: mas a que leva tudo isto? Não é falar uma vez mais no vazio, enganar-nos ingenuamente a nós mesmos? Certamente não vemos a Deus, nem ouvimos sua voz, nem sentimos seus braços. Simplesmente o buscamos e nos abrimos à sua presença numa atitude semelhante à de Charles de Foucauld: "Deus meu, se existes, ensina-me a conhecer-te".

Esse Deus não resolve todos os nossos problemas, mas "uma cura de oração" pode proporcionar-nos a paz e a luz de que precisamos para dar à nossa fé seu verdadeiro sentido. Não o esqueçamos. Deus não é uma conquista, mas um dom. "Quem o busca, o encontra; e a quem bate se abre".

## "Pai nosso"

Sobre o Pai-nosso já foi dito tudo. É a oração por excelência. O melhor presente que Jesus nos deixou. A invocação mais sublime de Deus. E, no entanto, repetida sempre de novo pelos cristãos, pode transformar-se em reza rotineira, palavras que são repetidas mecanicamente sem elevar o coração a Deus.

Por isso é bom parar de vez em quando para refletir sobre esta oração na qual se encerra toda a vida de Jesus. Logo nos daremos conta de que só a podemos rezar se vivermos com seu Espírito.

"Pai nosso". É o primeiro grito que brota do coração humano quando vive habitado não pelo temor de Deus, mas por uma confiança plena em seu amor criador. Um grito no plural a quem é Pai de todos. Uma invocação que nos enraíza na fraternidade universal e nos torna responsáveis perante todos os outros.

"Santificado seja teu nome". Esta primeira petição não é uma petição a mais. É a alma de toda esta oração de Jesus, sua aspiração suprema. Que o "nome" de Deus, isto é, seu mistério insondável, seu amor e sua força salvadora se manifestem em toda a sua glória e poder. E isto dito não em atitude passiva, mas a partir do compromisso de colaborar, com nossa própria vida, para essa aspiração de Jesus.

"Venha teu reino". Que não reinem no mundo a violência e o ódio destruidor. Que reinem Deus e sua justiça. Que não reine o Primeiro Mundo sobre o Terceiro, os europeus sobre os africanos, os poderosos sobre os fracos. Que não domine o varão sobre a mulher, nem o rico sobre o pobre. Que a verdade se apodere do mundo. Que se abram caminhos para a paz, o perdão e a verdadeira libertação.

"Faça-se tua vontade". Que ela não encontre tanto obstáculo e resistência em nós. Que a humanidade inteira obedeça ao chamado de Deus, que do fundo da vida convida o ser humano à sua verdadeira salvação. Que minha vida seja, hoje mesmo, busca dessa vontade de Deus.

"Dá-nos o pão de cada dia". O pão e aquilo de que necessitamos para viver de maneira digna, não só nós, mas todos os homens e mulheres da Terra. E isto dito não a partir do egoísmo açambarcador ou do consumismo irresponsável, mas a partir da vontade de compartilhar mais o nosso com os necessitados.

"Perdoa-nos". O mundo precisa do perdão de Deus. Nós seres humanos só podemos viver pedindo perdão e perdoando. Quem renuncia à vingança, a partir de uma atitude aberta ao perdão, assemelha-se a Deus, o Pai bom e perdoador.

"Não nos deixes cair na tentação". Não se trata das pequenas tentações de cada dia, mas da grande tentação de abandonar a Deus, esquecer o Evangelho de Jesus e seguir um caminho errado. Este grito de socorro fica ressoando em nossa vida. Deus está conosco diante de todo mal.

# 24

## INSENSATEZ

*Naquele tempo alguém da multidão disse a Jesus:*
*– Mestre, dize a meu irmão que reparta comigo a herança.*
*Ele lhe respondeu:*
*– Homem, quem me nomeou juiz ou árbitro entre vós?*
*E disse-lhes:*
*– Atenção: Guardai-vos de todo tipo de cobiça. Porque, mesmo que alguém seja abastado, sua vida não depende de seus bens.*
*E lhes propôs uma parábola:*
*– Um homem rico teve uma abundante colheita. E começou a fazer cálculos: "O que farei? Não tenho onde armazenar a colheita". E disse para si: "Farei o seguinte: derrubarei os celeiros e construirei outros maiores e armazenarei ali todo o trigo e o resto de minha colheita. E então direi a mim mesmo: 'Meu caro, tens bens acumulados para muitos anos: Repousa, come, bebe e desfruta uma boa vida'". Mas Deus lhe disse: "Insensato! Nesta mesma noite reclamarão tua vida. E aquilo que acumulaste, de quem será?" Assim será aquele que acumula riquezas para si e não é rico diante de Deus (Lc 12,13-21).*

### INSENSATEZ

Jesus conheceu na Galileia uma grave crise socioeconômica. Enquanto em Séforis e Tiberíades crescia a riqueza, nas aldeias aumentava a fome e a miséria. Os camponeses ficavam sem terras e os proprietários de terra construíam silos e celeiros cada vez maiores e mais bonitos. O que pensa Jesus desta situação?

Jesus falou com toda clareza numa pequena parábola. Um rico proprietário de terras viu-se surpreendido por uma colheita que superava todas as suas expectativas. Diante do inesperado problema só se pergunta uma coisa: O que farei? A mesma coisa perguntavam-se os camponeses pobres que ouviam Jesus: O que ele fará? Lembrar-se-á dos que passam fome?

Prontamente o rico toma uma decisão de homem poderoso: não construirá mais um celeiro. Destruirá todos e construirá novos e maiores. Só ele desfrutará aquela inesperada colheita: "Repousa, come, bebe e desfruta uma boa vida". É a coisa mais inteligente a fazer. Os pobres não pensam assim: este homem é cruel e desumano: por acaso não sabe que, açambarcando para si toda a colheita, está privando a outros do necessário para a vida?

De forma inesperada Deus intervém. Aquele rico morrerá nessa noite sem desfrutar seus bens. Por isso Jesus o chama de "insensato" e faz uma pergunta: "O que acumulaste, de quem será?" Os pobres não têm dúvida nenhuma: essas colheitas com que Deus abençoa os campos de Israel, não deverão destinar-se, antes de tudo, aos mais pobres?

A parábola de Jesus desmascara a realidade. O rico não é um monstro: ele faz o que se costuma fazer. Os poderosos só pensam em seu bem-estar. É sempre assim. Os ricos vão açambarcando cada vez mais bens e os pobres vão afundando cada vez mais na miséria. Os ricos são "imbecis": destroem a vida dos pobres e não podem assegurar a sua.

Esta é a verdade que o Primeiro Mundo já não pode mais ocultar nem dissimular: acreditamo-nos sociedades inteligentes, democráticas e progressistas, e somos apenas uns "insensatos" cruéis e desumanos, que vivem da miséria de milhões de seres humanos, miséria pela qual somos em boa parte responsáveis por causa de nossa injustiça ou de nossa indiferença.

## BASTA DE TANTA INSENSATEZ

O protagonista da pequena parábola é um proprietário de terras como aqueles que Jesus conhece na Galileia. Homens poderosos, que exploram sem piedade os camponeses, pensando unicamente em aumentar seu bem-estar. As pessoas os temem e os invejam: sem dúvida eram os mais afortunados. Para Jesus eles são os mais insensatos.

Surpreendido por uma colheita que excede as suas expectativas, o rico proprietário vê-se obrigado a refletir: "O que farei?" Ele fala consigo mesmo. Em seu horizonte não aparece mais ninguém. Ao que parece, não tem esposa, filhos, amigos nem vizinhos. Não pensa nos camponeses que trabalham suas terras. A única coisa que o preocupa é seu bem-estar e sua riqueza: minha colheita, meus celeiros, meus bens, minha vida...

O rico não se dá conta de que vive fechado em si mesmo, prisioneiro de uma lógica que o desumaniza, esvaziando-o de toda dignidade. Ele só vive para acumular, armazenar e aumentar seu bem-estar material: "Construirei celeiros maiores e armazenarei ali todo o trigo e o resto de minha colheita. E então direi a mim mesmo: 'Meu caro, tens bens acumulados para muitos anos: Repousa, come, bebe e desfruta uma boa vida'".

De repente, de maneira inesperada, Jesus faz intervir o próprio Deus. Seu grito interrompe os sonhos e ilusões do rico: "Insensato! Nesta mesma noite reclamarão tua vida. E o que acumulaste, de quem será?" É esta a sentença de Deus; a vida deste rico é um fracasso e uma insensatez.

Ele aumenta seus celeiros, mas não sabe alargar o horizonte de sua vida. Aumenta sua riqueza, mas se empobrece a si mesmo. Acumula bens, mas não conhece a amizade, o amor generoso, a alegria ou a solidariedade. Não sabe dar nem compartilhar, só açambarcar. O que há de humano nesta vida?

A crise econômica que estamos sofrendo é uma "crise de ambição": nós, os países ricos, os grandes bancos, os poderosos da Terra... quisemos viver acima de nossas possibilidades, sonhando com acumular bem-estar sem nenhum limite e esquecendo cada vez mais os que afundam na pobreza e na fome. Mas, de repente, nossa segurança veio abaixo.

Esta crise não é simplesmente mais uma crise. É um "sinal dos tempos" que devemos ler à luz do Evangelho. Não é difícil escutar a voz de Deus no fundo de nossa consciência: "Basta de tanta insensatez e de tanta insolidariedade cruel". Nunca superaremos nossas crises econômicas sem lutar por uma mudança profunda de nosso estilo de vida: precisamos viver de maneira mais austera, precisamos compartilhar mais nosso bem-estar.

## LUCIDEZ DE JESUS

Um dos traços mais chamativos na pregação de Jesus é a lucidez com que soube desmascarar o poder alienante e desumanizador que se encerra nas riquezas.

A visão de Jesus não é a de um moralista preocupado em saber como adquirimos nossos bens e como os usamos. O risco de quem vive desfrutando suas riquezas é esquecer sua condição de filho de um Deus Pai e irmão de todos.

Daí seu grito de alerta: "Não podeis servir a Deus e ao Dinheiro". Não podemos ser fiéis a um Deus Pai que busca justiça, solidariedade e fraternidade para todos, e ao mesmo tempo viver pendentes de nossos bens e riquezas.

O dinheiro pode dar poder, fama, prestígio, segurança, bem-estar... mas, na medida em que escraviza a pessoa, fecha-a a Deus Pai, a faz esquecer sua condição de irmão e a leva a romper a solidariedade com os outros. Deus não pode reinar na vida de quem está dominado pelo dinheiro.

A raiz profunda está em que as riquezas despertam em nós o desejo insaciável de ter sempre mais. E então cresce na pessoa a necessidade de acumular, capitalizar e possuir sempre mais. Jesus considera uma verdadeira loucura a vida daqueles proprietários de terras da Palestina, cuja obsessão é armazenar suas colheitas em celeiros cada vez maiores. É uma insensatez dedicar as melhores energias e esforços a adquirir e acumular riquezas.

Quando, por fim, Deus se aproxima do rico para buscar sua vida, fica evidente que ele a desperdiçou. Sua vida carece de conteúdo e valor. "Insensato!..." "Assim é aquele que acumula riquezas para si e não é rico diante de Deus".

206

Algum dia, o pensamento cristão descobrirá, com uma lucidez que hoje não temos, a profunda contradição que existe entre o espírito que anima o capitalismo e o que anima o projeto de vida querido por Jesus. Esta contradição não se resolve nem com a profissão de fé dos que vivem com espírito capitalista nem com toda a beneficência que possam fazer com seus ganhos.

## DE MANEIRA MAIS SADIA

"Repousa, come, bebe e desfruta uma boa vida": este lema do homem rico da parábola evangélica não é novo. Foi o ideal de não poucos ao longo da história, mas hoje é vivido em grande escala e sob uma pressão social tão forte que é difícil cultivar um estilo de vida mais sóbrio e sadio.

Faz tempo que a sociedade moderna institucionalizou o consumo: quase tudo se orienta para desfrutar produtos, serviços e experiências sempre novas. O lema do bem-estar é claro: "Desfruta uma boa vida". O que se nos oferece através da publicidade é juventude, elegância, segurança, naturalidade, poder, bem-estar, felicidade. Devemos alimentar a vida no consumo.

Outro fator decisivo no curso da sociedade atual é a moda. Sempre houve, na história dos povos, correntes e gostos flutuantes. O aspecto novo é o "império da moda", que se transformou no guia principal da sociedade moderna. Já não são as religiões nem as ideologias que orientam os comportamentos da maioria. A publicidade e a sedução da moda estão substituindo a Igreja, a família ou a escola. É a moda que nos ensina a viver e a satisfazer as "necessidades artificiais" do momento.

Outro traço característico que marca o estilo moderno de vida é a sedução dos sentidos e o cuidado da aparência exterior. É preciso atender ao corpo, à linha, ao peso, à ginástica e aos checapes; é preciso aprender terapias e remédios novos; é preciso seguir de perto os conselhos médicos e culinários. É preciso aprender a "sentir-se bem" consigo mesmo e com os outros; é preciso saber mover-se de maneira competente no campo do sexo: conhecer todas as formas de possível desfrute, gozar e acumular experiências novas.

207

Seria um erro "satanizar" esta sociedade que oferece tantas possibilidades para cuidar das diversas dimensões do ser humano e desenvolver uma vida integral e integradora. Mas não seria menos equivocado deixar-nos arrastar frivolamente por qualquer moda ou propaganda, reduzindo a existência a puro bem-estar material. A parábola evangélica nos convida a descobrir a insensatez que pode esconder-se nesta maneira de conceber a vida.

Para dar certo na vida não basta passar bem. O ser humano não é apenas um animal faminto de prazer e bem-estar. Ele é feito também para cultivar o espírito, conhecer a amizade, experimentar o mistério do transcendente, agradecer a vida, viver a solidariedade. É inútil queixar-nos da sociedade atual. O importante é atuar de maneira inteligente.

## ALGO MAIS QUE UM SISTEMA

Alguém disse que "somos nós todos espontaneamente capitalistas". O certo é que a sede de possuir sem limites não é exclusiva de uma época nem de um sistema social, mas repousa no próprio ser humano, qualquer que seja o setor social a que pertença.

Vemos isto todos os dias. A razão que move a empresa capitalista é criar a maior diferença possível entre o preço de venda do produto e o custo de produção. Mas acontece que esta razão move a conduta de quase toda a sociedade. O máximo benefício possível é algo aceito pela maioria como princípio indiscutível que orienta seu comportamento prático na vida diária.

Por outro lado, o capitalismo, longe de promover a solidariedade, favorece a dominação de uns sobre os outros e tende a criar e reforçar a desigualdade. Mas este mesmo espírito pode ser observado em muitos trabalhadores: basta vê-los gritar suas próprias reivindicações, aprofundando cada vez mais o abismo que os separa de seus companheiros de greve.

A defesa egoísta do próprio bem-estar, o consumo indiscriminado e sem limites, o esquecimento sistemático dos mais afetados pela crise são sinais de uma posição "capitalista", apesar de saírem de nossos lábios muitas pretensões de "socialismo".

"O homem ocidental tornou-se materialista até em seu pensamento, numa supervalorização doentia do dinheiro e da propriedade, do poder e da riqueza" (Ph. Bosmans). A ambição e a obsessão do bem-estar são drogas aprovadas socialmente.

Este é o nosso grande erro. Jesus o denunciou categoricamente. É uma insensatez viver tendo como único horizonte "alguns celeiros onde possamos continuar armazenando colheitas". É sinal de nossa pobreza interior. Embora não o creiamos, o dinheiro nos está empobrecendo. Viver acumulando pode ser o fim de todo prazer humano, a ruína de todo verdadeiro amor.

# 25

## VIVER DESPERTOS

*Naquele tempo disse Jesus a seus discípulos:*

*– Não temas, pequeno rebanho, porque vosso Pai houve por bem dar-vos o reino. Vendei vossos bens e dai esmola; fazei-vos bolsas que não se gastem, um tesouro inesgotável no céu, onde os ladrões não chegam e a traça não corrói. Porque onde está o vosso tesouro, ali estará também o vosso coração. Mantende os rins cingidos e as lâmpadas acesas; sede como os que esperam o seu senhor voltar das núpcias para abrir-lhe logo que chegar e bater à porta. Felizes os criados que o senhor, ao chegar, encontrar vigiando: asseguro-vos que ele se cingirá, os fará assentar-se à mesa e os servirá. E se chegar tarde da noite ou de madrugada, e os encontrar assim, felizes serão eles. Compreendei isto: se o dono da casa soubesse a hora em que viria o ladrão, não o deixaria arrombá-la. Estai preparados também vós, porque na hora em que menos pensais virá o Filho do homem.*

*Pedro lhe perguntou:*

*– Senhor, disseste esta parábola para nós ou para todos?*

*O Senhor lhe respondeu:*

*– Quem é o administrador fiel e solícito que o senhor colocou à frente de sua criadagem para lhes distribuir a ração de víveres no momento oportuno? Feliz o empregado que seu amo, ao chegar, encontrar agindo desta forma. Asseguro-vos que o colocará à frente de todos os seus bens. Mas, se o empregado pensar: "Meu amo tarda em chegar", e começar a bater nos criados e nas criadas, a comer e a beber e a embriagar-se, o amo desse empregado chegará no dia e na hora*

*em que ele menos espera e o despedirá, condenando-o à pena dos que não são fiéis. O empregado que conhece a vontade de seu amo e não está disposto a executá-la receberá muitos açoites; aquele que não a sabe, mas faz algo digno de castigo, receberá poucos. A quem muito se deu, dele muito se exigirá; e a quem muito se confiou, dele mais se exigirá (Lc 12,32-48).*

## CUIDADO COM O DINHEIRO

Jesus tinha uma visão muito lúcida sobre o dinheiro. Resume-a numa frase breve e contundente: "Não se pode servir a Deus e ao Dinheiro". É impossível. Esse Deus que busca com paixão uma vida mais digna e justa para os pobres não pode reinar em quem vive dominado pelo dinheiro.

Mas Jesus não permanece apenas neste princípio de caráter geral. Com sua vida e com sua palavra, esforça-se para ensinar aos ricos da Galileia e aos camponeses pobres das aldeias qual a maneira mais humana de "entesourar".

Na verdade, nem todos podiam conseguir um tesouro. Só os ricos de Séforis e Tiberíades podiam acumular moedas de ouro e prata. Esse tesouro era chamado de *mammona*, ou seja, dinheiro que "está seguro" ou que "dá segurança". Nas aldeias não circulavam essas moedas de grande valor. Alguns camponeses conseguiam algumas moedas de bronze ou cobre, mas a maioria vivia trocando entre si produtos ou serviços num regime de pura subsistência.

Jesus explica que há duas maneiras de "entesourar". Alguns procuram acumular cada vez mais *mammona*; não pensam nos necessitados; não dão esmola a ninguém: sua única obsessão é acumular cada vez mais. Há outra maneira de "entesourar", radicalmente diferente. Não consiste em acumular moedas, mas em compartilhar os bens com os pobres para "fazer para si um tesouro no céu", ou seja, diante de Deus.

Só este tesouro é seguro e permanece intacto no coração de Deus. Os tesouros da terra, por mais que os chamemos de *mammona*, são caducos, não dão segurança e estão sempre ameaçados. Por isso, Jesus lança um grito de alerta. Cuidado com o dinheiro, porque "onde está o vosso tesouro, ali estará o vosso coração". O dinheiro atrai nosso coração e nos seduz porque dá poder, segurança, honra e bem-estar: viveremos escravizados pelo desejo de ter sempre mais.

Pelo contrário, se ajudarmos os necessitados, iremos nos enriquecendo diante de Deus e o Pai dos pobres nos irá atraindo para uma vida mais solidária. Mesmo no meio de uma sociedade que tem seu coração fixo no dinheiro é possível viver de maneira mais austera e compartilhada.

## NÃO VIVER DORMINDO

Um dos riscos que nos ameaçam hoje é cair numa vida superficial, mecânica, rotineira, massificada... Não é fácil escapar. Com o passar dos anos, os projetos, as metas e os ideais de muita gente acabam apagando-se. Não poucos acabam levantando-se cada dia só para "ir levando a vida".

Onde encontrar um princípio humanizador, desalienante, capaz de libertar-nos da superficialidade, da massificação, do aturdimento ou do vazio interior?

É surpreendente a insistência com que Jesus fala da vigilância. Pode-se dizer que Ele entende a fé como uma atitude vigilante que nos liberta do absurdo que domina muitos homens e mulheres, que andam pela vida sem meta nem objetivo algum.

Acostumados a viver a fé como uma tradição familiar, uma herança ou um costume a mais, não somos capazes de descobrir toda a força que ela tem para humanizar-nos e dar um sentido novo à nossa vida. Por isso, é triste observar como muitos homens e mulheres abandonam uma fé vivida de maneira inconsciente e pouco responsável para adotar uma atitude descrente tão inconsciente e pouco responsável como sua postura anterior.

O apelo de Jesus à vigilância nos chama a despertar da indiferença, da passividade ou do descuido com que vivemos frequentemente nossa fé. Para vivê-la de maneira lúcida precisamos conhecê-la mais profundamente, confrontá-la com outras atitudes possíveis perante a vida, agradecê-la e procurar vivê-la com todas as suas consequências.

Então a fé é luz que inspira nossos critérios de atuação, força que impulsiona nosso compromisso de construir uma sociedade mais humana, esperança que anima todo o nosso viver diário.

## DESPERTAR

É muito fácil viver dormindo. Basta fazer o que quase todos fazem: imitar, amoldar-nos, ajustar-nos ao que está na moda. Basta viver buscando segurança externa e interna. Basta defender nosso pequeno bem-estar enquanto a vida vai se apagando em nós.

Chega um momento em que já não sabemos reagir. Ao sentir que nossa vida está vazia, vamos enchendo-a de experiências, informação e diversões. Enganamo-nos vivendo agitados pela pressa e pelas ocupações. Podemos gastar a vida inteira "fazendo coisas" sem descobrir nela nada de grande ou nobre.

Às vezes também a religião não consegue despertar-nos. Pode-se praticar uma "religião adormecida" que dá tranquilidade, mas não vida. Estamos tão ocupados com nossas coisas e desgraças que jamais temos um momento livre no qual possamos sentir o que é amar e compartilhar, o que é ser amável e solidário. E sem viver nada disso queremos saber algo de Deus!

Jesus repete sempre de novo um apelo premente: "Despertai, vivei atentos e vigilantes, porque podeis passar a vida sem saber de nada". Não é fácil ouvir este chamado, porque geralmente não damos ouvidos aos que nos dizem algo contrário ao que pensamos. E nós homens e mulheres de hoje pensamos que somos inteligentes e lúcidos.

Para despertar precisamos tomar consciência da nossa estupidez: começamos a ser mais lúcidos quando observamos a superficialidade de nossa vida; a verdade abre caminho em nós quando reconhecemos nossos enganos; a paz chega ao nosso coração quando percebemos a desordem em que vivemos. Despertar é dar-nos conta de que vivemos dormindo.

Para viver despertos é importante viver mais devagar, cultivar melhor o silêncio e estar mais atentos aos apelos do coração. Sem dúvida, o mais decisivo é viver amando. Só quem ama vive intensamente, com alegria e vitalidade, atento ao essencial. Por outro lado, para despertar de uma "religião adormecida" só há um caminho: buscar para além dos ritos e das crenças, aprofundar-se mais em nossa verdade perante Deus e abrir-nos confiantemente ao seu mistério. "Felizes aqueles que o Senhor, ao chegar, encontrar vigiando."

## O QUE EU BUSCO?

Por estes dias estive saboreando uma interessante conferência de Teilhard de Chardin, pronunciada em Beijing em dezembro de 1943, sobre o tema da felicidade. De acordo com o eminente cientista e pensador, pode-se distinguir de maneira geral três posturas diferentes diante da vida.

Em primeiro lugar estão os *pessimistas*. Para este grupo de pessoas, a vida é algo perigoso e mau. O importante é fugir dos problemas, saber defender-se da melhor forma possível. De acordo com Teilhard, esta atitude, levada ao extremo, conduz ao ceticismo oriental ou ao pessimismo existencialista. Mas, de forma atenuada, aparece em muitas pessoas: "para que viver?", "para que buscar?" Tudo dá no mesmo.

Depois vêm os *folgazões* (*les bons vivants*): só se preocupam em desfrutar cada momento e cada experiência. Seu ideal consiste em organizar a vida da forma mais prazerosa possível. Esta atitude leva ao hedonismo. A vida é prazer; caso contrário, não é vida.

Por fim, vêm os *ardentes* (*les ardents*). São as pessoas que entendem a vida como crescimento constante. Buscam sempre algo mais, algo melhor. Para eles, a vida é inesgotável: um descobrimento no qual sempre é possível avançar.

A estas três atitudes diferentes diante da vida correspondem, de acordo com Teilhard, três formas diferentes de entender e buscar a felicidade.

Os *pessimistas* entendem a felicidade como tranquilidade. É a única coisa que procuram: fugir dos problemas, dos conflitos e dos compromissos. Encontra-se a felicidade, de acordo com eles, fugindo para a tranquilidade.

Os *folgazões* entendem a felicidade como prazer. O importante da existência é saboreá-la. A meta da existência não pode ser outra senão desfrutar todo e qualquer prazer. Ali se encontra a verdadeira felicidade.

Os *ardentes*, por sua vez, entendem a felicidade como crescimento. Na verdade, não buscam a felicidade como algo que é preciso conquistar. A felicidade é experimentada quando a pessoa vive crescendo e desenvolvendo corretamente seu próprio ser.

De acordo com Teilhard de Chardin, um "homem feliz é aquele que, sem buscar diretamente a felicidade, encontra inevitavelmente a alegria, como acréscimo, no próprio fato de ir caminhando para sua plenitude, para sua realização, para frente". Talvez estas reflexões nos possam ajudar a descobrir melhor a que coisas estamos dando importância na vida e o que é que estamos buscando. Não devemos esquecer a sábia advertência de Jesus: "Onde está o vosso tesouro, ali estará o vosso coração".

## Precisamos deles mais do que nunca

As primeiras gerações cristãs viram-se, já muito cedo, obrigadas a colocar-se uma questão decisiva. A vinda de Cristo ressuscitado demorava mais do que haviam pensado num primeiro momento. A espera resultava longa. Como manter viva a esperança? Como não cair no cansaço ou no desânimo?

Nos evangelhos encontramos diversas exortações, parábolas e apelos que têm um único objetivo: manter viva a responsabilidade das comunidades cristãs. Um dos apelos mais conhecidos diz assim: "Mantende os rins cingidos e as lâmpadas acesas". Que sentido podem ter estas palavras para nós, depois de vinte séculos de cristianismo?

As duas imagens são muito expressivas. Indicam a atitude que devem ter os criados que estão esperando, de noite, a volta de seu senhor, para

216

abrir-lhe a porta da casa logo que ele bater. Devem estar com "os rins cingidos", ou seja, com cinto afivelado e a túnica arregaçada para poder mover-se e atuar com agilidade. Devem estar com as "lâmpadas acesas" para ter a casa iluminada e manter-se despertos.

Estas palavras de Jesus são também hoje um chamado a viver com lucidez e responsabilidade, sem cair na passividade ou na letargia. Na história da Igreja há momentos em que cai a noite. No entanto, não é a hora de apagar as luzes e deitar-nos para dormir. É a hora de reagir, despertar nossa fé e continuar caminhando para ao futuro, inclusive numa Igreja velha e cansada.

Um dos obstáculos mais importantes para impulsionar a transformação de que a Igreja hoje precisa é a passividade generalizada dos cristãos. Infelizmente, durante muitos séculos foram educados para a submissão e a passividade. Ainda hoje parece que não precisamos deles para pensar, projetar e promover caminhos novos de fidelidade a Jesus.

Por isso, precisamos valorizar, cultivar e agradecer muito o despertar de uma nova consciência em muitos leigos e leigas que vivem hoje sua adesão a Jesus e sua pertença à Igreja de um modo lúcido e responsável. É, sem dúvida, um dos frutos mais valiosos do Vaticano II, primeiro concílio que se ocupou direta e explicitamente deles.

Estes crentes podem ser hoje o fermento de paróquias e comunidades renovadas em torno do seguimento fiel de Jesus. São o maior potencial do cristianismo. Precisamos deles mais do que nunca para construir uma Igreja aberta aos problemas do mundo atual e próxima dos homens e mulheres de hoje.

# 26

## Fogo

*Naquele tempo disse Jesus a seus discípulos:*
*– Eu vim atear fogo ao mundo: e oxalá já estivesse ardendo! Preciso passar por um batismo, e como me angustio até que se cumpra! Pensais que vim trazer paz ao mundo? Não, e sim divisão. Doravante, uma família de cinco pessoas estará dividida: três contra duas e duas contra três. Estarão divididos: o pai contra o filho e o filho contra o pai; a mãe contra a filha e a filha contra a mãe; a sogra contra a nora e a nora contra a sogra (Lc 12,49-53).*

### O FOGO TRAZIDO POR JESUS

Pelos caminhos da Galileia, Jesus se esforçava por transmitir o "fogo" que ardia em seu coração. Na tradição cristã permaneceram diversos vestígios de seu desejo. Lucas o recolhe da seguinte maneira: "Eu vim atear fogo ao mundo: e oxalá já estivesse ardendo!" Um evangelho apócrifo mais tardio lembra outro dito que pode provir de Jesus: "Quem está perto de mim está perto do fogo. Quem está longe de mim está longe do reino".

Jesus deseja que o fogo que Ele traz dentro de si queime realmente, que ninguém o apague, que se propague por toda a terra e que o mundo inteiro se inflame. Quem se aproxima de Jesus com os olhos abertos e o coração desperto vai descobrindo que o "fogo" que arde em seu interior é a paixão por Deus e a compaixão pelos que sofrem. É isto que o move e o faz viver buscando o reino de Deus e sua justiça até à morte.

A paixão por Deus e pelos pobres vem de Jesus, e só se acende em seus seguidores ao contato com seu Evangelho e com seu espírito renovador. Vai além do convencional. Pouco tem a ver com a rotina da boa ordem e a frieza do normativo. Sem esse fogo, a vida cristã acaba extinguindo-se.

O grande pecado dos cristãos será sempre deixar que este fogo de Jesus vá se apagando. Para que serve uma Igreja de cristãos instalados comodamente na vida, sem paixão alguma por Deus e sem compaixão pelos que sofrem? Para que se precisa no mundo de cristãos incapazes de atrair, transmitir luz ou oferecer calor?

As palavras de Jesus nos convidam a deixar-nos inflamar por seu Espírito, sem perder-nos em questões secundárias ou marginais. Quem não se deixou queimar por Jesus ainda não conhece o poder transformador que ele quis introduzir na Terra. Pode praticar corretamente a religião cristã, mas ainda não descobriu o aspecto mais apaixonante do Evangelho.

## Oxalá já estivesse ardendo

Jesus é inconfundível. Sua palavra viva e penetrante, o frescor de suas imagens e parábolas, sua linguagem concreta e imprevisível não enganam. Encanta-o viver e fazer viver. Sua paixão é a vida: a vida íntegra, pujante, sadia, a vida vivida em sua máxima intensidade: "Eu sou a vida"; "vim trazer fogo à terra"; "vim para que tenham vida, e a tenham em abundância".

Seu olhar não está obcecado pelo êxito, pelo útil, pelo "razoável", pelo convencional. Quando sentimos a Deus como Pai e a todos como irmãos e irmãs, nossa visão muda totalmente. A primeira coisa é a vida feliz de todos, acima de crenças, costumes e leis.

Por isso Jesus não se perde em teorias abstratas nem se ajusta a sistemas fechados. Sua palavra desperta o que há de melhor em nós. Sabemos que Ele tem razão quando chama a viver o amor sem restrições. Ele não vem abolir a lei, mas não sente simpatia nenhuma pelos "perfeitos" que vivem corretamente, mas não escutam a voz do coração. Convida a "transgredir por cima" os sistemas religiosos e sociais (Jean Onimus): "Amai os inimigos". Buscai o bem de todos.

A mensagem de Jesus sacode, causa impacto e transforma. Seus contemporâneos captam nele algo diferente. Tem razão o norte-americano Marcus Borg quando afirma que "Jesus não foi primordialmente mestre de algum credo verdadeiro nem de alguma moral reta. Foi, antes, mestre de um estilo de vida, de um caminho, concretamente, de um caminho de transformação".

As sociedades modernas continuam promovendo uma vida muito racionalizada e organizada, mas quase sempre muito privada de amor. É preciso ser pragmáticos. Quase não há lugar para a "inteligência do coração". O que manda é o dinheiro e a competitividade. É preciso ajustar-se às leis do mercado. Tudo é planificado, enquanto se esquece o essencial, o que corresponderia às necessidades mais profundas do ser humano.

O mundo atual precisa de orientação, mas desconfia dos dogmas. As ideologias não dão vida, e o que precisamos é de confiança nova para transformar a vida e torná-la mais humana. As religiões estão em crise, mas Jesus continua vivo. De acordo com as palavras tantas vezes citadas do socialista francês Pierre-Joseph Proudhon, Ele é "o único homem de toda a antiguidade que não foi apequenado pelo progresso". As palavras de Jesus recolhidas por Lucas nos convidam a reagir: "Eu vim atear fogo ao mundo: e oxalá já estivesse ardendo!"

## ATEAR FOGO

São muitos os cristãos que, instalados numa situação social cômoda, tendem a considerar o cristianismo como uma religião que deve invariavelmente preocupar-se em manter a lei e a ordem estabelecida.

Por isso resulta tão estranho ouvir nos lábios de Jesus ditos que convidam não ao imobilismo ou ao conservadorismo, mas à mudança profunda e radical da sociedade: "Eu vim atear fogo ao mundo: e oxalá já estivesse ardendo! Pensais que vim trazer paz ao mundo? Não, e sim divisão". Não é fácil para nós imaginar Jesus como alguém que traz um fogo destinado a destruir tanta impureza, mentira, violência e injustiça. Um Espírito capaz de transformar o mundo de maneira radical, mesmo com o custo de enfrentar e dividir as pessoas.

Quem entendeu Jesus vive e atua movido secretamente pela paixão de colaborar para uma mudança total. Quem segue Jesus traz a "revolução" em seu coração. Uma revolução que não é "golpe de Estado", mudança de governo, insurreição ou revezamento político, mas busca de uma sociedade mais justa.

A ordem que muitas vezes defendemos é ainda uma desordem, porque não conseguimos dar de comer a todos os pobres, nem garantir a todas as pessoas os seus direitos, nem sequer eliminar as guerras.

Precisamos de uma revolução que transforme as consciências das pessoas e dos povos. Herbert Marcuse escrevia que precisamos de um mundo "no qual a competição, a luta dos indivíduos uns contra os outros, o engano, a crueldade e o massacre já não tenham razão de ser".

Quem segue Jesus vive buscando ardentemente que o fogo aceso por Ele arda cada vez mais neste mundo. Mas, sobretudo, exige-se da própria pessoa uma transformação radical. "Só se pede aos cristãos que sejam autênticos. Esta é verdadeiramente a revolução" (Emmanuel Mounier).

## O FOGO DO AMOR

Dá medo pronunciar a palavra "amor". Está tão prostituída que nela cabe o melhor e o pior, o mais sublime e o mais mesquinho. No entanto, o amor está sempre na origem de toda vida sadia, despertando e fazendo crescer o que há de melhor em nós.

Quando falta o amor, falta o fogo que move a vida. Sem amor, a vida se apaga, vegeta e termina extinguindo-se. Aquele que não ama fecha-se e isola-se cada vez mais. Gira adoidadamente em torno de seus problemas e ocupações, fica aprisionado nas armadilhas do sexo, cai na rotina do trabalho diário: falta-lhe o motor que move a vida.

O amor está no centro do Evangelho, não como uma lei que é preciso cumprir disciplinadamente, mas como o "fogo" que Jesus deseja ver "ardendo" sobre a Terra, para além da passividade, da mediocridade ou da rotina da boa ordem. De acordo com o Profeta da Galileia, Deus está perto de nós, procurando fazer germinar, crescer e frutificar o amor e a justiça do Pai. Esta presença de um Deus que não fala de vingança, mas de amor apaixonado e de justiça fraterna, é o traço mais essencial do Evangelho.

Jesus contempla o mundo como cheio da graça e do amor do Pai. Esta força criadora é como um pouco de fermento que deve ir fermentando a massa, como um fogo aceso que deve fazer arder o mundo inteiro. Jesus sonha com uma família humana na qual habita o amor e a sede de justiça. Uma sociedade que busca apaixonadamente uma vida mais digna e feliz para todos.

O grande pecado dos seguidores de Jesus será sempre deixar que se apague o fogo: substituir o ardor do amor pela doutrina religiosa, pela ordem ou pelo cuidado do culto; reduzir o cristianismo a uma abstração revestida de ideologia; deixar que se perca seu poder transformador. No entanto, Jesus não se preocupou primordialmente em organizar uma nova religião nem em inventar uma nova liturgia, mas estimulou um "novo ser" (P. Tillich), o parto de um ser humano novo movido radicalmente pelo fogo do amor e da justiça.

## DESVALORIZAÇÃO DO AMOR

Desde sempre as pessoas sentiram-se atraídas pelo amor, embora tenham caído sempre de novo em egoísmos inconfessáveis. Mas talvez nunca se tinha chegado a perder a fé no amor, como parece estar acontecendo na sociedade contemporânea.

Para alguns, o amor é hoje algo do qual se pode perfeitamente prescindir. Parece-lhes uma ingenuidade pensar no amor como alicerce da vida social. Realista é administrar os egoísmos individuais de maneira que não nos causemos demasiado mal uns aos outros.

223

Por outro lado, a tecnologia parece exigir, antes de mais nada, rigor, precisão, eficácia, segurança. O amor pode ser idealizado, mas não "serve" para funcionar na vida real. É decepcionante observar como se vive a própria sexualidade à margem do amor, estimulando, apaziguando ou manipulando o sexo em função das conveniências ou interesses do momento.

No entanto, sem amor a vida humana se desintegra e perde seu verdadeiro sentido: são muitos os que acreditam descobrir sob a agressividade, a frustração e a violência da sociedade atual uma imensa necessidade de amor e comunhão.

O prestigioso sociólogo norte-americano de origem russa P.A. Sorokin afirma que o amor é uma das mais poderosas energias da natureza, que permanece bloqueada no coração humano, como a do átomo na matéria: a grande conquista do porvir seria a liberação desta energia espiritual.

Faz muito tempo que Jesus pronunciou as seguintes palavras: "Eu vim atear fogo ao mundo: e oxalá já estivesse ardendo!" A humanidade não parece ainda madura para compreender e acolher esta mensagem. Talvez, como diz Jean Onimous em seu sugestivo estudo *Interrogations autour de l'essentiel*, "o cristianismo está ainda em seu começo; está nos trabalhando há apenas dois mil anos. A massa é pesada e serão necessários séculos de maturação antes que a caridade a faça fermentar".

Nós, seguidores de Jesus, não deveríamos perder a confiança e o ânimo. Esta sociedade está necessitada de testemunhas vivas que nos ajudem a continuar acreditando no amor, porque não há porvir para o ser humano se ele acabar perdendo a fé no amor.

# 27

## Figueira Estéril

*Naquela ocasião, apresentaram-se alguns para contar a Jesus sobre os galileus cujo sangue Pilatos derramou junto com o dos sacrifícios que ofereciam. Jesus lhes respondeu:*

*– Pensais que esses galileus eram mais pecadores do que os outros galileus por terem sofrido tal sorte? Digo-vos que não; mas, se não vos converterdes, todos vós perecereis do mesmo modo. E aqueles dezoito que morreram esmagados pela torre de Siloé, pensais que eram mais culpados do que os outros habitantes de Jerusalém? Digo-vos que não; mas, se não vos converterdes, todos vós perecereis do mesmo modo.*

*E lhes disse esta parábola:*

*– Alguém tinha uma figueira plantada em sua vinha e foi procurar frutos nela, mas não encontrou. Disse então ao vinhateiro: "Eis que há três anos venho procurar frutos nesta figueira e não encontro. Corta-a. Para que há de ocupar terreno inutilmente?" Mas o vinhateiro respondeu: "Senhor, deixa-a ainda por este ano. Cavarei ao redor e colocarei adubo, para ver se dá frutos. Se não der, no ano próximo a cortarás" (Lc 13,1-9).*

### Para que uma figueira estéril?

Jesus esforçava-se de muitas maneiras para despertar nas pessoas a conversão a Deus. Era sua verdadeira paixão: chegou o momento de buscar o reino de Deus e sua justiça, a hora de dedicar-nos a construir uma vida mais justa e humana, tal como ele a quer.

De acordo com o evangelho de Lucas, Jesus pronunciou em certa ocasião uma pequena parábola sobre uma "figueira estéril". Queria desbloquear a atitude indiferente dos que os escutavam, sem responder de maneira prática ao seu chamado. O relato é breve e claro.

Um proprietário tem uma figueira plantada no meio de sua vinha. Durante muito tempo veio procurar frutos nela. Mas, ano após ano, a figueira vem frustrando suas expectativas. Ela continua ali, estéril no meio da vinha.

O dono toma a decisão mais sensata. A figueira não produz frutos e está absorvendo inutilmente as energias do terreno. O mais razoável é cortá-la. "Para que há de ocupar um terreno inutilmente?"

Contra toda sensatez, o vinhateiro propõe fazer todo o possível para salvá-la. Cavará a terra ao redor da figueira, para que possa contar com a umidade necessária, e pôr-lhe-á esterco, para que se alimente. Sustentada pelo amor, pela confiança e pela solicitude de seu cuidador, a figueira é convidada a dar fruto. Saberá corresponder?

A parábola foi contada para provocar nossa reação. Para que uma figueira sem figos? Para que uma vida estéril e sem criatividade? Para que um cristianismo sem seguimento prático de Jesus? Para que uma Igreja sem dedicação ao reino de Deus?

Para que uma religião que não muda nossos corações? Para que um culto sem conversão e uma prática que nos tranquiliza e confirma em nosso bem-estar? Para que preocupar-nos tanto em "ocupar" um lugar importante na sociedade se não introduzimos força transformadora mediante nossa vida? Para que falar das "raízes cristãs" da Europa, se não é possível ver os "frutos cristãos" dos seguidores de Jesus?

## Vida estéril

O risco mais grave que nos ameaça a todos é acabar vivendo uma vida estéril. Sem dar-nos conta, vamos reduzindo a vida ao que nos parece importante: ganhar dinheiro, não ter problemas, comprar coisas, saber divertir-nos... Passados alguns anos, podemos encontrar-nos vivendo sem outro horizonte e sem outro projeto.

É o mais fácil. Pouco a pouco vamos substituindo os valores que poderiam alentar nossa vida por pequenos interesses que nos ajudam a "ir levando". Não é muito, mas nos contentamos com "sobreviver" sem maiores aspirações. O importante é "sentir-nos bem".

Estamos nos instalando numa cultura que os entendidos chamam de "cultura da intrascendência". Confundimos o valioso com o útil, o bom com o que nos apetece, a felicidade com o bem-estar. Sabemos que isso não é tudo, mas procuramos convencer-nos de que nos basta.

No entanto, não é fácil viver assim, repetindo-nos sempre de novo, alimentando-nos sempre da mesma coisa, sem criatividade nem compromisso algum, com essa sensação estranha de estagnação, incapazes de assumir nossa vida de maneira mais responsável.

A razão última desta insatisfação é profunda. Viver de maneira estéril significa não entrar no processo criador de Deus, permanecer como espectadores passivos, não entender o que é o mistério da vida, negar em nós o que nos torna mais semelhantes ao criador: o amor criativo e a entrega generosa.

Jesus compara a vida estéril de uma pessoa a uma "figueira que não produz frutos". Para que há de ocupar um terreno inutilmente? A pergunta de Jesus é inquietante. Que sentido tem viver ocupando um lugar no conjunto da criação, se nossa vida não contribui para construir um mundo melhor? Contentamo-nos com passar por esta vida sem torná-la um pouco mais humana?

Criar um filho, construir uma família, cuidar dos pais idosos, cultivar a amizade ou acompanhar de perto uma pessoa necessitada... não é "desperdiçar a vida", mas vivê-la a partir de sua verdade mais plena.

## PRISIONEIROS DE UMA RELIGIÃO BURGUESA

Há alguns anos, Johann Baptist Metz publicou um pequeno livro que causou verdadeiro impacto entre os católicos alemães. Intitulava-se *Para além da religião burguesa*. De acordo com o prestigioso teólogo, na Europa atual não é a religião que transforma a sociedade burguesa. Pelo contrário, é esta que está desvirtuando o que há de melhor na religião cristã.

Não lhe faltava razão. Dia após dia, vamos interiorizando atitudes burguesas como a segurança, o bem-estar, o individualismo, o lucro ou o êxito, que obscurecem e dissolvem atitudes genuinamente cristãs como a conversão a Deus, a compaixão, a defesa dos pobres, o amor desinteressado ou a disposição ao sofrimento.

Como é fácil viver uma religião que não muda os corações, uma prática religiosa que nos tranquiliza e confirma em nosso tacanho bem-estar, enquanto continuamos deixando de ouvir o chamado de Deus. Como é o nosso cristianismo? Convertemo-nos ou nos limitamos a crer na conversão? Compadecemo-nos dos que sofrem ou nos limitamos a crer na compaixão? Amamos de maneira desinteressada ou nos limitamos a viver um amor privado e excludente, que renuncia à justiça para todos e nos fecha em nosso pequeno mundo?

Como pode Deus ver um "cristianismo estéril"? A parábola de Jesus nos fala de um senhor que procura inutilmente os frutos de uma figueira que não lhe dá figos. A figueira é estéril. Não faz senão "ocupar um terreno inutilmente". O vinhateiro, no entanto, não a corta nem destrói. Ao contrário, cuida dela ainda melhor, e continua esperando que um dia produza frutos. Assim é a paciência de Deus. Depois de vinte séculos de história Ele continua esperando um cristianismo mais vigoroso e fecundo.

Três atitudes podem nos ajudar a libertar-nos aos poucos do "cativeiro de uma religião burguesa". Em primeiro lugar, um olhar limpo para ver a realidade sem preconceitos nem interesses: as injustiças alimentam-se da mentira. Depois, uma empatia compassiva que nos leve a defender as vítimas e a solidarizar-nos com seu sofrimento. Por último, um esforço constante para criar um estilo de vida alternativo aos códigos vigentes na sociedade burguesa.

## A ORIENTAÇÃO DE FUNDO

A finalidade da Igreja não é conservar o que está desaparecendo. A Igreja não deve transformar-se num monumento do que foi. Alimentar a nostalgia do passado só nos levará a uma passividade e a um pessimismo pouco conformes com o espírito que deve alentar a comunidade de Jesus.

O objetivo da Igreja também não é sobreviver. Seria indigno de seu ser mais profundo. Fazer da sobrevivência a orientação secreta da missão eclesial nos levará à resignação e à inércia, nunca à audácia e à criatividade. "Resignar-nos" pode parecer uma virtude santa e necessária, mas pode também encerrar não pouca comodidade e covardia. O mais simples seria fechar os olhos e não fazer nada. No entanto, há muito que fazer: nada menos que escutar aquilo que o Espírito de Jesus nos está dizendo nestes tempos e dar uma resposta.

Tampouco podemos dedicar-nos a configurar o futuro procurando imaginar como deverá ser a Igreja numa época que nós não conheceremos. Ninguém tem uma receita para o futuro. Só sabemos que o futuro está sendo gestado no presente. Nós, esta geração atual de cristãos, estamos decidindo em boa parte o futuro da fé entre nós. Não devemos cair na impaciência ou no nervosismo, procurando "fazer algo" de qualquer maneira, levianamente e sem discernimento. Aquilo que nós, os crentes de hoje, formos agora, será, de alguma maneira, o que transmitiremos às gerações seguintes.

O que se pede à Igreja de hoje é que seja o que ela diz ser: a Igreja de Jesus. Para dizê-lo com palavras do evangelho de João: o decisivo é "permanecer" em Cristo e "dar fruto" agora mesmo. Sem deixar-nos levar pela nostalgia do passado nem pela incerteza do futuro. Não é o instinto de conservação, mas o Espírito do Ressuscitado que deverá guiar-nos. Não há desculpas para não viver a fé de maneira viva agora mesmo, sem esperar que as circunstâncias mudem. É necessário refletir, buscar novos caminhos, aprender formas novas de anunciar o Evangelho, mas tudo isso deve nascer de uma santidade nova, de um contato vivo com Jesus.

A parábola da "figueira estéril", dirigida por Jesus a Israel, transforma-se hoje numa clara advertência para a Igreja atual. Não devemos perder-nos em lamentações estéreis. O decisivo é arraigar nossa vida em Cristo e dar frutos de conversão.

## NÃO BASTA CRITICAR

Não basta criticar. Não basta indignar-nos e deplorar os males, atribuindo sempre a outros a responsabilidade. Ninguém pode situar-se numa "zona neutra" de inocência. De muitas maneiras, todos nós somos culpados. E é necessário que todos nós reconheçamos nossa própria responsabilidade nos conflitos e na injustiça que afeta a sociedade.

Sem dúvida, a crítica é necessária se quisermos construir uma convivência mais humana. Mas a crítica se transforma em verdadeiro engano quando acaba sendo um tranquilizante cômodo que nos impede de descobrir nosso próprio envolvimento nas injustiças.

Jesus nos convida a não viver denunciando culpabilidades alheias. Uma atitude de conversão exige a coragem de reconhecer com sinceridade nosso pecado para comprometer-nos na renovação da própria vida.

A tarefa é de todos. Precisamos caminhar para uma sociedade assentada sobre alicerces novos. É urgente uma mudança de direção. É preciso abandonar pressupostos que estivemos considerando válidos e intangíveis e dar à nossa convivência uma nova orientação.

Precisamos aprender a viver de maneira diferente, não de acordo com as regras do jogo que impusemos em nossa sociedade egoísta, mas de acordo com valores novos, ouvindo as aspirações mais profundas do ser humano. A partir do beco sem saída a que chegou a sociedade do bem-estar, precisamos ouvir o grito de alerta de Jesus: "Se não vos converterdes, todos vós perecereis".

Salvar-nos-emos se chegarmos a ser não mais poderosos, e sim mais solidários. Cresceremos não sendo cada vez maiores, e sim estando cada vez mais próximos dos pequenos. Seremos felizes não tendo cada vez mais, e sim compartilhando cada vez melhor.

Não nos salvaremos se continuarmos gritando cada um suas próprias reivindicações e esquecendo as necessidades dos outros. Não seremos mais sensatos se não aprendermos a viver mais em desacordo com o sistema de vida utilitarista, hedonista e insolidária que organizamos para nós. Precisamos atrever-nos a ouvir mais fielmente o Evangelho de Jesus.

# 28

## PORTA ESTREITA

*Naquele tempo, a caminho de Jerusalém, Jesus percorria cidades e aldeias ensinando.*

*Alguém lhe perguntou:*

*– Senhor, é pequeno o número dos que se salvarão?*

*Jesus lhes disse:*

*– Esforçai-vos por entrar pela porta estreita. Digo-vos que muitos tentarão entrar e não conseguirão. Quando o dono da casa se levantar e fechar a porta, ficareis de fora e batereis à porta, dizendo: "Senhor, abre-nos"; e ele vos replicará: "Não sei quem sois". Então começareis a dizer: "Comemos e bebemos contigo e tu ensinaste em nossas praças". Mas Ele vos responderá: "Não sei quem sois. Afastai-vos de mim, praticantes da injustiça". Então haverá choro e ranger de dentes quando virdes Abraão, Isaac e Jacó e todos os profetas no reino de Deus, e vós, porém, excluídos. E virão do Oriente e do Ocidente, do Norte e do Sul, e se assentarão à mesa do reino de Deus. Eis que há últimos que serão primeiros e há primeiros que serão últimos (Lc 13,22-30).*

### NEM TUDO DÁ NO MESMO

Jesus segue caminho para Jerusalém. Sua caminhada não é a de um peregrino que sobe ao templo para cumprir seus deveres religiosos. De acordo com Lucas, Jesus percorre cidades e aldeias "ensinando". Ele precisa comunicar algo àquelas pessoas: Deus é um Pai bom que oferece a todos sua salvação. Todos estão convidados a acolher seu perdão.

Os pecadores enchem-se de alegria ao ouvi-lo falar da bondade insondável de Deus: também eles podem esperar a salvação. Nos setores fariseus, porém, critica-se sua mensagem e também sua acolhida a coletores de impostos, prostitutas e pecadores: não está Jesus abrindo o caminho para um relaxamento religioso e moral inaceitável?

De acordo com Lucas, um desconhecido interrompe sua caminhada e lhe pergunta pelo número dos que se salvarão: Serão poucos? Serão muitos? Salvar-se-ão todos? Só os justos? Jesus não responde diretamente à sua pergunta. O importante não é saber quantos se salvarão. O decisivo é viver com atitude lúcida e responsável para acolher a salvação desse Deus bom. Jesus lembra isso a todos: "Esforçai-vos por entrar pela porta estreita".

Desta maneira, corta pela raiz a reação dos que entendem sua mensagem como um convite ao laxismo. Isso seria caçoar do Pai. A salvação não é algo que se recebe de maneira irresponsável de um Deus permissivo. Tampouco é privilégio de alguns escolhidos. Não basta ser filhos de Abraão. Não é suficiente ter conhecido o Messias.

Para acolher a salvação de Deus precisamos esforçar-nos, lutar, imitar o Pai, confiar em seu perdão. Jesus não rebaixa suas exigências: "Sede compassivos como vosso Pai é compassivo"; "Não julgueis e não sereis julgados"; "Perdoai setenta vezes sete", como vosso Pai; "Buscai o reino de Deus e sua justiça".

Para entender corretamente o convite de Jesus a "entrar pela porta estreita", precisamos recordar as palavras de Jesus que podemos ler no evangelho de João: "Eu sou a porta; se alguém entrar por mim será salvo" (Jo 10,9). Entrar pela porta estreita é seguir Jesus, aprender a viver como Ele, tomar sua cruz e confiar no Pai, que o ressuscitou.

Neste seguimento de Jesus nem tudo vale, nem tudo dá no mesmo: precisamos responder ao amor do Pai com fidelidade. O que Jesus pede não é rigorismo legalista, mas amor radical a Deus e ao irmão. Por isso, seu apelo é fonte de exigência, mas não de angústia. Jesus é uma porta sempre aberta. Ninguém a pode fechar. Só nós, se nos fecharmos a seu perdão.

## UMA FRASE DURA

É, sem dúvida, uma das frases mais duras de Jesus para os ouvidos do homem contemporâneo: "Esforçai-vos por entrar pela porta estreita". O que pode significar hoje esta exortação evangélica? Será preciso voltar de novo a um cristianismo tenebroso e ameaçador? Precisamos enveredar outra vez pelo caminho de um moralismo estreito?

Não é fácil captar com precisão a intenção da imagem empregada por Jesus. As interpretações dos peritos diferem. Mas todos coincidem em afirmar que Jesus exorta ao esforço e à renúncia pessoal como atitude indispensável para salvar a vida.

Não podia ser de outra maneira. Embora a sociedade permissiva pareça esquecê-lo, o esforço e a disciplina são absolutamente necessários. Não há outro caminho. Se alguém pretende conseguir sua realização pelo caminho do agradável e prazeroso, logo descobrirá que é cada vez menos dono de si mesmo. Ninguém alcança na vida uma meta realmente valiosa sem renúncia e sacrifício.

Esta renúncia não deve ser entendida como uma maneira estúpida de prejudicar-se a si mesmo, privando-se da dimensão prazerosa contida num modo de viver saudável. Trata-se de assumir as renúncias necessárias para viver de maneira digna e positiva.

Assim, por exemplo, a verdadeira vida é harmonia. Coerência entre o que creio e o que faço. Nem sempre é fácil esta harmonia pessoal. Viver de maneira coerente comigo mesmo exige renunciar ao que contradiz minha consciência. Sem esta renúncia, a pessoa não cresce.

A vida é também verdade. Ela tem sentido quando a pessoa ama a verdade, busca-a e anda atrás dela. Mas isto exige esforço e disciplina e renúncia a tanta mentira e autoengano que desfiguram nossa pessoa e nos fazem viver numa realidade falsa. Sem esta renúncia não há vida autêntica.

A vida é amor. Quem vive fechado em seus próprios interesses, escravo de suas ambições, poderá conseguir muitas coisas, mas sua vida é um fracasso. O amor exige renunciar a egoísmos, invejas e ressentimentos. Sem esta renúncia não há amor, e sem amor não há crescimento da pessoa.

A vida é dom, mas é também tarefa. Ser humano é uma dignidade, mas é também um trabalho. Não há grandeza sem desprendimento; não há liberdade sem sacrifício; não há vida sem renúncia. Um dos erros mais graves da sociedade permissiva é confundir a "felicidade" com a "facilidade". A advertência de Jesus conserva toda a sua gravidade também em nossos dias. Sem renúncia não se ganha nem esta vida nem a vida eterna.

## RIGORISMO OU RADICALIDADE?

Há ditos de Jesus que, se não soubermos lê-los em sua verdadeira perspectiva, podem levar a uma grave deformação de todo o Evangelho. É o que acontece com estas palavras tão conhecidas: "Esforçai-vos por entrar pela porta estreita", pois podem levar-nos a um rigorismo estreito, rígido e antievangélico, em vez de orientar-nos para a verdadeira radicalidade exigida por Jesus.

O pensamento genuíno de Jesus, tal como o recolhe a tradição de Lucas, é suficientemente claro. Aqueles judeus que perguntam a Jesus pela salvação recebem dele a advertência: a salvação não é algo que se produz automaticamente. Não basta ser filho de Abraão. É necessário acolher a mensagem de Jesus e suas profundas exigências.

Jesus imagina uma multidão aglomerada diante de uma porta estreita. Se não se faz um esforço não é possível entrar por ela. Quem não se esforça por entrar pela porta do Evangelho pode ficar excluído da salvação.

Este esforço por entrar pela porta não consiste no rigorismo estreito, angustiante e, definitivamente, estéril que Jesus condenou tantas vezes nos círculos fariseus. Jesus, pelo contrário, chama à radicalidade – "radical" vem de "raiz" – e nos convida a mudar a orientação do coração para viver dando primazia absoluta ao amor a Deus e aos irmãos.

Esta conversão não é algo teórico, sem repercussões práticas no comportamento diário. É uma decisão que transtorna os nossos critérios de atuação e exige uma conduta nova: um modo novo de relacionar-nos com as pessoas, com as coisas e com Deus.

Se não ouvirmos este chamado radical, corremos o risco de esvaziar de conteúdo a mensagem evangélica e fazer de Jesus um pequeno mestre de sabedoria humana, que nos ensina a viver sem grandes escândalos, mas também sem grandes exigências.

Por outro lado, o chamado radical a entrar pela porta só é ouvido corretamente quando se descobre que o próprio Jesus é a porta. "Eu sou a porta: se alguém entrar por mim, estará salvo" (Jo 10,9). Por isso, o chamado de Jesus cria tensão, mas não angústia. É fonte de exigência, mas não de perturbação estéril. A pessoa sabe que procura uma porta sempre aberta ao perdão: Jesus Cristo.

## A PORTA ESTREITA

Há frases no Evangelho que são tão duras e incômodas que quase inconscientemente as colocamos num cômodo parêntese e as esquecemos para não nos sentirmos demasiadamente interpelados. Uma delas é, sem dúvida, esta que ouvimos hoje dos lábios de Jesus: "Esforçai-vos por entrar pela porta estreita".

Estamos caminhando para uma sociedade mais tolerante e permissiva, e isto, que sem dúvida tem aspectos positivos e enriquecedores, está provocando o que alguns chamam de "involução moral".

Está se impondo em determinadas áreas uma permissividade jurídica cada vez maior (infidelidade matrimonial, aborto...). E, naturalmente, quando a lei civil se torna tolerante, produz-se um "vazio moral" naqueles que tomaram erroneamente a lei civil como guia de sua conduta.

Mas a crise moral tem raízes mais profundas. A sociedade atual está produzindo um tipo de "homem amoral". O afã de consumo enfraquece o núcleo moral da pessoa, colocando em primeiro lugar o valor das coisas e empobrecendo o espírito das pessoas. Leva-se a sério o supérfluo e se perde de vista o profundo. A pessoa se dispersa em muitas coisas e escapa-lhe a alma. "É realmente difícil os valores éticos crescerem no homem-massa" (López Ibor).

A competição se transforma em agressividade. As relações humanas se empobrecem. A produção se reduz à busca de lucro. O amor se degrada e a sexualidade se transforma em mais um produto de consumo.

Mas, precisamente nesta sociedade, há homens e mulheres que estão descobrindo que é necessário entrar pela "porta estreita", o que não é um moralismo raquítico e sem horizontes, mas um comportamento exigente e responsável. É a porta pela qual entram os que se esforçam por viver fielmente o amor, os que procuram agir pensando nos outros e não correndo atrás da posse das coisas, os que vivem com sentido de solidariedade e não como escravos do bem-estar.

## QUE TOLERÂNCIA?

A tolerância ocupa hoje um lugar eminente entre as virtudes mais apreciadas no Ocidente. Assim o confirmam todas as pesquisas. Ser tolerante é hoje um valor social cada vez mais generalizado. As gerações jovens já não suportam a intolerância ou a falta de respeito ao outro.

Devemos aplaudir este novo clima social depois de séculos de intolerância e de violência, perpetrada muitas vezes em nome da religião ou do dogma. Como vibra hoje nossa consciência ao ler obras como o excelente romance *O herege*, de Miguel Delibes, e quanto prazer experimenta o nosso coração diante de seu apaixonado canto à tolerância e à liberdade de pensamento!

Tudo isto não impede que sejamos críticos em relação a um tipo de "tolerância" que, mais que virtude ou ideal humano, é hostilidade aos valores e indiferença diante do sentido de qualquer projeto humano: cada um pode pensar o que quiser e fazer o que bem entender, porque pouco importa o que a pessoa fizer com sua vida. Esta "tolerância" nasce quando faltam prin-

238

cípios claros para distinguir o bem do mal ou quando as exigências morais ficam diluídas ou se mantêm em níveis mínimos.

A verdadeira tolerância não é "niilismo moral" nem cinismo ou indiferença diante da atual erosão dos valores. É respeito à consciência do outro, abertura a todo valor humano, interesse pelo que torna o ser humano mais digno deste nome. A tolerância é um grande valor não porque não haja verdade objetiva nem moral alguma, mas porque o melhor modo de aproximar-nos delas é o diálogo e a abertura mútua.

Quando isto não acontece, a tolerância logo fica desmascarada. Alardeia-se tolerância, mas se reproduzem novas exclusões e discriminações; afirma-se o respeito a todos, mas desqualifica-se e ridiculariza-se quem incomoda. Como explicar que, numa sociedade que se proclama tolerante, brote novamente a xenofobia ou se alimente a zombaria do religioso?

Na dinâmica da verdadeira tolerância há um desejo de buscar sempre o melhor para o ser humano. Ser tolerante é dialogar, buscar juntos, construir um futuro melhor sem desprezar nem excluir ninguém, mas não é irresponsabilidade, abandono de valores, esquecimento das exigências morais. O apelo de Jesus a entrar pela "porta estreita" não tem nada a ver com um rigorismo crispado e estéril. É um apelo a viver sem esquecer as exigências, às vezes prementes, de toda vida digna do ser humano.

# 29

## GRATUITAMENTE

*Num sábado, Jesus entrou na casa de um dos chefes dos fariseus para tomar uma refeição e eles o estavam observando. Notando que os convidados escolhiam os primeiros lugares, propôs ao convidados a seguinte parábola:*

*– Quando te convidarem para um casamento, não te sentes no lugar principal, pois pode acontecer que foi convidado alguém mais importante do que tu; e aquele que convidou a ti e ao outro virá e te dirá: "Cede o lugar a este". Então, envergonhado, irás ocupar o último lugar. Ao contrário, quando te convidarem, vai sentar-te no último lugar, para que, quando vier aquele que te convidou, te diga: "Amigo, vem mais para cima". Então causarás boa impressão diante de todos os comensais. Porque todo aquele que se enaltece será humilhado, e aquele que se humilha será enaltecido.*

*E disse àquele que o havia convidado:*

*– Quando deres um almoço ou um jantar, não convides teus amigos, nem teus irmãos, nem teus parentes, nem os vizinhos ricos, porque eles retribuirão convidando-te e tu ficarás recompensado. Quando deres um banquete, convida os pobres, os aleijados, os coxos e os cegos. Feliz de ti, porque eles não podem retribuir-te; serás recompensado quando os justos ressuscitarem (Lc 14,1.7-14).*

### SEM ESPERAR NADA EM TROCA

Jesus está numa refeição, convidado por um dos principais fariseus da região. Lucas nos lembra que os fariseus não deixam de espiá-lo. Jesus, porém, sente-se livre para criticar os convidados que procuram os primeiros lugares e, inclusive, para sugerir a quem o convidou que tipo de pessoas deverá convidar daí em diante.

É esta interpelação ao anfitrião que nos deixa desconcertados. Com palavras simples, Jesus lhe mostra como deverá agir: "Não convides teus amigos, nem teus irmãos, nem teus parentes, nem os vizinhos ricos". Ora, existe algo mais legítimo e natural do que estreitar laços com as pessoas que nos querem bem? O próprio Jesus não fez a mesma coisa com Lázaro, Marta e Maria, seus amigos de Betânia?

Ao mesmo tempo, Jesus mostra em quem é preciso pensar: "Convida os pobres, os aleijados, os coxos e os cegos". Os pobres não têm meios para retribuir o convite. Dos aleijados, coxos e cegos nada se pode esperar. Por isso ninguém os convida. Não é isto algo normal e inevitável?

Jesus não rejeita o amor familiar nem as relações amistosas. O que Ele não aceita é que estas sejam sempre as relações prioritárias, privilegiadas e exclusivas. Aos que entram na dinâmica do reino de Deus, buscando um mundo mais humano e fraterno, Jesus lembra que a acolhida aos pobres e desamparados deve ter primazia sobre as relações interessadas e os convencionalismos sociais.

É possível viver de maneira desinteressada? Pode-se amar sem esperar nada em troca? Não devemos enganar-nos. O caminho da gratuidade é quase sempre difícil. É necessário aprender coisas como estas: dar sem esperar muito, perdoar quase sem exigir, ser pacientes com as pessoas pouco agradáveis, ajudar pensando só no bem do outro.

Sempre é possível cortar um pouco nossos interesses, renunciar de vez em quando a pequenas vantagens, semear alegria na vida de quem vive necessitado, doar algo de nosso tempo sem reservá-lo sempre para nós, colaborar em pequenos serviços gratuitos.

Jesus se atreve a dizer ao fariseu que o convidou: "Feliz de ti, porque eles não podem retribuir-te". Esta bem-aventurança ficou tão esquecida que muitos cristãos nunca ouviram falar dela. No entanto, contém uma mensagem muito cara a Jesus: "Felizes os que vivem para os outros, sem receber recompensa. O Pai do céu os recompensará".

## Foi a opção de Jesus

Nos anos posteriores ao Concílio falava-se muito da "opção preferencial pelos pobres". A teologia da libertação estava viva. Percebia-se uma nova sensibilidade na Igreja. Parecia que nós cristãos queríamos ouvir deveras o apelo do Evangelho a viver pensando nos mais deserdados do mundo.

Infelizmente, as coisas foram mudando. Alguns pensam que a "opção pelos pobres" é uma linguagem perigosa inventada pelos teólogos da libertação e condenada por Roma com toda razão. Isto não é verdade. A opção preferencial pelos pobres é uma palavra de ordem que saiu do íntimo de Jesus.

De acordo com Lucas, foram estas as suas palavras: "Quando deres um almoço ou um jantar, não convides teus amigos, nem teus irmãos, nem teus parentes, nem os vizinhos ricos, porque eles retribuirão convidando-te e tu ficarás recompensado. Quando deres um banquete, convida os pobres, os aleijados, os coxos e os cegos. Feliz de ti, porque eles não podem retribuir-te; serás recompensado quando os justos ressuscitarem".

Pode-se levar a sério estas palavras provocativas de Jesus? Ele fala a sério ou é uma maneira de causar impacto nos ouvintes? Jesus fala em convidar os excluídos, marginalizados e desamparados. É precisamente aos desgraçados que Ele está se dedicando de corpo e alma pelas aldeias da Galileia.

Ele sabe muito bem que não é isto que acontece habitualmente. Os "pobres" não têm meios para retribuir com certa dignidade. Os "aleijados, coxos e cegos" simplesmente não podem. Em Qumran são precisamente os que estão excluídos da refeição comunitária.

Jesus fala a sério. A prioridade para quem segue de perto a Jesus não é privilegiar a relação com os ricos nem atender às obrigações familiares ou aos convencionalismos sociais, esquecendo os pobres. Quem escuta o coração de Deus começa a privilegiar em sua vida os mais necessitados.

Uma vez ouvida dos lábios de Jesus sua opção pelos pobres, não é possível evitar nossa responsabilidade. Em sua Igreja precisamos tomar uma decisão: ou procuramos seriamente uma maneira de dar-lhe uma aplicação generosa ou renunciamos a ser uma Igreja fiel a Jesus.

## CONVIDAR OS POBRES

Jesus viveu um estilo de vida diferente. Quem quer segui-lo com sinceridade sente-se convidado a viver de maneira nova e revolucionária, em contradição com o modo "normal" de comportar-se que observamos ao nosso redor.

Como não sentir-nos desconcertados e interpelados quando ouvimos palavras como estas? "Quando deres um almoço ou um jantar, não convides teus amigos, nem teus irmãos, nem teus parentes, nem os vizinhos ricos, porque eles retribuirão convidando-te e tu ficarás recompensado. Quando deres um banquete, convida os pobres, os aleijados, os coxos e os cegos. Feliz de ti, porque eles não podem retribuir-te; serás recompensado quando os justos ressuscitarem".

Somos convidados a agir a partir de uma atitude de gratuidade e de atenção ao pobre, o que não é habitual. Somos chamados a compartilhar sem seguir a lógica dos que procuram sempre cobrar as dívidas, ainda que ao custo de humilhar esse pobre que está sempre em dívida com todos.

Jesus pensa em relações humanas baseadas num novo espírito de liberdade, gratuidade e amor fraterno. Um espírito que está em contradição com o comportamento normal dentro do sistema, que sempre acaba abandonando os mais indefesos.

Nós seguidores de Jesus precisamos sentir-nos chamados a prolongar seu estilo de viver, embora com gestos muito modestos e humildes. É esta a nossa missão: introduzir na história esse espírito novo de Jesus, contradizer a lógica da cobiça e da acumulação egoísta. Não conseguiremos mudanças espetaculares, e menos ainda de maneira imediata. Mas, com nossa atuação solidária, gratuita e fraterna, criticaremos o comportamento egoísta como algo indigno de uma convivência sadia.

Aquele que segue Jesus de perto sabe que sua atuação resulta absurda, incômoda e intolerável para a "lógica" da maioria. Mas sabe também que, com seus pequenos gestos, está apontando para a salvação definitiva do ser humano.

## GRATUITAMENTE

Há uma "bem-aventurança" de Jesus que nós cristãos temos ignorado. "Quando deres um banquete, convida os pobres, os aleijados, os coxos e os cegos. Feliz de ti, porque eles não podem retribuir-te". Na realidade, fica difícil para nós entender estas palavras, porque a linguagem da gratuidade nos é estranha e incompreensível.

Em nossa "civilização do possuir" quase nada é gratuito. Tudo é intercambiado, emprestado, devido ou exigido. Ninguém acredita que "é melhor dar do que receber". Só sabemos prestar serviços remunerados e "cobrar juros" por tudo o que fazemos ao longo da vida.

No entanto, os momentos mais intensos e culminantes da vida são aqueles em que sabemos viver a gratuidade. Só na entrega desinteressada pode-se saborear o verdadeiro amor, a alegria, a solidariedade, a confiança mútua. Gregório Nazianzeno diz que "Deus fez o homem cantor de sua irradiação" e, certamente, nunca o homem é tão grande como quando sabe irradiar amor gratuito e desinteressado.

Não poderíamos ser mais generosos com os que nunca nos poderão retribuir o que fizermos por eles? Não poderíamos aproximar-nos dos que vivem sozinhos e desamparados, pensando apenas no bem deles? Viveremos sempre buscando nosso interesse?

Acostumados a correr atrás de todo tipo de gozos e satisfações, atrever-nos-emos a saborear a felicidade oculta, mas autêntica, que se encerra na entrega gratuita a quem de nós precisa? Charles Péguy, um seguidor fiel de Jesus, vivia convencido de que, na vida, "aquele que perde, ganha".

## AMOR GRATUITO

A sociedade atual tende a produzir um tipo de homem insolidário, consumista, de coração mesquinho e horizonte estreito, incapaz de generosidade. É difícil ver gestos gratuitos. Às vezes até a amizade e o amor aparecem influenciados pelo interesse e pelo egoísmo.

Por isso, é duro aos nossos ouvidos escutar o convite desconcertante de Jesus: "Quando deres um almoço ou um jantar, não convides teus amigos, nem teus irmãos, nem teus parentes, nem os vizinhos ricos, porque eles retribuirão convidando-te e tu ficarás recompensado. Quando deres um banquete, convida os pobres..."

Jesus nos convida a refletir sobre a verdade última de nossa conduta. Amar aquele que nos ama e ser amável com aquele que é amável conosco pode ser ainda o comportamento normal de uma pessoa egoísta, que sempre busca seu próprio interesse.

Seria um equívoco crer que alguém sabe amar com generosidade pelo simples fato de portar-se corretamente no círculo de seus amigos e familiares. Também o egoísta "ama" muito os que o amam muito. Amar é não passar ao largo de quem precisa de mim.

Jesus buscava uma sociedade na qual cada um pensasse nos mais fracos e indefesos. Uma sociedade muito diferente da atual, na qual aprendêssemos a amar não a quem melhor nos paga, mas a quem mais precisa de nós. É bom perguntar-nos com sinceridade o que buscamos quando nos aproximamos dos outros. Procuramos dar ou procuramos receber?

# 30

## LUCIDEZ

*Naquele tempo, muitas pessoas acompanhavam Jesus. Ele voltou-se e lhes disse:
– Se alguém vier a mim e não deixar em segundo plano seu pai e sua mãe,
sua mulher e seus filhos, seus irmãos e suas irmãs e, inclusive, a si mesmo, não
pode ser meu discípulo. Quem não carregar sua cruz atrás de mim não pode
ser meu discípulo. Com efeito, quem de vós, se quiser construir uma torre, não
senta primeiro para calcular os gastos, a fim de ver se tem com que terminá-
la? Não aconteça que, tendo colocado os alicerces e não podendo terminá-la,
os que a virem se ponham a caçoar dele dizendo: "Este homem começou a
construir e não foi capaz de terminar". Ou qual o rei que, saindo para guer-
rear com outro rei, não senta primeiro para deliberar se com dez mil homens
poderá enfrentar aquele que o ataca com vinte mil? Caso contrário, quando
o outro ainda está longe, envia legados para negociar condições de paz. Da
mesma maneira vós: quem não renunciar a todos os seus bens não pode ser
meu discípulo (Lc 14,25-33).*

### REALISMO RESPONSÁVEL

Os dois exemplos empregados por Jesus são diferentes, mas seu ensinamento é o mesmo: aquele que empreende um projeto importante de maneira
temerária, sem examinar antes se tem os meios e forças para conseguir o
que pretende, corre o risco de terminar fracassando.

Nenhum agricultor se põe a construir uma torre para proteger suas
vinhas sem antes tomar um tempo para calcular se poderá concluí-la com

êxito, para não acontecer que a obra fique inacabada, provocando as zombarias dos vizinhos. Tampouco um rei se decide a travar combate com um adversário poderoso sem antes analisar se aquela batalha pode terminar em vitória ou se será um suicídio.

À primeira vista, pode parecer que Jesus está convidando a um comportamento prudente e precavido, muito afastado da audácia com que ordinariamente fala aos seus. Nada mais longe da realidade. A missão que Ele quer incumbir aos seus é tão importante que ninguém deve comprometer-se nela de forma inconsciente, temerária ou presunçosa.

A advertência de Jesus ganha grande atualidade nestes momentos críticos e decisivos para o futuro de nossa fé. Jesus chama, antes de mais nada, à reflexão madura: os dois protagonistas das parábolas "sentam" para refletir. Seria uma grave irresponsabilidade viver hoje como discípulos de Jesus que não sabem o que querem, nem aonde pretendem chegar, nem com que meios irão trabalhar.

Quando vamos sentar para reunir forças, refletir juntos e buscar conjuntamente o caminho que devemos seguir? Não precisamos dedicar mais tempo, mais escuta do Evangelho e mais meditação para descobrir chamados, despertar carismas e cultivar um estilo renovado de seguimento de Jesus?

Jesus chama também ao realismo. Estamos vivendo uma mudança sociocultural sem precedentes. É possível comunicar a fé neste mundo novo que está nascendo, sem conhecê-lo bem e sem compreendê-lo a partir de dentro? É possível facilitar o acesso ao Evangelho, ignorando o pensamento, os sentimentos e a linguagem dos homens e mulheres de nosso tempo? Não é um erro responder aos desafios de hoje com estratégias de ontem?

Seria uma temeridade agir nestes momentos de maneira inconsciente. Nós nos exporíamos ao fracasso, à frustração e, inclusive, ao ridículo. De acordo com a parábola, a "torre inacabada" não faz senão provocar zombarias das pessoas contra seu construtor. Não devemos esquecer a linguagem realista e humilde de Jesus, que convida seus discípulos a ser "fermento" no meio do povo ou punhado de "sal" que dá novo sabor à vida das pessoas.

## SEGUIDORES LÚCIDOS

É um erro pretendermos ser "discípulos" de Jesus sem parar para refletir sobre as exigências concretas implicadas no seguir seus passos e sobre as forças com que precisamos contar para isso. Jesus nunca pensou em seguidores inconscientes, mas em pessoas lúcidas e responsáveis.

As duas imagens empregadas por Jesus são bem concretas. Ninguém se põe a "construir uma torre" sem refletir sobre como deve agir para conseguir acabá-la. Seria um fracasso começar a "construir" e não poder levar a termo a obra iniciada.

O Evangelho proposto por Jesus é uma maneira de "construir" a vida. Um projeto ambicioso, capaz de transformar nossa existência. Por isso não é possível viver de maneira evangélica sem parar para refletir sobre as decisões que é preciso tomar a cada momento.

Também é claro o segundo exemplo. Ninguém enfrenta de maneira inconsciente um adversário que vem atacá-lo com um exército muito mais poderoso, sem refletir previamente se aquele combate terminará em vitória ou se será uma derrota. Seguir Jesus é enfrentar os adversários do reino de Deus e de sua justiça. Não é possível lutar a favor do reino de Deus de qualquer maneira. É preciso lucidez, responsabilidade e decisão.

Nos dois exemplos repete-se a mesma coisa: os dois personagens "sentam" para refletir sobre as exigências, os riscos e as forças com que podem contar para levar a cabo seu empreendimento. De acordo com Jesus, entre seus seguidores sempre será necessária a meditação, o debate, a reflexão. Do contrário, o projeto cristão pode ficar inacabado.

É um erro abafar o diálogo e impedir o debate na Igreja de Jesus. Precisamos mais do que nunca deliberar juntos sobre a conversão que nós, seus seguidores, devemos viver hoje. "Sentar" para pensar com que forças iremos construir o reino de Deus na sociedade moderna. Do contrário, nossa evangelização será uma "torre inacabada".

## ÍDOLOS PRIVADOS

Existe algo que é escandaloso e insuportável para quem se aproxima de Jesus a partir do clima de autossuficiência que se vive na sociedade moderna. Jesus é radical na hora de pedir uma adesão à sua pessoa. Seu discípulo deve subordinar tudo ao seguimento incondicional.

Não se trata de um "conselho evangélico" para um grupo de cristãos seletos ou uma elite de seguidores esforçados. É a condição indispensável de todo discípulo. As palavras de Jesus são claras e categóricas: "Quem não renunciar a todos os seus bens não pode ser meu discípulo".

Todos nós sentimos no mais profundo de nosso ser o anseio de liberdade. E, no entanto, há uma experiência que continua impondo-se geração após geração: o ser humano parece condenado a ser "escravo de ídolos". Incapazes de bastar-nos a nós mesmos, passamos a vida inteira buscando algo que responda às nossas aspirações e desejos mais fundamentais.

Todos nós buscamos um "deus" para viver, algo que inconscientemente transformamos no essencial de nossa vida: algo que nos domina e se apossa de nós. Buscamos ser livres e autônomos, mas parece que não podemos viver sem entregar-nos a algum "ídolo", que determina nossa vida inteira.

Estes ídolos são muito diversos: dinheiro, êxito, poder, prestígio, sexo, tranquilidade, felicidade a todo custo... Cada um sabe o nome de seu "deus privado", ao qual entrega secretamente seu ser. Por isso, quando, num gesto de "ingênua liberdade", fazemos algo "porque nos dá vontade", precisamos perguntar-nos o que é que naquele momento nos domina e a quem estamos obedecendo na realidade.

O convite de Jesus é provocativo. Só há um caminho para crescer em liberdade, e só o conhecem aqueles que se atrevem a seguir Jesus incondicionalmente, colaborando com ele no projeto do Pai: construir um mundo justo e digno para todos.

## O QUE É CARREGAR A CRUZ?

A cruz é o critério decisivo para verificar o que merece trazer o nome de cristão. Quando as gerações cristãs o esquecem, sua religião se aburguesa, se dilui e se esvazia da verdade. Por isso, nós crentes precisamos perguntarnos qual é o significado mais original do apelo de Jesus: "Quem não carregar sua cruz atrás de mim não pode ser meu discípulo".

Embora pareça surpreendente, nós cristãos desenvolvemos frequentemente diversos aspectos da cruz, esvaziando-a de seu verdadeiro conteúdo. Assim, há cristãos que pensam que seguir o Crucificado é buscar pequenas mortificações, privando-se de satisfações e renunciando a prazeres legítimos para chegar – através do sofrimento – a uma comunhão mais profunda com Cristo.

Sem dúvida, é grande o valor de uma ascese cristã, e mais ainda numa sociedade como a nossa, mas Jesus não é um asceta que vive buscando mortificações; quando fala da cruz, não está convidando a uma "vida mortificada".

Há outros para quem "carregar a cruz" é aceitar as contrariedades da vida, as desgraças ou adversidades. Mas os evangelhos nunca falam destes sofrimentos "naturais" de Jesus. Sua crucificação foi consequência de sua atuação de obediência absoluta ao Pai e de amor aos últimos.

Sem dúvida precisamos valorizar o conteúdo cristão desta aceitação, do "lado escuro e doloroso" da vida, a partir de uma atitude de fé; mas, se queremos descobrir o sentido original do chamado de Jesus, precisamos recordar com toda a simplicidade o que era "carregar a cruz".

Carregar a cruz fazia parte do ritual da execução: o réu era obrigado a atravessar a cidade carregando a cruz e levando o *titulus*, um cartaz onde aparecia seu delito. Desta maneira, era mostrado como culpado perante a sociedade, excluído do povo, indigno de continuar vivendo entre os seus.

Foi esta a verdadeira cruz de Jesus. Ver-se rejeitado pelos dirigentes do povo e aparecer como culpado diante de todos, precisamente por sua fidelidade ao Pai e seu amor libertador aos homens.

Sem menosprezar outros aspectos da vida cristã, nós crentes precisamos recordar que o seguidor de Jesus deve estar disposto a sofrer as reações, rejeições e condenações de seu próprio povo, de seus amigos e até de seus familiares, provocadas precisamente por sua fidelidade a Deus e ao Evangelho.

## O QUE FAZER DIANTE DO SOFRIMENTO?

Mais cedo ou mais tarde, todos nós teremos que sofrer. Uma doença grave, um acidente inesperado, a morte de um ente querido, desgraças e dilacerações de todo tipo nos obrigam um dia a tomar posição diante do sofrimento. O que fazer?

Alguns limitam-se à revolta. É uma atitude explicável: protestar, revoltar-nos diante do mal. Quase sempre esta reação intensifica ainda mais o sofrimento. A pessoa se crispa e se exaspera. É fácil terminar no esgotamento e no desespero.

Outros se fecham no isolamento. Vivem dobrados sobre sua dor, relacionando-se apenas com suas tristezas e sofrimentos. Não se deixam consolar por ninguém. Não aceitam alívio algum. Por esse caminho, a pessoa pode autodestruir-se.

Há os que adotam a postura de vítimas e vivem compadecendo-se de si mesmos. Precisam mostrar seus sofrimentos a todo mundo: "Vejam como sou infeliz", "Vejam como a vida me maltrata". Esta maneira de manipular o sofrimento nunca ajuda a pessoa a amadurecer.

A atitude do crente é diferente. O cristão não ama nem busca o sofrimento, não o quer nem para os outros nem para si mesmo. Seguindo os passos de Jesus, luta com todas as suas forças para arrancá-lo do coração da existência. Mas, quando é inevitável, sabe "carregar sua cruz" em comunhão com o Crucificado.

Esta aceitação do sofrimento não consiste em dobrar-nos diante da dor porque ela é mais forte do que nós: isso seria estoicismo ou fatalismo, mas não atitude cristã. O crente tampouco procura "explicações" artificiosas, considerando o sofrimento um castigo, uma prova ou uma purificação que Deus nos envia. O Pai não é nenhum "sádico" que encontra prazer especial em ver-nos sofrer. Tampouco tem motivo para exigi-lo, como que a contragosto, para que fique satisfeita sua honra ou sua glória.

O cristão vê no sofrimento uma experiência na qual, unido a Jesus, ele pode viver sua verdade mais autêntica. O sofrimento continua sendo mau, mas precisamente por isso se transforma na experiência mais realista e profunda para viver a confiança radical em Deus e a comunhão com os que sofrem.

Vivida assim, a cruz é o que há de mais oposto ao pecado. Por quê? Porque pecar é buscar egoisticamente a própria felicidade, rompendo com Deus e com os outros. "Carregar a cruz" em comunhão com o Crucificado é exatamente o contrário: abrir-se confiantemente ao Pai e solidarizar-se com os irmãos precisamente na ausência de felicidade.

# 31
## O Pai bom

*Naquele tempo Jesus lhes disse:*

*– Um homem tinha dois filhos: o mais novo deles disse ao pai: "Pai, dá-me a parte da fortuna que me cabe". O pai repartiu os bens entre eles. Poucos dias depois, o filho mais novo, juntando tudo o que era seu, emigrou para um país distante, e ali esbanjou sua fortuna vivendo dissolutamente. Quando havia gasto tudo, abateu-se sobre aquela terra uma fome terrível e ele começou a passar necessidade. Dirigiu-se então a um habitante daquele país e insistiu tanto que ele o mandou para seus campos cuidar dos porcos. Ele sentia vontade de encher o estômago com as alfarrobas que os porcos comiam, mas ninguém lhas dava para comer. Então, dando-se conta, disse para si mesmo: "Quantos diaristas de meu pai têm abundância de pão, enquanto eu aqui morro de fome! Pôr-me-ei a caminho e irei procurar meu pai e lhe direi: 'Pai, pequei contra o céu e contra ti. Já não mereço ser chamado teu filho. Trata-me como um dos teus diaristas'".*

*Ele se pôs a caminho e foi procurar seu pai. Quando ainda estava longe, o pai o viu e ficou comovido. E, correndo, lançou-se ao seu pescoço e pôs-se a beijá-lo. O filho lhe disse: "Pai, pequei contra o céu e contra ti. Já não mereço ser chamado teu filho". Mas o pai disse aos criados: "Trazei depressa o melhor traje e vesti-o; ponde-lhe um anel no dedo e sandálias nos pés; trazei o bezerro gordo e matai-o. Celebremos um banquete, porque este meu filho estava morto e reviveu; estava perdido e o encontramos". E começaram o banquete.*

*O filho mais velho estava no campo. Ao retornar, quando se aproximava da casa, ouviu a música e as danças e, chamando um dos empregados, per-*

guntou-lhe o que estava acontecendo. Ele lhe respondeu: "Teu irmão voltou e teu pai matou o bezerro gordo, porque o recuperou com saúde". Ele se indignou e recusava-se a entrar. Mas seu pai saiu e tentava persuadi-lo. E ele respondeu ao pai: "Olha! Durante tantos anos que te sirvo, sem desobedecer nunca a uma ordem tua, nunca me deste um cabrito para fazer um banquete com meus amigos. E, quando veio este teu filho que devorou teus bens com prostitutas, matas para ele o bezerro gordo". O pai lhe disse: "Filho, tu estás sempre comigo e tudo o que é meu é teu; deverias alegrar-te, porque este teu irmão estava morto e reviveu; estava perdido e o encontramos" (Lc 15,11-32).

## COMO JESUS EXPERIMENTA DEUS

Jesus não queria que as pessoas da Galileia imaginassem Deus como um rei, um senhor ou um juiz. Ele o experimentava como um pai incrivelmente bom. Na parábola do "pai bom" mostrou-lhes como ele imaginava Deus.

Deus é como um pai que não pensa em sua própria herança. Respeita as decisões dos filhos. Não se ofende quando um deles o considera "morto" e lhe pede sua parte da herança.

Com tristeza ele o vê partir de casa, mas nunca o esquece. Aquele filho sempre poderá voltar para casa sem temor algum. Quando um dia o vê chegar faminto e humilhado, o pai "se comove", perde o controle e corre ao encontro do filho.

Esquece-se de sua dignidade de "senhor" da família e o abraça e beija efusivamente como uma mãe. Interrompe a confissão do filho para poupar-lhe mais humilhações. Ele já sofreu bastante. Não precisa de explicações para acolhê-lo como filho. Não lhe impõe nenhum castigo. Não exige dele um ritual de purificação. Nem sequer parece sentir necessidade de manifestar-lhe o perdão. Não é necessário. Nunca deixou de amá-lo. Sempre procurou para ele o melhor.

Sua preocupação é que seu filho se sinta bem novamente. Dá-lhe de presente o anel da casa e a melhor veste. Oferece uma festa a todo o povoado.

Haverá banquete, música e danças. Junto ao pai, o filho deverá conhecer a festa boa da vida, não a diversão falsa que procurava entre prostitutas pagãs. É assim que Jesus sentia Deus e assim o repetiria também hoje aos que vivem longe dele e começam a ver-se como que "perdidos" na vida. Qualquer teologia, pregação ou catequese que esquece esta parábola central de Jesus e impede de experimentar Deus como um Pai respeitoso e bom, que acolhe seus filhos e filhas perdidos oferecendo-lhes seu perdão gratuito e incondicional, não provém de Jesus nem transmite a Boa Notícia de Deus que ele pregou.

## A MELHOR METÁFORA PARA DEUS

A parábola mais conhecida de Jesus, e talvez a mais repetida, é a chamada "parábola do pai bom". O que sentiram os que ouviram pela primeira vez esta parábola inesquecível sobre a bondade de um pai preocupado somente com a felicidade de seus filhos?

Sem dúvida, desde o início ficaram desconcertados. Que tipo de pai era esse que não impunha sua autoridade? Como podia consentir na semvergonhice de um filho que lhe pedia para repartir a herança antes de sua morte? Como podia dividir sua propriedade pondo em perigo o futuro da família?

Jesus os desconcertou ainda mais quando começou a falar da acolhida daquele pai ao filho que voltava para casa faminto e humilhado. Estando ainda longe, o pai correu ao seu encontro, abraçou-o com ternura, beijou-o efusivamente, interrompeu-lhe a confissão e apressou-se em acolhê-lo como filho querido em seu lar. Os ouvintes não podiam acreditar. Aquele pai havia perdido sua dignidade. Não agia como o patrão e patriarca de uma família. Seus gestos eram os de uma mãe que procura proteger e defender seu filho da vergonha e da desonra.

Mais tarde saiu também ao encontro do filho mais velho. Ouviu com paciência suas acusações, falou-lhe com ternura especial e convidou-o para a festa. Só queria ver seus filhos sentados à mesma mesa, compartilhando um banquete festivo.

O que Jesus estava sugerindo? É possível que Deus seja assim? Como um pai que não guarda para si sua herança, que não anda obcecado com a moralidade de seus filhos e que, infringindo as regras do que é correto, busca para eles uma vida feliz? Será esta a melhor metáfora de Deus: um pai acolhendo de braços abertos os que andam "perdidos" e suplicando aos que lhe são fiéis que acolham todos com amor?

Os teólogos elaboraram durante vinte séculos discursos profundos sobre Deus, mas não é esta metáfora de Jesus ainda hoje a melhor expressão de seu mistério?

## PARÁBOLA PARA NOSSOS DIAS

Em nenhuma outra parábola Jesus conseguiu penetrar tão profundamente no mistério de Deus e no mistério da condição humana. Nenhuma outra é tão atual para nós como esta do "pai bom".

O filho mais moço diz ao pai: "Pai, dá-me a parte da herança que me cabe". Ao reclamá-la, está de alguma forma pedindo a morte do pai. Quer ser livre, romper amarras. Não será feliz enquanto seu pai não desaparecer. O pai consente com seu desejo sem dizer nenhuma palavra: o filho deve escolher livremente seu caminho.

Não é esta a situação atual? Muitos querem hoje ver-se livres de Deus, ser felizes sem a presença de um Pai eterno em seu horizonte. Deus deve desaparecer da sociedade e das consciências. E, da mesma forma que na parábola, o Pai mantém silêncio. Deus não coage ninguém.

O filho parte para "um país distante". Precisa viver longe de seu pai e de sua família. O pai o vê partir, mas não o abandona; seu coração de pai o acompanha; cada manhã o estará esperando. A sociedade moderna se afasta sempre mais de Deus, de sua autoridade, de sua lembrança... Não está Deus nos acompanhando enquanto o vamos perdendo de vista?

Logo o filho se instala numa "vida desordenada". O termo original não sugere apenas uma desordem moral, mas uma existência insana, descontrolada, caótica. Em pouco tempo sua aventura começa a transformar-se em drama. Sobrevém uma "fome terrível" e ele só sobrevive cuidando de porcos, como escravo de um estranho. Suas palavras revelam sua tragédia: "Eu aqui morro de fome".

O vazio interior e a fome de amor podem ser os primeiros sinais de nosso afastamento de Deus. Não é fácil o caminho da liberdade. O que nos falta? O que poderia encher o nosso coração? Temos quase tudo, então por que sentimos tanta fome?

O jovem "entrou em si mesmo" e, aprofundando-se em seu próprio vazio, recordou o rosto de seu pai, associado à abundância de pão: na casa de meu pai eles "têm pão" e aqui "eu morro de fome". Em seu interior desperta o desejo de uma liberdade nova junto a seu pai. Ele reconhece seu erro e toma uma decisão: "Pôr-me-ei a caminho e irei procurar meu pai".

Pôr-nos-emos a caminho para Deus, nosso Pai? Muitos o fariam se conhecessem este Deus que, segundo a parábola de Jesus, "sai correndo ao encontro do filho, lança-se ao seu pescoço e põe-se a beijá-lo efusivamente". Estes abraços e beijos falam de seu amor melhor que todos os livros de teologia. Junto a ele sempre poderemos encontrar uma liberdade mais digna e feliz.

## A TRAGÉDIA DE UM PAI BOM

Exegetas contemporâneos abriram uma nova pista de leitura da parábola chamada tradicionalmente do "filho pródigo", para descobrir nela a tragédia de um pai que, apesar de seu amor "incrível" por seus filhos, não consegue construir uma família unida. Seria essa, de acordo com Jesus, a tragédia de Deus.

A atuação do filho mais moço é "imperdoável". Dá por morto seu pai e pede a parte da herança que lhe cabe. Desta maneira, rompe a solidariedade do lar, lança por terra a honra da família e põe em perigo seu futuro ao forçar a partilha das terras. Os ouvintes devem ter ficado escandalizados ao ver que o pai, respeitando a insensatez do filho, punha em risco sua própria honra e autoridade. Que tipo de pai é este?

Quando o jovem, destruído pela fome e pela humilhação, volta para casa, o pai torna a surpreender a todos. "Comovido", corre ao seu encontro e o beija efusivamente diante de todos. Esquece-se de sua própria dignidade, oferece-lhe o perdão antes de ele declarar-se culpado, restabelece-o em sua honra de filho, protege-o da rejeição dos vizinhos e organiza uma festa para todos. Por fim, poderão viver em família de maneira digna e feliz.

Infelizmente falta o filho mais velho, um homem de vida correta e ordenada, mas de coração duro e ressentido. Ao chegar a casa, humilha publicamente o pai, tenta destruir o irmão e exclui-se da festa. Sem dúvida festejaria alguma coisa "com seus amigos", mas não com o pai e o irmão.

O pai sai também ao encontro dele e revela-lhe o desejo mais profundo de seu coração de pai: ver seus filhos sentados à mesma mesa, compartilhando amistosamente um banquete festivo, acima de confrontos, ódios e condenações.

Povos confrontados com guerras, terrorismos cegos, políticas insolidárias, religiões de coração endurecido, países mergulhados na fome... Nunca compartilharemos a Terra de maneira digna e feliz se não nos olharmos com o amor compassivo de Deus. Este olhar novo é a coisa mais importante que nós, seguidores de Jesus, podemos introduzir hoje no mundo.

## O OUTRO FILHO

Sem dúvida, a parábola mais cativante de Jesus é a do "pai bom", mal chamada "parábola do filho pródigo". Precisamente este "filho mais moço" atraiu quase sempre a atenção de comentaristas e pregadores. Seu retorno ao lar e a acolhida incrível do pai comoveram todas as gerações cristãs.

No entanto, a parábola fala também do "filho mais velho", um homem que permanece junto ao pai sem imitar a vida desordenada de seu irmão longe do lar. Quando o informam da festa organizada pelo pai para acolher o filho perdido, fica desconcertado. O retorno do irmão não lhe causa alegria, como a seu pai, mas raiva: "Indigna-se e nega-se a entrar" na festa. Nunca abandonou a casa, mas agora se sente como um estranho entre os seus.

O pai sai para convidá-lo com o mesmo carinho com que acolheu seu irmão. Não grita com ele nem lhe dá ordens. Com amor humilde "procura persuadi-lo" a entrar na festa da acolhida. É então que o filho explode, deixando a descoberto todo o seu ressentimento. Passou toda a sua vida cumprindo ordens do pai, mas não aprendeu a amar como ele ama. Só sabe exigir seus direitos e denegrir o irmão.

É esta a tragédia do filho mais velho. Nunca abandonou a casa, mas seu coração esteve sempre longe. Sabe cumprir mandamentos, mas não sabe amar. Não entende o amor de seu pai para com aquele filho perdido. Não acolhe nem perdoa, não quer saber nada de seu irmão. Jesus conclui sua parábola sem satisfazer nossa curiosidade: Ele entrou na festa ou ficou de fora?

Envoltos na crise religiosa da sociedade moderna, habituamo-nos a falar de crentes e não crentes, de praticantes e afastados da Igreja, de matrimônios abençoados pela Igreja e casais em situação irregular... Enquanto nós continuamos classificando seus filhos e filhas, Deus continua nos esperando a todos, pois não é propriedade apenas dos bons nem dos praticantes. Ele é Pai de todos.

O "filho mais velho" nos interpela a nós que acreditamos viver junto do Pai. O que estamos fazendo nós que não abandonamos a Igreja? Assegurar nossa sobrevivência religiosa observando da melhor maneira possível o que está prescrito ou ser testemunhas do amor imenso de Deus para com todos os seus filhos e filhas? Estamos construindo comunidades abertas que sabem compreender, acolher e acompanhar os que buscam a Deus entre dúvidas e interrogações? Levantamos barreiras ou lançamos pontes? Oferecemos-lhes amizade ou os olhamos com receio?

# 32
## Deus ou o Dinheiro

*Naquele tempo Jesus disse a seus discípulos:*

*– Um homem rico tinha um administrador e chegou-lhe a denúncia de que ele esbanjava seus bens. Então o chamou e lhe disse: "O que é isto que me contam de ti? Entrega-me o balanço de tua gestão, pois não poderás mais continuar na administração". O administrador pôs-se a calcular: "O que vou fazer agora que meu patrão me tira o emprego? Para trabalhar a terra não tenho forças; de mendigar tenho vergonha. Já sei o que vou fazer para que, quando me afastarem da administração, eu encontre quem me receba em sua casa". Foi chamando um a um os devedores de seu patrão. E disse ao primeiro: "Quanto deves ao meu patrão?" Ele respondeu: "Cem barris de azeite". Ele lhe disse: "Aqui está teu recibo; senta-te depressa e escreve: 'Cinquenta'". Depois disse a outro: "E tu, quanto deves?" Ele respondeu: "Cem coros de trigo". Ele lhe disse: "Aqui está teu recibo; escreve: 'Oitenta'". E o patrão elogiou o administrador injusto por causa da astúcia com que havia procedido.*

*Sem dúvida, os filhos deste mundo são mais astutos, no trato com sua gente, do que os filhos da luz. E eu vos digo: conquistai amigos com o dinheiro injusto, para que, quando vos faltar, vos recebam nas moradas eternas. Aquele que é de confiança nas coisas pequenas, também é de confiança nas coisas importantes; aquele que não é honesto nas coisas pequenas tampouco é honesto nas coisas importantes. Se não fostes de confiança no dinheiro vil, quem vos confiará o que vale verdadeiramente? Se não fostes de confiança no bem alheio, quem vos dará o vosso? Nenhum servo pode servir a dois se-*

*nhores, porque ou abominará um e amará o outro, ou então se dedicará ao primeiro e não fará caso do segundo. Não podeis servir a Deus e ao Dinheiro (Lc 16,1-13).*

## JESUS FALA AOS RICOS

A sociedade que Jesus conheceu era muito diferente da nossa. Só as famílias poderosas de Jerusalém e os grandes proprietários de Tiberíades podiam acumular moedas de ouro e prata. Os camponeses mal e mal podiam conseguir alguma moeda de bronze ou cobre, de escasso valor. Muitos viviam sem dinheiro, trocando produtos num regime de pura subsistência.

Nesta sociedade, Jesus fala do dinheiro com uma frequência surpreendente. Sem terras nem trabalho fixo, sua vida itinerante de profeta dedicado à causa de Deus permite-lhe falar com total liberdade. Por outro lado, seu amor aos pobres e sua paixão pela justiça de Deus o urgem a defender sempre os mais excluídos.

Jesus fala do dinheiro com uma linguagem muito peculiar. Chama-o espontaneamente de "dinheiro injusto" ou "riquezas injustas". Ao que parece, Ele não conhece "dinheiro limpo". A riqueza daqueles poderosos é injusta, porque foi amealhada de maneira injusta e porque a desfrutam sem compartilhá-la com os pobres e famintos.

O que podem fazer os que possuem estas riquezas injustas? Lucas conservou algumas palavras curiosas de Jesus. Embora a frase possa resultar um tanto obscura por causa de sua concisão, seu conteúdo não deve cair no esquecimento. "Eu vos digo: conquistai amigos com o dinheiro injusto, para que, quando vos faltar, vos recebam nas moradas eternas".

Jesus chega a dizer assim aos ricos: "Empregai vossa riqueza injusta em ajudar os pobres; conquistai sua amizade compartilhando com eles vossos bens. Eles serão vossos amigos e, quando no final da vida o dinheiro já não vos servir para nada, eles vos acolherão na casa do Pai". Dito com outras palavras: a melhor forma de "lavar" o dinheiro injusto diante de Deus é compartilhá-lo com seus filhos mais pobres.

As palavras de Jesus não foram bem acolhidas. Lucas nos diz que "estavam ouvindo estas coisas alguns fariseus, amantes das riquezas, e caçoavam dele". Eles não entendem a mensagem de Jesus. Não lhes interessa ouvi-lo falar de dinheiro. Só se preocupam em conhecer e cumprir fielmente a lei. Consideram a riqueza um sinal de que Deus abençoa sua vida.

Embora venha reforçada por uma longa tradição bíblica, esta visão da riqueza como sinal de bênção não é evangélica. É preciso dizê-lo em voz alta, porque ainda há pessoas ricas que de maneira quase espontânea pensam que seu êxito econômico e sua prosperidade são o melhor sinal de que Deus aprova sua vida.

Um seguidor de Jesus não pode fazer qualquer coisa com o dinheiro: há um modo de ganhar dinheiro, de gastá-lo e de desfrutá-lo que é injusto, porque esquece os mais pobres.

## A LÓGICA DE JESUS

Jesus já era adulto quando Antipas pôs em circulação moedas cunhadas em Tiberíades. Sem dúvida, a monetização implicava um progresso no desenvolvimento da Galileia, mas não conseguiu promover uma sociedade mais justa e equitativa. Muito pelo contrário.

Os ricos das cidades podiam agora especular melhor em seus negócios. A monetização lhes permitia "entesourar" moedas de ouro e prata, que lhes proporcionavam segurança, honra e poder. Por isso chamavam esse tesouro de *mammona*, ou seja, dinheiro "que dá segurança".

Enquanto isso, os camponeses mal e mal podiam conseguir algumas moedas de bronze ou cobre, de escasso valor. Era impensável entesourar *mammona* numa aldeia. Muitos precisavam subsistir trocando entre si seus modestos produtos.

Como acontece quase sempre, o progresso dava mais poder aos ricos e afundava um pouco mais os pobres. Assim não era possível acolher o reino de Deus e sua justiça. Jesus não se calou: "Nenhum servo pode servir a dois senhores, pois [...] se dedicará a um e não fará caso do outro. Não podeis servir a Deus e ao Dinheiro [*mammona*]". É preciso escolher. Não há alternativa.

A lógica de Jesus é arrasadora. Se alguém vive subjugado pelo Dinheiro, pensando só em acumular bens, não pode servir a esse Deus que quer uma vida mais justa e digna para todos, a começar pelos últimos.

Para ser de Deus não basta fazer parte do povo eleito nem prestar-lhe culto no templo. É necessário manter-se livre diante do Dinheiro e ouvir o chamado a trabalhar por um mundo mais humano.

Algo está errado no cristianismo dos países ricos quando somos capazes de afadigar-nos para aumentar sempre mais nosso bem-estar sem sentir-nos interpelados pela mensagem de Jesus e pelo sofrimento dos pobres do mundo. Algo está errado quando pretendemos viver o impossível: o culto a Deus e o culto ao Bem-estar.

Algo vai mal na Igreja de Jesus quando, em vez de proclamar com nossa palavra e com nossa vida que não é possível a fidelidade a Deus e o culto à riqueza, contribuímos para adormecer as consciências, desenvolvendo uma religião burguesa e tranquilizadora.

## Deus ou o Dinheiro

A frase é conhecida. Nenhum exegeta duvida de sua autenticidade. Pelo contrário, é a sentença que melhor reflete a atitude de Jesus diante do dinheiro. Por outro lado, a contundência com que Jesus se expressa exclui toda tentativa de suavizar seu sentido. "Não podeis servir a Deus e ao Dinheiro".

Hoje fala-se muito da crise religiosa provocada pelo racionalismo contemporâneo, mas esquece-se esse "afastamento" de Deus que tem sua origem não no agnosticismo, mas no poder sedutor do dinheiro. No entanto, de acordo com Jesus, quem se amarra no dinheiro termina afastando-se de Deus.

Sempre se realçou que, curiosamente, o Evangelho não denuncia tanto a origem imoral das riquezas conseguidas de maneira injusta quanto o poder que o dinheiro tem de desumanizar a pessoa, separando-a do Deus vivo.

As palavras de Jesus procuram causar impacto no ouvinte opondo frontalmente o senhorio de Deus e o do dinheiro. É impossível ser fiel a Deus e viver escravo do dinheiro. A riqueza tem um poder subjugador irresistível. Quando o indivíduo entra na dinâmica de ganhar sempre mais e de viver sempre melhor, o dinheiro termina substituindo a Deus e exigindo submissão absoluta. Nessa vida já não reina o Deus que pede solidariedade, mas o dinheiro que só busca o próprio interesse.

Os exegetas têm analisado com rigor o texto evangélico. O "dinheiro" é designado com o termo *mammona*, que só aparece quatro vezes nos evangelhos, e sempre na boca de Jesus. É um termo que provém da raiz aramaica *aman* (confiar, apoiar-se) e significa qualquer riqueza na qual o indivíduo apoia sua existência. O pensamento de Jesus aparece assim com mais clareza: quando uma pessoa faz do dinheiro seu único ponto de apoio e sua única meta, a obediência ao Deus verdadeiro desaparece.

A razão é simples. O coração do indivíduo que caiu na armadilha do dinheiro se endurece. Ele tende a buscar apenas seu próprio interesse, não pensa no sofrimento e na necessidade dos outros. Em sua vida não há lugar para a solidariedade. Por isso não há lugar para um Deus Pai de todos.

A mensagem evangélica não perdeu sua atualidade. Também hoje é um erro fazer do dinheiro o "absoluto" da existência. Que humanidade pode encontrar-se em quem continua açambarcando sempre mais, esquecendo absolutamente os que passam necessidade?

## COMPROMISSO IMPOSSÍVEL

A mensagem de Jesus obriga a uma reformulação total da vida: quem escuta o Evangelho intui que é convidado a compreender, de maneira radicalmente nova, o sentido último de tudo e a orientação decisiva de sua conduta.

É difícil permanecer indiferente diante da palavra de Jesus, ao menos quando se continua crendo na possibilidade de ser cada dia mais humano. É difícil não sentir inquietude e até certo mal-estar ao ouvir palavras como as que hoje o texto evangélico nos recorda: "Não podeis servir a Deus e ao Dinheiro".

É impossível ser fiel a um Deus que é Pai de todos e ao mesmo tempo viver escravo do dinheiro e do próprio interesse. Só há uma maneira de viver como "filho" de Deus: viver como "irmão" dos outros. Aquele que vive só a serviço de seu dinheiro e de seus interesses não pode ocupar-se de seus irmãos e não pode, portanto, ser filho fiel de Deus.

Aquele que leva Jesus a sério sabe que não pode organizar sua vida a partir do projeto egoísta de possuir sempre mais. Aquele que vive dominado pelo interesse econômico, embora viva uma vida piedosa e reta, carece de algo essencial para ser cristão: romper a escravidão do "possuir" que lhe tira a liberdade, para ouvir melhor as necessidades dos pobres e responder a elas.

Ele não tem outra alternativa. E não pode enganar-se, acreditando-se "pobre de espírito" no íntimo de seu coração, porque quem tem alma de pobre não continua desfrutando tranquilamente seus bens enquanto ao lado dele há gente necessitada até das coisas mais elementares.

Tampouco podemos enganar-nos pensando que "os ricos" são sempre os outros. A crise econômica, que está deixando no desemprego tantos homens e mulheres, nos obriga a revisar nossos pressupostos, para ver se não precisamos reduzi-los a fim de ajudar a quem ficou sem trabalho. Seria um bom teste para descobrir se servimos a Deus ou ao nosso dinheiro.

## Com Dinheiro, mas sem felicidade

Para aprender a viver de maneira nova, a primeira coisa e a mais importante não é fazer grandes esforços para mudar nossa vida. O decisivo é atrever-nos a ver as coisas como elas são, dando-lhes seu verdadeiro nome.

É surpreendente ver com que simplicidade Jesus desmascara nossas falsas ilusões. Ouçamos suas palavras: "Não podeis servir a Deus e ao Dinheiro". Nós cremos que nos servimos do dinheiro. Jesus nos fala que servimos ao dinheiro. Pensamos que somos donos de nosso dinheiro, e não vemos que é o dinheiro que é nosso dono e senhor. Cremos possuir as coisas, e não nos damos conta de que as coisas nos possuem.

Nossa sede de ter sempre mais nasce simplesmente de nossa insegurança. Precisamos reafirmar-nos a nós mesmos, proteger-nos diante dos outros, assegurar-nos o futuro. Mas cometemos um grave erro. Quanto mais coisas possuímos, tanto mais cresce nossa preocupação. Mais difícil se nos torna assegurar nossa felicidade.

A razão é simples. Se depositamos nossa felicidade nas coisas, no dinheiro ou na conta corrente, e lhes entregamos o poder de tornar-nos felizes, nossa felicidade corre um risco cada vez maior. A fonte de nossa felicidade já não está em nós mesmos, mas nessas coisas e nesse dinheiro que precisamos defender e assegurar contra todos e contra tudo.

Em geral, as pessoas preferem fazer dinheiro e ter cada vez mais coisas em vez de viver e ser felizes. Não querem ver que, precisamente, viver como escravos de tantas coisas é o que as impede de saborear a vida.

Enquanto se afadigam refletindo sobre que último modelo irão adquirir, com que artigo sofisticado irão nos surpreender, nem eles mesmos se dão conta de como vão se incapacitando para desfrutar tudo o que de bom, grande e belo uma vida simples e modesta encerra.

A felicidade não é algo que se alcança possuindo coisas, mas algo que começamos a intuir e experimentar quando nosso coração vai se libertando de tantas ataduras e escravidões.

# 33

## Um mendigo chamado Lázaro

*Naquele tempo Jesus disse aos fariseus:*

*– Havia um homem rico que se vestia de púrpura e linho e dava todos os dias esplêndidos banquetes. Um mendigo chamado Lázaro ficava deitado junto à sua porta, coberto de chagas e com vontade de saciar-se com o que caía da mesa do rico, mas ninguém lho dava. E até os cães se aproximavam para lamber-lhe as feridas.*

*Aconteceu que morreu o mendigo e os anjos o levaram para o seio de Abraão. Morreu também o rico e foi sepultado. E, estando no inferno, no meio dos tormentos, ele levantou os olhos e viu de longe Abraão e Lázaro em seu seio. E bradou: "Pai Abraão, tem piedade de mim e manda que Lázaro molhe na água a ponta do dedo e me refresque a língua, porque estas chamas me torturam". Mas Abraão lhe respondeu: "Filho, lembra-te que tu recebeste teus bens em vida, mas Lázaro, por sua vez, recebeu males: por isso ele encontra aqui consolo, enquanto tu padeces. E, além disso, entre nós e vós há um abismo imenso, de modo que os daqui, mesmo que queiram, não podem passar até vós, nem os dali podem passar até nós".*

*O rico insistiu: "Rogo-te então, pai, que mandes Lázaro à casa de meu pai, porque tenho cinco irmãos, para que, com seu testemunho, evite que venham também eles para este lugar de tormento". Abraão lhe diz: "Eles têm Moisés e os profetas: que os escutem". O rico retrucou: "Não, pai Abraão. Mas se um morto for procurá-los, arrepender-se-ão". Abraão lhe disse: "Se não escutam Moisés e os profetas, mesmo que um morto ressuscite, não se deixarão convencer" (Lc 16,19-31).*

## Nós somos o obstáculo

A parábola parece narrada para nós. Jesus fala de um "rico" poderoso. Suas vestes de púrpura e linho indicam luxo e ostentação. Sua vida é uma festa contínua. Sem dúvida pertence a esse segmento privilegiado que vive em Tiberíades, em Séforis ou no bairro rico de Jerusalém. São os que possuem riqueza, têm poder e desfrutam uma vida luxuosa.

Bem perto, junto à porta de sua mansão, está estendido um "mendigo". Não está coberto de linho e púrpura, mas de feridas repugnantes. Não sabe o que é um banquete. Não lhe dão do que cai da mesa do rico. Só os cães de rua se aproximam para lamber-lhe as feridas. Não possui nada, a não ser um nome, "Lázaro" ou Eliézer, que significa "Meu Deus é ajuda".

A cena é insuportável. O "rico" tem tudo. Não precisa de nenhuma ajuda de Deus. Não vê o pobre. Sente-se seguro. Vive na inconsciência. Não se parece conosco? Lázaro, por sua vez, é um exemplo de pobreza total: doente, faminto, excluído, ignorado pelos que o poderiam ajudar. Sua única esperança é Deus. Não se parece com tantos milhões de homens e mulheres mergulhados na miséria?

O olhar penetrante de Jesus está desmascarando a realidade. As classes mais poderosas e os estratos mais miseráveis parecem pertencer à mesma sociedade, mas estão separados por uma barreira invisível: essa porta que o rico nunca atravessa para aproximar-se de Lázaro.

Jesus não pronuncia nenhuma palavra de condenação. Basta desmascarar a realidade. Deus não pode tolerar que as coisas fiquem assim para sempre. É inevitável a inversão desta situação. Essa barreira que separa os ricos dos pobres pode transformar-se num abismo intransponível e definitivo.

O obstáculo para construir um mundo mais justo somos nós os ricos, que levantamos barreiras cada vez mais seguras para que os pobres não entrem em nosso país, nem cheguem até nossas residências, nem batam à nossa porta. Felizes os seguidores de Jesus que rompem barreiras, atravessam portas, abrem caminhos e se aproximam dos últimos. Eles encarnam o Deus que ajuda os pobres.

## Não ignorar aquele que sofre

O contraste entre os dois protagonistas da parábola é trágico. O rico se veste de púrpura e linho. Toda a sua vida é luxo e ostentação. Só pensa em "dar todos os dias esplêndidos banquetes". Este rico não tem nome, pois não tem identidade. Não é ninguém. Sua vida vazia de compaixão é um fracasso. Não se pode viver só para banquetear-se.

Deitado junto ao portão de sua mansão jaz um mendigo faminto, coberto de feridas. Ninguém o ajuda. Só alguns cães se aproximam dele para lamber-lhe as feridas. Não possui nada, mas tem um nome portador de esperança: Lázaro, "Meu Deus é ajuda".

Sua sorte muda radicalmente no momento da morte. O rico é enterrado, certamente com toda solenidade, mas é levado ao Hades ou "reino dos mortos". Também Lázaro morre. Nada se diz de rito funerário algum, mas "os anjos o levam para o seio de Abraão". Com imagens populares de seu tempo, Jesus lembra que Deus tem a última palavra sobre ricos e pobres.

O rico não é julgado como explorador. Não se diz que ele é um ímpio afastado da Aliança. Simplesmente desfrutou sua riqueza ignorando o pobre. O pobre estava ali tão perto, mas ele não o viu. Estava junto ao portal de sua mansão, mas o rico não se aproximou dele. Excluiu-o de sua vida. O pecado do rico é a indiferença.

De acordo com os observadores, está crescendo em nossa sociedade a apatia ou falta de sensibilidade diante do sofrimento alheio. Evitamos de mil maneiras o contato direto com os que sofrem. Pouco a pouco nos vamos tornando cada vez mais incapazes de perceber sua aflição.

A presença de uma criança mendiga em nosso caminho nos molesta. O encontro com um doente terminal nos perturba. Não sabemos o que fazer nem o que dizer. É melhor manter distância. Voltar o quanto antes às nossas ocupações. Não deixar-nos afetar.

Se o sofrimento acontece longe é mais fácil. Aprendemos a reduzir a fome, a miséria ou a doença a dados, números e estatísticas que nos informam da realidade quase sem tocar nosso coração. Também sabemos contemplar tragédias horríveis na televisão, mas o sofrimento sempre é mais irreal e menos terrível através da tela.

Quem segue Jesus vai se tornando mais sensível ao sofrimento daqueles que Ele encontra em seu caminho. Aproxima-se do necessitado e, se estiver em seu poder, procura aliviar sua situação.

## NOVO CLASSISMO

Conhecemos a parábola. Um rico despreocupado que "dá banquetes esplêndidos", alheio ao sofrimento dos outros, e um pobre mendigo a quem "ninguém dá nada". Dois homens afastados por um abismo de egoísmo e insolidariedade que, de acordo com Jesus, pode tornar-se definitivo, por toda a eternidade.

Penetremos um pouco no pensamento de Jesus. O rico da parábola não é descrito como um explorador que oprime sem escrúpulos seus servos. Não é esse seu pecado. O rico é condenado simplesmente porque desfruta despreocupadamente sua riqueza, sem aproximar-se do pobre Lázaro.

É esta a convicção profunda de Jesus. Quando a riqueza consiste em "desfrutar a abundância de maneira excludente", ela não faz crescer a pessoa, mas a desumaniza, porque a vai tornando indiferente e insolidária diante da desgraça alheia.

O desemprego está fazendo surgir um novo classismo entre nós. A classe dos que temos trabalho e a dos que não o têm. Nós, que podemos continuar aumentando nosso bem-estar, e os que estão empobrecendo. Nós, que exigimos uma retribuição cada vez maior e acordos cada vez mais vantajosos, e os que já não podem "exigir" nada.

A parábola é um desafio à nossa vida satisfeita. Podemos continuar organizando nossos "jantares de fim de semana" e continuar desfrutando satisfatoriamente nosso bem-estar, quando o fantasma da pobreza já está ameaçando muitos lares?

Nosso grande pecado é a indiferença. O desemprego transformou-se em algo tão "normal e cotidiano" que já não nos escandaliza nem nos fere tanto. Fechamo-nos cada qual em "nossa vida" e permanecemos cegos e insensíveis diante da frustração, da crise familiar, da insegurança e do desespero destes homens e mulheres.

O desemprego não é só um fenômeno que reflete o fracasso de um sistema socioeconômico radicalmente injusto. O desemprego são pessoas concretas que agora mesmo precisam da ajuda de nós que desfrutamos a segurança de um trabalho. Daremos passos concretos de solidariedade se nos atrevermos a responder a estas perguntas: Precisamos realmente de tudo aquilo que compramos? Quando termina nossa necessidade e quando começam nossos caprichos? Como podemos ajudar os desempregados?

## APROXIMAR-NOS

O pobre Lázaro está ali, morrendo de fome "junto à sua porta", mas o rico evita todo contato e continua vivendo "esplendidamente", alheio a seu sofrimento. Não atravessa essa "porta" que o aproximaria do mendigo. No final descobre, horrorizado, que se abriu entre eles um "imenso abismo". Esta parábola é a crítica mais implacável de Jesus à indiferença diante do sofrimento do irmão.

Perto de nós há cada vez mais imigrantes. Não são "personagens" de uma parábola. São homens e mulheres de carne e osso. Estão aqui com suas angústias, necessidades e esperanças. Servem em nossas casas, andam por nossas ruas. Estamos aprendendo a acolhê-los ou continuamos vivendo nosso pequeno bem-estar, indiferentes ao sofrimento dos que nos são estranhos? Esta indiferença só se dissolve dando passos que nos aproximem deles.

Podemos começar aproveitando qualquer ocasião para relacionar-nos com algum deles de maneira amistosa e descontraída, e conhecer de perto seu mundo de problemas e aspirações. Como é fácil descobrir que somos todos filhos e filhas da mesma Terra e do mesmo Deus.

É elementar não rir de seus costumes nem caçoar de suas crenças. São coisas que pertencem ao mais profundo de seu ser. Muitos deles têm um sentido da vida, da solidariedade, da festa ou da acolhida que nos surpreenderia.

Precisamos evitar toda linguagem discriminatória para não desprezar nenhuma cor, raça, crença ou cultura. Torna-nos mais humanos experimentar vitalmente a riqueza da diversidade. Chegou o momento de aprender a viver no mundo como a "aldeia global" ou a "casa comum" de todos.

Eles têm defeitos, pois são como nós. Precisamos exigir que respeitem nossa cultura, mas devemos reconhecer seus direitos à legalidade, ao trabalho, à moradia ou ao reagrupamento familiar. E, antes ainda, lutar por eliminar esse "abismo" que separa hoje os povos ricos dos pobres. Um número cada vez maior de estrangeiros irá viver conosco. É uma ocasião para aprender a ser mais tolerantes, mas justos e, definitivamente, mais humanos.

## NÃO INTERESSAM

Eles não interessam a quase ninguém. Não entram na lista de reivindicações de nenhum grupo político ou associação social importante. São os últimos de nossa sociedade, os mais rejeitados e marginalizados.

Muitos deles trazem uma história dilacerada. Não conheceram o calor de um lar nem a segurança de um trabalho. Submersos muito cedo no mundo da droga ou da delinquência, encontram-se hoje prisioneiros de um processo de autodestruição que parece não ter saída.

É difícil esquecer seus rostos deteriorados pela doença e pelo isolamento. Cerca de 70% são toxicômanos. Uns 40% estão infectados pelo HIV. Em muitos casos ninguém os espera à saída. Não poucos vivem atormentados por um sentimento de culpabilidade e autodesprezo.

O desarraigamento de suas famílias, o medo de ficar sem o afeto de ninguém, a privação da liberdade, a dureza das relações humanas dentro da prisão e a falta de futuro vão minando pouco a pouco inclusive os mais fortes, afundando não poucos na depressão e no desespero.

Por que tem que ser assim? É isto a única coisa que uma "sociedade progressista" sabe oferecer a estes homens e mulheres que não tiveram, muitos deles, nem capacidade nem oportunidades para seguir uma vida normal numa sociedade competitiva e exigente?

A Lei Geral Penitenciária espanhola estabelece que o objetivo das prisões é "a reeducação e a reinserção social dos condenados" (art. 25.2), mas todo mundo sabe que a prisão atual, salvo raras exceções, longe de reabilitar os presos, os deteriora ainda mais, e frequentemente os afunda para sempre no mundo da delinquência.

E se isto é assim desde sempre, por que não se abre na sociedade um debate de fundo sobre a função da prisão? Por que os partidos políticos não trabalham por uma reforma penitenciária que humanize a vida dos presos e crie instrumentos de caráter mais terapêutico e reabilitador? Por que não se protesta diante da escassez dos recursos que, ano após ano, são destinados nos orçamentos gerais para a melhoria das prisões?

Não nos preocupamos com o sofrimento e a destruição dos encarcerados. Mais ainda, podemos cair na fácil tentação de pensar que eles são "os maus" que põem em perigo a sociedade, em contraposição a "os bons", os cidadãos exemplares que somos nós.

O traço mais desumano do rico descrito por Jesus numa parábola inesquecível é sua absoluta indiferença diante do sofrimento do miserável Lázaro. Não retrata esta parábola a pouca humanidade desta nossa sociedade, que pretende progredir e alcançar maior bem-estar esquecendo o sofrimento dos mais fracos e desafortunados?

# 34

## AUMENTA-NOS A FÉ

*Naquele tempo os apóstolos disseram ao Senhor:*
*– Aumenta-nos a fé.*
*O Senhor respondeu:*
*– Se tivésseis fé como um grãozinho de mostarda, diríeis a esta amoreira:*
*"Arranca-te pela raiz e planta-te no mar", e ela vos obedeceria. Suponhamos*
*que um criado vosso trabalha como lavrador ou como pastor. Quando volta*
*do campo, quem de vós lhe diz: "Vem logo e põe-te à mesa"? Não lhe direis:*
*"Prepara-me o jantar, cinge-te e serve-me enquanto como e bebo; e depois*
*comerás e beberás tu"? Tendes que agradecer ao criado por ter feito o que*
*lhe foi mandado? Assim também vós: quando tiverdes feito tudo que vos foi*
*mandado, dizei: "Somos uns pobres servos; fizemos apenas o que tínhamos*
*que fazer" (Lc 17,5-10).*

### FÉ MAIS VIVA EM JESUS

"Aumenta-nos a fé". Assim pedem os apóstolos a Jesus: 'Acrescenta mais fé à fé que já temos". Eles sentem que a fé que vivem desde a infância em Israel é insuficiente. A essa fé tradicional precisam acrescentar "algo mais" para seguir Jesus. E quem melhor do que Ele para dar-lhes o que falta à sua fé?

Jesus lhes responde com um dito um tanto enigmático: "Se tivésseis fé como um grãozinho de mostarda, diríeis a esta amoreira: 'Arranca-te pela raiz e planta-te no mar', e ela vos obedeceria". Os discípulos estão pedindo a Jesus uma nova dose de fé, mas o que precisam não é isso. Seu problema consiste em que a fé autêntica que há em seu coração não chega nem a um "grãozinho de mostarda".

O que Jesus lhes diz vem a ser o seguinte: o importante não é a quantidade de fé, mas a qualidade. Alimentai dentro de vosso coração uma fé viva, forte e eficaz. Entenda-se: uma fé capaz de "arrancar" árvores como a figueira ou sicômoro, símbolo de solidez e estabilidade, para "plantá-lo" no meio do lago da Galileia (!).

A primeira coisa que nós cristãos precisamos hoje não é "aumentar" nossa fé em toda a doutrina que fomos formulando ao longo dos séculos. O decisivo é reavivar em nós uma fé viva e forte em Jesus. O importante não é crer em coisas, mas crer nele.

Jesus é o que temos de melhor na Igreja, e o que temos de melhor a oferecer e comunicar ao mundo de hoje. Por isso, não há nada mais urgente e decisivo para os cristãos do que colocar Jesus no centro do cristianismo, ou seja, no centro das nossas comunidades e dos nossos corações.

Para isso precisamos conhecê-lo de maneira mais viva e concreta, compreender melhor seu projeto, captar bem sua intenção de fundo, sintonizar com Ele, recuperar o "fogo" que Ele acendeu em seus primeiros seguidores, contagiar-nos com sua paixão por Deus e sua compaixão pelos últimos. Se não for assim, nossa fé continuará menor que "um grãozinho de mostarda". Não "arrancará" árvores nem "plantará" nada de novo.

## AUMENTA-NOS A FÉ

De maneira abrupta, os discípulos fazem a Jesus um pedido vital: "Aumenta-nos a fé". Em outra ocasião lhe haviam pedido: "Ensina-nos a orar". À medida que Jesus lhes revela o projeto de Deus e a tarefa que quer lhes confiar, os discípulos sentem que, para corresponder ao seu chamado, não lhes basta a fé que vivem desde a infância. Precisam de uma fé mais robusta e vigorosa.

Passaram-se mais de vinte séculos. Ao longo da história, os seguidores de Jesus viveram anos de fidelidade ao Evangelho e horas obscuras de esquecimento. Tempos de fé robusta e também de crise e incerteza. Não precisamos pedir novamente ao Senhor que aumente nossa fé?

Senhor, aumenta-nos a fé. Ensina-nos que a fé não é em crer em algo, mas crer em ti, Filho encarnado de Deus, para abrir-nos a teu Espírito, deixar-nos alcançar por tua Palavra, aprender a viver segundo teu estilo de vida e seguir de perto teus passos. Só tu és quem "inicia e consuma nossa fé".

Aumenta-nos a fé. Dá-nos uma fé centrada no essencial, purificada de aderências e acréscimos postiços, que nos afastam do núcleo de teu Evangelho. Ensina-nos a viver nestes tempos uma fé fundada não em apoios externos, mas em tua presença viva em nossos corações e em nossas comunidades crentes.

Aumenta-nos a fé. Faze-nos viver uma relação mais vital contigo, sabendo que tu, nosso Mestre e Senhor, és o que temos de mais importante, mais valioso e mais atraente na Igreja. Dá-nos uma fé contagiosa que nos leve a uma fase nova de cristianismo, mais fiel ao teu Espírito e à tua trajetória.

Aumenta-nos a fé. Faze-nos viver identificados com teu projeto do reino de Deus, colaborando com realismo e convicção para tornar a vida mais humana, como o Pai a quer. Ajuda-nos a viver humildemente nossa fé com paixão por Deus e compaixão para com os que sofrem.

Aumenta-nos a fé. Ensina-nos a viver convertendo-nos a uma vida mais evangélica, sem resignar-nos a um cristianismo rebaixado, no qual o sal vai se tornando insosso e a Igreja vai perdendo estranhamente sua qualidade de fermento. Desperta entre nós a fé das testemunhas e dos profetas.

Aumenta-nos a fé. Não nos deixes cair num cristianismo sem cruz. Ensina-nos a descobrir que a fé não consiste em crer no Deus que nos convém, mas naquele que desperta nossa responsabilidade e desenvolve nossa capacidade de amar. Ensina-nos a seguir-te carregando cada dia nossa cruz.

Aumenta-nos a fé. Que te experimentemos ressuscitado no meio de nós, renovando nossa vida e animando nossas comunidades.

# A AUDÁCIA DE CRER

Há alguns anos, o filósofo e sociólogo de origem belga C. Lévi-Strauss fazia uma declaração que reflete bem a atitude agnóstica de não poucos contemporâneos: "Não me sinto preocupado com o problema de Deus; para mim é absolutamente tolerável viver consciente de que nunca poderei explicar-me a totalidade do universo". Para este tipo de agnósticos, o universo está aí como uma realidade "inexplicável", cuja origem e fundamento resultam insondáveis, mas diante desta realidade só sentem despreocupação e falta de interesse.

Nós crentes nos distinguimos destes agnósticos não porque tentemos dizer "algo" sobre Deus, enquanto eles negam o que nós confessamos. Não está aí o fundo da questão. A pergunta sobre o mistério do universo parece inevitável para todos. A característica própria dos crentes, ao contrário dos agnósticos, é que nós nos atrevemos a abandonar-nos confiantemente a esse Mistério que subjaz à "totalidade do universo".

Como dizia Karl Rahner, este "abandonar-nos" próprio da fé é "a máxima ousadia do homem". Uma partícula ínfima do cosmos se atreve a relacionar-se com a "totalidade incompreensível e fundante do universo" e, além disso, o faz confiando absolutamente em seu poder e em seu amor. Nós cristãos precisamos conscientizar-nos mais da audácia inaudita implicada no ato de atrever-nos a confiar no mistério de Deus.

A mensagem mais nuclear e original de Jesus consistiu precisamente em convidar o ser humano a confiar incondicionalmente no Mistério insondável que está na origem de tudo. É isto que ressoa em seu anúncio: "Não tenhais medo. Confiai em Deus. Chamai-o *Abbá*, Pai querido. Ele cuida de vós. Até os cabelos de vossa cabeça estão contados. Tende fé em Deus".

Esta fé radical em Deus está na base de toda oração. Orar não é uma ocupação a mais entre muitas outras possíveis. É a ação mais séria e fundamental da pessoa, pois na oração nos aceitamos a nós mesmos em nosso mistério mais profundo como criaturas que têm sua origem e fundamento em Deus.

O ser humano está se afastando hoje de Deus não porque esteja convencido de sua não existência, mas porque não se atreve a abandonar-se confiantemente a Ele. O primeiro passo para a fé consistiria, para muitos, em prostrar-se diante do Mistério insondável do universo e atrever-se a dizer com confiança: "Pai". Nestes tempos em que esta confiança parece debilitar-se, nossa oração deveria ser a que os discípulos dirigem a Jesus: "Aumenta-nos a fé".

## ORAR A PARTIR DA DÚVIDA

No crente podem surgir dúvidas sobre um ponto ou outro da mensagem cristã. A pessoa se pergunta como deverá entender determinada afirmação bíblica ou um aspecto concreto do dogma cristão. São questões que estão pedindo um maior esclarecimento.

Mas há pessoas que experimentam uma dúvida mais radical, que afeta a totalidade. Por um lado sentem que não podem ou não devem abandonar sua religião, mas por outro não são capazes de pronunciar com sinceridade esse "sim" total que a fé supõe.

Aquele que se encontra nesta situação costuma experimentar, em geral, um mal-estar interior que o impede de abordar com paz e serenidade sua situação. Pode também sentir-se culpado. O que pode ter-me acontecido para chegar a isto? O que posso fazer nestes momentos? Talvez a primeira coisa seja abordar positivamente esta situação diante de Deus.

A dúvida nos faz experimentar que nós não somos capazes de "possuir" a verdade. Nenhum ser humano "possui" a verdade última de Deus. Aqui não servem as certezas que manejamos em outros âmbitos da vida. Diante do mistério último da existência precisamos andar com humildade e sinceridade.

A dúvida, por outro lado, põe à prova minha liberdade. Ninguém pode responder em meu lugar. Sou eu que me encontro confrontado com minha própria liberdade e que tenho que pronunciar um "sim" ou um "não".

Por isso, a dúvida pode ser o melhor remédio para despertar de uma fé infantil e superar um cristianismo convencional. A primeira coisa não é encontrar respostas às minhas interrogações concretas, mas perguntar-me que orientação quero dar à minha vida. Desejo realmente encontrar a verdade? Estou disposto a deixar-me interpelar pela verdade do Evangelho? Prefiro viver sem buscar verdade alguma?

A fé brota do coração sincero que se detém para escutar a Deus. Como diz o teólogo catalão E. Vilanova, "a fé não está em nossas afirmações ou em nossas dúvidas. Está além: no coração... que ninguém, exceto Deus, conhece".

O importante é ver se nosso coração busca a Deus ou, ao contrário, o evita. Apesar de todo tipo de interrogações e incertezas, se buscamos deveras a Deus, sempre podemos dizer do fundo de nosso coração essa oração dos discípulos: "Senhor, aumenta-nos a fé". Aquele que ora assim já é crente.

## RECONSTRUIR A EXPERIÊNCIA RELIGIOSA

A palavra "Deus", que em outras épocas podia ser clara e esclarecedora, hoje não o é para muitas pessoas. Só um exemplo: as frases onde aparece o termo "Deus" quase não encontram eco em seu coração. Torna-se difícil para elas captar o que significa realmente "Deus ama", "Deus perdoa", "Deus ouve".

Às vezes costuma-se pensar que esta dificuldade se deve a um "pecado especial" do ser humano de hoje, que, dominado por seu orgulho, está rejeitando a Deus. Não é verdade. Os homens e mulheres de hoje são parecidos com os de todos os tempos. O que acontece é que as mudanças culturais enfraqueceram as experiências das quais se alimentava aquela forma de crer.

Hoje não se pode crer em Deus como há alguns anos. Cabe a nós a apaixonante tarefa de aprender caminhos novos para abrir-nos ao mistério de Deus, seguindo de perto esse Jesus que sabia "ensinar o caminho de Deus conforme a verdade". Como reconstruir hoje a experiência religiosa?

A primeira coisa, hoje como sempre, é reconhecer e aceitar a própria finitude. Não é tão difícil chegar a esta experiência: "Eu não posso dar-me a mim mesmo o que estou buscando". No fundo, a vida vai me dizendo de mil formas que eu não sou tudo, não posso tudo, não sou a fonte de meu ser nem seu dono.

O segundo passo é aceitar ser a partir dessa realidade que chamamos "Deus". Aceitar com confiança esse Mistério que fundamenta nosso ser. Nesta confiança radical consiste propriamente a fé, muito antes de o indivíduo integrar-se numa religião ou numa Igreja determinada. A pessoa perde a fé quando se desliga dessa Realidade suprema que fundamenta o seu ser.

Estes passos não são dados com segurança absoluta. Há uma certeza de fundo, mas acompanhada de obscuridade. A pessoa percebe que é bom confiar em Deus, mas sua confiança não é o resultado de um raciocínio nem a convicção provocada por outros a partir de fora. A fé "acontece" em nosso interior como graça e dom do próprio Deus. A pessoa "sabe" que não está só e aceita viver dessa presença obscura, mas inconfundível, de Deus.

A confiança nesse Mistério que chamamos "Deus" muda tudo. Há muitas coisas que continuamos sem entender, mas "sabemos" que a palavra "Deus" encerra um mistério no qual está o que deveras o coração humano deseja. O importante então é "deixar-se amar". Já santo Inácio de Loyola dizia que, em tudo isso, o decisivo não é "o muito saber", mas "o saborear e sentir as coisas internamente". Quanto bem faz aos que vivem em plena crise religiosa repetir a oração dos apóstolos: "Aumenta-nos a fé".

# 35

## DAR GRAÇAS

*Indo Jesus a caminho de Jerusalém, atravessava a Samaria e a Galileia. Quando ia entrar num povoado, vieram ao seu encontro dez leprosos, que pararam ao longe e aos gritos lhe diziam:*
*– Jesus, Mestre, tem compaixão de nós.*
*Ao vê-los, Ele lhes disse:*
*– Ide apresentar-vos aos sacerdotes.*
*E aconteceu que, enquanto iam, ficaram limpos. Um deles, vendo que estava curado, voltou louvando a Deus em alta voz e lançou-se por terra aos pés de Jesus, dando-lhe graças. Este era um samaritano. Jesus tomou a palavra e disse:*
*– Não ficaram limpos os dez? Onde estão os outros nove? Não houve quem voltasse para dar glória a Deus a não ser este estrangeiro?*
*E disse-lhe:*
*– Levanta-te e vai! Tua fé te salvou (Lc 17,11-19).*

### VOLTAR A JESUS DANDO GRAÇAS

Dez leprosos vêm ao encontro de Jesus. A Lei os proíbe de entrar em contato com Ele. Por isso "param ao longe" e daí lhe pedem a compaixão que não encontram naquela sociedade que os exclui: "Tem compaixão de nós".

"Ao vê-los" ali, sós e marginalizados, pedindo um gesto de compaixão, Jesus não espera nem um pouco. Deus quer vê-los convivendo com todos: "Ide apresentar-vos aos sacerdotes". Que os representantes de Deus vos deem autorização para voltar aos vossos lares. Enquanto iam pelo caminho, ficaram limpos.

O relato podia ter terminado aqui. Mas interessa ao evangelista destacar a reação de um deles. Este homem "vê que está curado": compreende que acaba de receber algo muito grande; sua vida mudou. Então, em vez de apresentar-se aos sacerdotes, "volta" para Jesus. Ali está seu Salvador.

Já não anda como um leproso, afastando-se das pessoas. Volta exultante. De acordo com Lucas, faz duas coisas. Em primeiro lugar, "louva a Deus em alta voz": Deus está na origem de sua salvação. Depois, prostra-se diante de Jesus e "lhe dá graças": é este o Profeta bendito pelo qual chegou a compaixão de Deus.

Explica-se a estranheza de Jesus: "Onde estão os outros nove?" Continuam entretidos com os sacerdotes, cumprindo os ritos prescritos? Não descobriram de onde a salvação chega à sua vida? Depois diz ao samaritano: "Tua fé te salvou".

Todos os leprosos foram curados fisicamente, mas só aquele que voltou a Jesus dando graças ficou "salvo" pela raiz. O que é uma religião vivida sem agradecimento? O que é um cristianismo vivido a partir de uma atitude triste e negativa, incapaz de experimentar e agradecer a luz, a força, o perdão e a esperança que recebemos de Jesus?

Não precisamos reavivar na Igreja o agradecimento e o louvor a Deus? Não precisamos voltar a Jesus dando graças? Não é isto que pode desencadear nos crentes uma alegria hoje desconhecida por muitos?

## RECUPERAR A GRATIDÃO

Houve quem dissesse que a gratidão está desaparecendo da "paisagem afetiva" da vida moderna. O conhecido ensaísta José Antonio Marina recordava recentemente que a passagem de Nietzsche, Freud e Marx nos deixou submersos numa "cultura da suspeita" que torna difícil o agradecimento.

Desconfia-se do gesto realizado por pura generosidade. De acordo com o professor, "tornou-se dogma de fé que ninguém dá nada de graça e que toda intenção aparentemente boa oculta uma impostura". É fácil então considerar a gratidão como "um sentimento de bobos, de equivocados ou de escravos". Não sei se esta atitude está tão generalizada. Mas é certo que, em nossa "civilização mercantilista", há cada vez menos lugar para o gratuito. Tudo se troca, se empresta, se deve ou se exige. Neste clima social a gratidão desaparece. Cada um tem o que merece, o que ganhou com seu próprio esforço. A ninguém se dá nada de presente.

Algo semelhante pode acontecer na relação com Deus se a religião se transforma numa espécie de contrato com ele: "Eu te ofereço orações e sacrifícios e tu me asseguras tua proteção. Eu cumpro o que está estipulado e tu me recompensas". Desaparecem assim da experiência religiosa o louvor e a ação de graças a Deus, fonte e origem de todo bem.

Para muitos crentes, recuperar a gratidão pode ser o primeiro passo para sanar sua relação com Deus. Este louvor agradecido não consiste primariamente em tributar-lhe elogios nem em enumerar os dons recebidos. A primeira coisa é captar a grandeza de Deus e sua bondade insondável. Intuir que só se pode viver diante dele dando graças. Esta gratidão radical a Deus produz na pessoa uma forma nova de olhar para si mesma, de relacionar-se com as coisas e de conviver com os outros.

O crente agradecido sabe que sua existência inteira é dom de Deus. As coisas que o rodeiam adquirem uma profundidade antes ignorada: não estão aí apenas como objetos que servem para satisfazer necessidades, mas são sinais da graça e da bondade do Criador. As pessoas que ele encontra em seu caminho são também dom e graça: através delas se oferece ao crente a presença invisível de Deus.

Dos dez leprosos curados por Jesus, só um volta "glorificando a Deus" e só ele ouve as palavras de Jesus: "Tua fé te salvou". O reconhecimento prazeroso e o louvor a Deus sempre são fonte de salvação.

## AGRADECER

A gratidão é um sentimento profundamente arraigado no ser humano. Desde pequenos nos ensinam a agradecer, porque o agradecimento é a atitude mais nobre diante do que vamos recebendo na vida. Há poucas coisas mais humilhantes do que dizer a alguém: "És um mal-agradecido".

No entanto, são muitos os crentes que não sabem viver de maneira agradecida. Lembram-se de Deus para expressar-lhe suas queixas ou pedir seu auxílio em momentos de necessidade. Nunca nasce neles o agradecimento ou o louvor pelo que há de bom em sua vida.

Para agradecer, a primeira coisa é perceber o que há de positivo na vida. Não deixar de maravilhar-nos diante de tanto bem: o sol de cada manhã, o mistério de nosso corpo, o despertar de cada dia, a amizade das pessoas, a alegria do encontro, o prazer, o descanso reparador, a música, o esporte, a natureza, a fé, o lar. Não se trata exatamente de viver com espírito observador, mas de estar atentos para acolher o lado bom, belo, positivo da vida, em nós e nos outros.

É necessário depois perceber tudo isso como dom que provém de Deus, fonte e origem última de todo bem. A vida se transforma então quase espontaneamente em louvor. Apesar dos dissabores, fracassos e pecados, a existência é dom que devemos acolher cada dia em atitude de louvor.

O agradecimento pede, além disso, que se reaja com prazer e se expresse a alegria de viver recebendo tudo de Deus. A alegria está hoje bastante desacreditada. Muitos a veem como a virtude ingênua de quem ainda não foi castigado pela dureza da vida. E, no entanto, pode ser a reação de quem vive a partir da raiz da existência. Recordemos as palavras do pensador dinamarquês Sören Kierkegaard: "Todo aquele que quer realmente estabelecer relação com Deus e frequentá-lo não tem mais que uma única tarefa: a de estar sempre alegre".

O louvor a Deus é manifestação de vida sadia e acertada. Quem não é capaz de louvar tem ainda algo de enfermo em seu interior. Os dez leprosos ficam curados da terrível doença, mas só um volta "glorificando a Deus" e só ele ouve as palavras de Jesus: "Tua fé te salvou". Todos foram curados fisicamente, mas só ele fica curado pela raiz.

Um dos maiores pecados dos cristãos é a falta de louvor e de ação de graças. O célebre moralista Bernhard Häring diz o seguinte: "A Igreja será cada vez mais uma Igreja curadora quando for uma Igreja mais glorificadora e eucarística. É o caminho da salvação: sempre e em toda ocasião é digno e justo dar graças a Deus e louvá-lo".

## VIDA AGRADECIDA

Há os que caminham pela vida com ar triste e amargurado. Seu olhar se fixa sempre no que há de desalentador. Não têm olhos para ver que, apesar de tudo, o bem é mais abundante que o mal. Não sabem apreciar tantos gestos nobres, belos e admiráveis que acontecem todos os dias em qualquer parte do mundo. Talvez vejam tudo escuro porque projetam sobre as coisas sua própria escuridão.

Outros vivem sempre em atitude crítica. Passam a vida observando o que há de negativo ao seu redor. Nada escapa a seu juízo. Consideram-se pessoas lúcidas, perspicazes e objetivas. No entanto, nunca louvam, admiram ou agradecem. Sua característica é destacar o mal e condenar.

Outros passam pela vida indiferentes a tudo. Só têm olhos para o que serve a seus próprios interesses. Não se deixam surpreender por nada gratuito, não se deixam amar nem abençoar por ninguém. Fechados em seu mundo, têm bastante trabalho em defender seu pequeno bem-estar cada vez mais triste e egoísta. De seu coração nunca brota o agradecimento.

Muitos vivem de maneira monótona e entediada. Sua vida é pura repetição: o mesmo horário, o mesmo trabalho, as mesmas pessoas, a mesma conversa. Nunca descobrem uma paisagem nova em sua vida. Nunca começam um dia novo. Nunca lhes acontece algo diferente que renove seu espírito. Não sabem amar de maneira nova as pessoas. Seu coração não conhece o louvor.

Para viver de maneira agradecida é necessário reconhecer a vida como boa; olhar o mundo com amor e simpatia; purificar o olhar carregado de negativismo, pessimismo ou indiferença para apreciar o que há de bom, belo e admirável nas pessoas e nas coisas. Quando são Paulo diz que "fomos criados para louvar a glória de Deus", está dizendo qual é o sentido e a razão mais profunda de nossa existência. No episódio narrado por Lucas, Jesus estranha que só um dos leprosos volte "dando graças" e "louvando a Deus". É o único que soube surpreender-se pela cura e reconhecer-se agraciado.

# 36
## NÃO DESANIMAR

*Naquele tempo, para explicar aos discípulos como deviam orar sempre, sem nunca desanimar, Jesus lhes propôs esta parábola:*

*– Numa cidade havia um juiz que não temia a Deus nem se importava com os homens. Na cidade havia uma viúva que costumava procurá-lo dizendo: "Faze-me justiça contra meu adversário". Por algum tempo ele se negou, mas depois disse consigo mesmo: "Embora eu não tema a Deus nem me importe com os homens, como essa viúva está me aborrecendo, far-lhe-ei justiça, para que não acabe dando-me um tapa na cara".*

*E o Senhor prosseguiu:*

*– Prestai atenção no que diz este juiz injusto. E Deus não fará justiça a seus eleitos que lhe suplicam dia e noite? Ou os fará esperar? Digo-vos que lhes fará justiça sem tardar. Mas, quando vier o Filho do homem, será que encontrará fé nesta terra? (Lc 18,1-8).*

### ATÉ QUANDO DURARÁ ISTO?

A parábola é breve e fácil de entender. Ocupam a cena dois personagens que vivem na mesma cidade. Um "juiz" ao qual faltam duas atitudes consideradas básicas em Israel para ser humano. "Não teme a Deus" e "não se importa com as pessoas". É um homem surdo à voz de Deus e indiferente ao sofrimento dos oprimidos.

A "viúva" é uma mulher sozinha, privada de um esposo que a proteja e sem apoio social algum. Na tradição bíblica, estas "viúvas" são, junto com os órfãos e os estrangeiros, o símbolo das pessoas mais indefesas. Os mais pobres dos pobres.

A mulher não pode fazer outra coisa senão pressionar, mover-se continuamente para reivindicar seus direitos, sem resignar-se aos abusos de seu "adversário". Toda sua vida se transforma num grito: "Faze-me justiça".

Durante algum tempo o juiz não reage. Não se deixa comover, não quer atender aquele brado incessante. Depois reflete e decide agir. Não por compaixão nem por justiça. Simplesmente para evitar incômodos e para que as coisas não piorem.

Se um juiz tão mesquinho e egoísta acaba fazendo justiça a esta viúva, será que Deus, Pai compassivo, atento aos mais indefesos, "não fará justiça a seus eleitos que lhe suplicam dia e noite?"

Antes de mais nada, a parábola contém uma mensagem de confiança. Os pobres não estão abandonados à própria sorte. Deus não é surdo aos seus clamores. Eles podem ter esperança. Sua intervenção final é certa. Mas, não tarda demais?

Daí a pergunta inquietante do evangelho. Precisamos confiar, precisamos invocar a Deus de maneira incessante e sem desanimar, precisamos "suplicar-lhe" que faça justiça àqueles que ninguém defende. Mas, "quando vier o Filho do homem, será que encontrará fé nesta terra?"

É nossa oração um grito a Deus, pedindo justiça para os pobres do mundo, ou será que a substituímos por outra, cheia de nosso próprio eu? Ressoa em nossa liturgia o clamor dos que sofrem ou nosso desejo de um bem-estar sempre melhor e mais seguro?

## O CLAMOR DOS QUE SOFREM

A parábola da viúva e o juiz sem escrúpulos é, como tantas outras, um relato aberto que pode suscitar nos ouvintes diferentes ressonâncias. De acordo com Lucas, é um chamado a orar sem desanimar, mas é também um convite a confiar que Deus fará justiça a quem lhe suplica dia e noite. Que eco pode encontrar hoje em nós este relato dramático que nos lembra tantas vítimas abandonadas injustamente à própria sorte?

Na tradição bíblica, a viúva é símbolo por excelência da pessoa que vive só e desamparada. Esta mulher não tem marido nem filhos que a defendam. Não conta com apoios nem recomendações. Só tem adversários que abusam dela e um juiz sem religião nem consciência a quem não importa o sofrimento de ninguém.

O que a mulher pede não é um capricho. Só reclama justiça. É este seu protesto, repetido com firmeza diante do juiz: "Faze-me justiça". Seu pedido é o de todos os oprimidos injustamente. Um grito que está na linha daquilo que Jesus dizia aos seus: "Buscai o reino de Deus e sua justiça".

É certo que Deus tem a última palavra e fará justiça aos que clamam a ele dia e noite. É esta a esperança acesa em nós por Cristo, ressuscitado pelo Pai de uma morte injusta. Mas, enquanto não chega esta hora, o clamor dos que vivem gritando sem que ninguém escute seu grito não cessa.

Para uma grande maioria da humanidade, a vida é uma interminável noite de espera. As religiões pregam salvação. O cristianismo proclama a vitória do amor de Deus encarnado em Jesus crucificado. Enquanto isso, milhões de seres humanos só experimentam os abusos de seus irmãos e o silêncio de Deus. E muitas vezes somos nós mesmos, os crentes, que ocultamos seu rosto de Pai, cobrindo-o com nosso egoísmo religioso.

Por que nossa comunicação com Deus não nos faz ouvir de uma vez o clamor dos que sofrem injustamente e clamam a nós de mil formas: "Fazei-nos justiça"? Se, ao rezar, nos encontramos verdadeiramente com Deus, como não somos capazes de ouvir com mais força as exigências de justiça que chegam até seu coração de Pai?

A parábola nos interpela a todos nós crentes. Continuaremos alimentando nossas devoções privadas, esquecendo os que vivem sofrendo? Continuaremos orando a Deus para pô-lo ao serviço de nossos interesses, sem nos importarmos muito com as injustiças que há no mundo? E se orar fosse precisamente esquecer-nos de nós e buscar com Deus um mundo mais justo para todos?

## DEUS NÃO É IMPARCIAL

A parábola de Jesus reflete uma situação bastante habitual na Galileia de seu tempo. Um juiz corrupto despreza, com arrogância, uma pobre viúva que pede justiça. O caso da mulher parece desesperado, pois ela não tem nenhum varão que a defenda. Ela, no entanto, longe de resignar-se, continua clamando por seus direitos. Só no final, incomodado por tanta insistência, o juiz acaba por escutá-la.

Lucas apresenta o relato como uma exortação a orar sem "desanimar", mas a parábola encerra uma mensagem anterior, muito cara a Jesus. Este juiz é a "antimetáfora" de Deus, cuja justiça consiste precisamente em escutar os pobres mais vulneráveis.

O símbolo da justiça no mundo greco-romano era uma mulher que, com os olhos vendados, pronuncia um veredicto supostamente "imparcial". De acordo com Jesus, Deus não é este tipo de juiz imparcial. Ele não tem os olhos vendados. Conhece muito bem as injustiças que são cometidas contra os fracos e sua misericórdia o leva a inclinar-se a favor deles.

Esta "parcialidade" da justiça de Deus a favor dos fracos é um escândalo para nossos ouvidos burgueses, mas convém recordá-la, porque na sociedade moderna funciona outra "parcialidade" de sinal contrário: a justiça favorece mais o poderoso do que o fraco. Como Deus não iria estar do lado dos que não podem defender-se?

Acreditamo-nos progressistas defendendo teoricamente que "todos os seres humanos nascem livres e iguais em dignidade e direitos", mas todos nós sabemos que isso é falso. Para desfrutar direitos reais e efetivos é mais importante nascer num país poderoso e rico do que ser pessoa num país pobre.

As democracias modernas preocupam-se com os pobres, mas o centro de sua atenção não é o indefeso, e sim o cidadão em geral. Na Igreja fazem-se esforços para aliviar a sorte dos indigentes, mas o centro de nossas preocupações não é o sofrimento dos últimos, e sim a vida moral e religiosa dos cristãos. É bom que Jesus nos lembre que quem ocupa o coração de Deus são os seres mais desvalidos.

## PARA QUE SERVE REZAR?

São muitos, sem dúvida, os fatores que provocaram a desvalorização da oração em nossa sociedade. Não é algo casual que fomos perdendo a capacidade de invocar a Deus e de dialogar sinceramente com quem é a fonte de nosso ser.

Numa sociedade na qual se aceita como critério quase único de avaliação a eficácia, a renda e a produção, não é de estranhar que surja a pergunta pela utilidade e pela eficácia da oração. Para que serve rezar? É esta quase nossa única pergunta.

Dir-se-ia que entendemos a oração como um meio a mais, um instrumento a mais para conseguir alguns objetivos determinados. O importante para nós é a ação, o esforço, o trabalho, a eficácia, os resultados. E naturalmente, quando temos tanta coisa para fazer, rezar nos parece uma "perda de tempo". A oração pertence ao mundo do "inútil".

Esta sensação pode nos ajudar a descobrir o verdadeiro sentido da oração cristã. De alguma maneira é certo que a oração é "algo inútil" e não serve para conseguir tantas coisas pelas quais nos esforçamos dia após dia.

Como é "inútil" o prazer da amizade, a ternura dos esposos, a paixão dos jovens, o sorriso dos filhos, o desabafo com a pessoa de confiança, o descanso na intimidade do lar, o desfrute de uma festa, a paz do entardecer... Como medir a "eficácia" de tudo isto que, no entanto, constitui o alento que sustenta nosso viver?

Seria um equívoco pensar que nossa oração só é eficaz quando conseguimos o que pedimos a Deus. A oração cristã é "eficaz" porque nos faz viver com fé e confiança no Pai e em atitude solidária com os irmãos.

297

A oração é "eficaz" porque nos torna mais crentes e mais humanos. Abre os ouvidos do nosso coração para escutar com mais sinceridade a Deus. Vai purificando nossos critérios e nossa conduta daquilo que nos impede de ser humanos. Alenta nosso viver diário, reanima nossa esperança, fortalece nossa fraqueza, alivia nosso cansaço.

Aquele que aprende a dialogar com Deus e a invocá-lo "sem desanimar", como nos diz Jesus, vai descobrindo onde está a verdadeira eficácia da oração e para que serve rezar. Serve simplesmente para viver.

## NÃO DESANIMAR

Uma das experiências mais desalentadoras para o crente é comprovar, sempre de novo, que Deus não ouve nossas súplicas. Deus não parece comover-se com nosso sofrimento. Não é de estranhar que esta sensação de indiferença e abandono por parte de Deus leve mais de um ao desengano, à irritação ou à incredulidade.

Oramos a Deus e Ele não nos respondeu. Clamamos a Ele e Ele permaneceu mudo. Rezamos e não nos serviu para nada. Ninguém veio secar nossas lágrimas e aliviar nossa dor. Como iremos crer que Ele é o Deus da justiça e o Pai das misericórdias? Como iremos crer que Ele existe e cuida de nós?

Desde o começo do mundo há sofrimentos que aguardam uma resposta. Por que morrem milhões de crianças sem conhecer a alegria? Por que ficam desatendidos os gritos dos inocentes mortos injustamente? Por que não acorre ninguém em defesa de tantas mulheres humilhadas? Por que há no mundo tanta estupidez, brutalidade e indignidade?

Naturalmente é Deus o acusado. E Deus cala. Cala por séculos e milênios. Podem continuar as acusações e os protestos. Deus não abandona seu silêncio. Dele só nos chegam as palavras de Jesus: "Não temas. Apenas tem fé". Estas palavras são muitas vezes o único apoio do crente e podem produzir nele uma confiança última em Deus, embora quase não vejamos vestígios de sua sabedoria, de sua justiça ou de sua bondade no mundo.

Já entendi alguma vez quem é Deus e quem somos nós? Como pretendo julgar a Deus, se não posso abarcá-lo nem compreendê-lo? Como quero ter a última palavra, se não sei onde termina a vida nem conheço a salvação última de Deus? O que significam, definitivamente, estes sofrimentos dos quais peço a Deus que me livre? Onde está o verdadeiro mal e onde a verdadeira vida?

Jesus morreu experimentando o abandono de Deus, mas confiando sua vida ao Pai. Nunca devemos esquecer seus dois gritos: "Meu Deus, por que me abandonaste?" e "Pai, em tuas mãos entrego meu espírito". Nesta atitude de Jesus está recolhido o núcleo da súplica cristã: a angústia de quem busca proteção e a fé indestrutível de quem confia na salvação última de Deus. A partir desta mesma atitude ora o seguidor de Jesus: "sem desanimar".

# 37

## PARÁBOLA DESCONCERTANTE

*Naquele tempo disse Jesus esta parábola para alguns que, considerando-se justos, se sentiam seguros de si mesmos e desprezavam os outros:*
*– Dois homens subiram ao templo para orar. Um era um fariseu e o outro um publicano. O fariseu, de pé, orava assim em seu interior: "Ó Deus, eu te dou graças porque não sou como os outros: ladrões, injustos, adúlteros; nem como esse publicano. Jejuo duas vezes por semana e pago o dízimo de tudo que tenho". O publicano, por sua vez, ficou atrás e não se atrevia nem sequer a levantar os olhos para o céu; apenas batia no peito dizendo: "Ó Deus, tem compaixão deste pecador". Digo-vos que este desceu justificado para casa e aquele não. Porque todo aquele que se enaltece será humilhado e aquele que se humilha será enaltecido (Lc 18,9-14).*

### DESCONCERTANTE

Esta foi uma das parábolas mais desconcertantes de Jesus. Um piedoso fariseu e um cobrador de impostos sobem ao templo para orar. Como reagirá Deus diante de duas pessoas de vida moral e religiosa tão diferente e oposta?

O fariseu ora de pé, seguro e sem temor algum. Sua consciência não o acusa de nada. Não é hipócrita. O que diz é verdade. Cumpre fielmente a Lei e, inclusive, vai além. Não se atribui a si mesmo mérito algum, mas agradece a Deus: "Ó Deus, eu te dou graças". Se esse homem não é santo, quem o será? Certamente pode contar com a bênção de Deus.

O cobrador de impostos, pelo contrário, retira-se a um canto. Não se sente cômodo naquele lugar santo. Não é seu lugar. Nem sequer se atreve a levantar os olhos do chão. Bate no peito e reconhece seu pecado. Não promete nada. Não pode deixar seu trabalho nem devolver o que roubou. Não pode mudar de vida. Só lhe resta abandonar-se à misericórdia de Deus: "Ó Deus, tem compaixão de mim, porque sou pecador". Ninguém quereria estar em seu lugar. Deus não pode aprovar sua conduta.

De repente, Jesus conclui sua parábola com uma afirmação desconcertante: "Digo-vos que este cobrador de impostos desceu justificado para casa e aquele fariseu não". Os ouvintes sentem romper-se todos os seus esquemas. Como pode Jesus dizer que Deus não reconhece o piedoso e, pelo contrário, concede sua graça ao pecador? Não está Jesus jogando com fogo? Será verdade que, no final, o decisivo não é a vida religiosa de alguém, mas a misericórdia insondável de Deus?

Se é verdade o que Jesus diz, diante de Deus não há segurança para ninguém, por mais santo que ele se julgue. Todos nós precisamos recorrer à sua misericórdia. Quando alguém se sente bem consigo mesmo, apela para sua própria vida e não tem necessidade de outra coisa. Quando alguém se vê acusado por sua consciência e sem capacidade para mudar só sente necessidade de refugiar-se na compaixão de Deus, e unicamente à compaixão.

Há algo fascinante em Jesus. É tão desconcertante sua fé na misericórdia de Deus que não é fácil crer nele. Os que melhor o podem entender são provavelmente os que não têm forças para sair de sua vida imoral.

## Contra a ilusão de inocência

A parábola de Jesus é conhecida. Um fariseu e um cobrador de impostos "sobem ao templo para orar". Os dois começam sua oração com a mesma invocação: "Ó Deus!" No entanto, o conteúdo de sua oração e, sobretudo, sua maneira de viver diante desse Deus são muito diferentes.

Desde o começo, Lucas nos oferece sua chave de leitura. De acordo com ele, Jesus pronunciou esta parábola pensando nos que, convencidos de serem "justos", dão por garantido que sua vida agrada a Deus e passam os dias condenando os outros.

O fariseu ora "de pé". Sente-se seguro diante de Deus. Cumpre tudo o que a lei mosaica pede e até mais. Faz tudo bem. Fala a Deus de seus "jejuns" e do pagamento dos "dízimos", mas não lhe diz nada de suas obras de caridade e de sua compaixão para com os últimos. Basta-lhe sua vida religiosa.

Este homem vive envolto na "ilusão de inocência total": "Eu não sou como os outros". A partir de sua vida "santa", não pode deixar de sentir-se superior aos que não podem apresentar-se diante de Deus com os mesmos méritos.

O cobrador de impostos, por sua vez, entra no templo, mas "fica atrás". Não merece estar naquele lugar sagrado entre pessoas tão religiosas. "Não se atreve a levantar os olhos para o céu", para esse Deus grande e insondável. "Bate no peito", pois sente deveras seu pecado.

Examina sua vida e não encontra nada de grato para oferecer a Deus. Tampouco se atreve a prometer-lhe alguma coisa para o futuro. Sabe que sua vida não mudará muito. A única coisa a que pode se agarrar é a misericórdia de Deus: "Ó Deus, tem compaixão deste pecador".

A conclusão de Jesus é revolucionária. O publicano não pôde apresentar a Deus nenhum mérito, mas fez o mais importante: refugiar-se em sua misericórdia. Volta para casa transformado, abençoado, "justificado" por Deus. O fariseu, pelo contrário, decepcionou a Deus. Sai do templo como entrou: sem conhecer o olhar compassivo de Deus.

Nós cristãos corremos o risco de pensar que "não somos como os outros". A Igreja é santa e o mundo vive em pecado. Continuaremos alimentando nossa ilusão de inocência e a condenação aos outros, esquecendo a compaixão de Deus para com todos os seus filhos e filhas?

## Refugiar-se na compaixão de Deus

De acordo com Lucas, Jesus dirige a parábola do fariseu e o publicano a alguns que se presumem justos diante de Deus e desprezam os outros. Os dois protagonistas que sobem ao templo para orar representam duas atitudes religiosas contrapostas e irreconciliáveis. Mas, qual é a postura acertada diante de Deus? É esta a pergunta de fundo.

O fariseu é um observante escrupuloso da Lei e um praticante fiel de sua religião. Sente-se seguro no templo. Ora de pé e com a cabeça erguida. Sua oração é a mais bela: uma oração de louvor e ação de graças a Deus. Mas não lhe dá graças por sua grandeza, por sua bondade ou misericórdia, e sim pelo que há de bom e grande nele próprio.

Imediatamente, observa-se algo falso nesta oração. Mais que orar, este homem está se contemplando a si mesmo. Conta sua própria história cheia de méritos. Ele precisa sentir-se bem diante de Deus e exibir-se como superior aos outros.

Este homem não sabe o que é orar. Não reconhece a grandeza misteriosa de Deus nem confessa sua própria pequenez. Buscar a Deus para enumerar diante dele nossas boas obras e desprezar os outros é coisa de imbecis. Por trás de sua aparente piedade esconde-se uma atitude "ateia". Este homem não precisa de Deus. Não lhe pede nada. Basta-se a si mesmo.

A oração do publicano é muito diferente. Ele sabe que sua presença no templo é malvista por todos. Seu ofício de cobrador de impostos é odiado e desprezado. Ele não se escusa. Reconhece que é pecador. O bater no peito e as poucas palavras que sussurra dizem tudo: "Ó Deus, tem compaixão deste pecador".

Este homem sabe que não pode vangloriar-se. Não tem nada a oferecer a Deus, mas sim muito a receber dele: seu perdão e sua misericórdia. Em sua oração há autenticidade. Este homem é pecador, mas está no caminho da verdade.

Os dois sobem ao templo para orar, mas cada um traz em seu coração sua imagem de Deus e seu modo de relacionar-se com Ele. O fariseu continua enredado numa religião legalista: para ele o importante é estar em ordem com Deus e ser mais observante do que todos. O cobrador, pelo contrário, abre-se ao Deus do Amor que Jesus prega: aprendeu a viver do perdão, sem vangloriar-se de nada e sem condenar ninguém.

## REAGIR

A sociedade moderna tem tal poder sobre seus membros que acaba submetendo quase todos. Absorve as pessoas mediante ocupações, projetos e expectativas, mas não para elevá-las a uma vida mais nobre e digna. Em geral, o estilo de vida imposto pela sociedade afasta os indivíduos do essencial, impedindo não poucos de chegarem a ser eles mesmos.

O resultado é deplorável. As pessoas vão se tornando cada vez mais indiferentes ao que é "importante" na vida. Quase não interessam as grandes questões da existência. São muitos os que vivem sem certezas nem convicções profundas, carregados de banalidades, interessados por muitas coisas, mas sem "núcleo interior". Facilmente então a fé pode ir se apagando lentamente no coração de não poucos.

Talvez seja este um de nossos grandes erros. Preocupamo-nos com mil coisas e não sabemos cuidar do importante: o amor, a alegria interior, a esperança, a paz da consciência. A mesma coisa ocorre com a fé: não sabemos estimá-la, cuidar dela, alimentá-la. Pouco a pouco a fé vai se apagando. Como reagir?

A primeira coisa quase sempre é "tomar distância" e atrever-nos a olhar de frente nossa vida com suas rotinas, seu frágil equilíbrio e sua mediocridade. Escutar o surdo rumor de necessidades insatisfeitas e desejos contraditórios. Um certo distanciamento permite adquirir uma nova perspectiva das coisas para abordar nossa vida com mais verdade.

É necessário também colocar-nos questões que afetam a vida em sua totalidade: "Definitivamente, o que estou procurando? Por que não consigo a paz interior? Em que tenho que acertar para viver de maneira mais sadia?" Há em nós tal "excesso de exterioridade" e tal "multiplicação de experiências" que, sem estes enfoques de fundo, nossa vida se reduz facilmente a deixar-nos levar por uma sucessão de vivências sem nenhum fio condutor.

O mais decisivo é reagir. Tomar uma decisão pessoal e consciente. "O que quero fazer com minha vida? O que posso fazer com minha fé? Continuo 'levando' como até agora? Abro-me confiantemente a Deus?" Quem é capaz de fazer-se esse tipo de perguntas com um mínimo de verdade já está mudando. Quem, no meio de sua mediocridade – e quem não é medíocre? –, deseja sinceramente crer, já é crente diante de Deus. Deus está no interior desse desejo. Há situações em que não se pode fazer muito mais.

A invocação do publicano da parábola narrada por Jesus expressa muito bem qual pode ser nossa invocação: "Ó Deus, tem compaixão deste pecador". Deus, que modelou o coração humano, entende e escuta esta oração.

## PARA INACEITÁVEIS

Há uma frase de Jesus que, sem dúvida, reflete uma convicção e um estilo de atuar que surpreenderam e escandalizaram seus contemporâneos: "Não são os sadios que têm necessidade de médico, mas sim os doentes... Eu não vim chamar os justos, mas os pecadores". O dado é histórico: Jesus não se dirigiu aos setores piedosos, mas aos indignos e indesejáveis.

A razão é simples. Jesus capta rapidamente que sua mensagem é supérflua para os que vivem seguros e satisfeitos em sua própria religião. Os "justos" quase não sentem que precisam de "salvação". Basta-lhes a tranquilidade proporcionada pelo sentir-se dignos diante de Deus e diante da consideração dos outros.

Jesus o diz de modo expressivo: a um indivíduo cheio de saúde e vigor não lhe passa pela cabeça recorrer ao médico. Para que precisam do perdão de Deus aqueles que, no fundo de seu ser, se sentem inocentes? Como irão agradecer seu amor imenso e sua compreensão inesgotável aqueles que se sentem "protegidos" diante dele pela observância escrupulosa de suas leis? Quem se sente pecador vive uma experiência diferente. Ele tem consciência clara de sua miséria. Sabe que não pode apresentar-se com suficiente dignidade diante de ninguém, tampouco diante de Deus e nem sequer diante de si mesmo. O que pode fazer senão esperar tudo do perdão de Deus? Onde irá encontrar salvação senão abandonando-se confiantemente ao seu amor infinito?

Não sei os que podem chegar a ler estas páginas. Nestes momentos penso em vocês que se sentem incapazes de viver de acordo com as normas impostas pela sociedade; vocês que não têm forças para viver o ideal moral estabelecido pela religião; vocês que estão enredados numa vida indigna; vocês que não se atrevem a olhar nos olhos da esposa nem dos filhos; vocês que saem da prisão para voltar novamente a ela; vocês que não podem escapar da prostituição... Não se esqueçam nunca: Jesus veio para vocês.

Quando vocês se virem julgados pela Lei, sintam-se compreendidos por Deus; quando vocês se virem rejeitados pela sociedade, saibam que Deus os acolhe; quando ninguém lhes perdoar sua indignidade, sintam o perdão inesgotável de Deus. Vocês não o merecem. Ninguém de nós o merece. Mas Deus é assim: amor e perdão. Vocês podem desfrutar e agradecer este amor e este perdão. Não se esqueçam nunca: de acordo com Jesus, só saiu purificado do templo aquele publicano que batia no peito dizendo: "Ó Deus, tem compaixão deste pecador".

# 38

## Na casa de um rico

*Naquele tempo Jesus entrou em Jericó e atravessava a cidade. Um homem rico chamado Zaqueu, chefe dos publicanos, procurava ver quem era Jesus, mas as pessoas o impediam, porque era de baixa estatura. Ele correu mais adiante e subiu numa figueira para vê-lo, porque Jesus iria passar por ali. Jesus, ao chegar àquele lugar, levantou os olhos e disse:*

*– Zaqueu, desce imediatamente, porque hoje preciso hospedar-me em tua casa.*

*Ele desceu imediatamente e o recebeu com muita alegria. Ao ver isto, todos murmuravam dizendo:*

*– Ele foi hospedar-se na casa de um pecador.*

*Mas Zaqueu, de pé, disse ao Senhor:*

*– Senhor, eis que vou dar a metade dos meus bens aos pobres. E se defraudei alguém, restituir-lhe-ei quatro vezes mais.*

*Jesus lhe respondeu:*

*– Hoje aconteceu a salvação desta casa; também este é filho de Abraão. Porque o Filho do homem veio procurar e salvar o que estava perdido (Lc 19,1-10).*

### JESUS AMA OS RICOS

O encontro de Jesus com o rico Zaqueu é um relato conhecido. A cena foi muito trabalhada por Lucas, preocupado talvez com a dificuldade que algumas famílias ricas encontravam para integrar-se nas primeiras comunidades cristãs.

Zaqueu é um rico bem conhecido em Jericó. "Pequeno de estatura", mas poderoso chefe dos "cobradores de impostos" que controlavam a passagem de mercadorias numa importante encruzilhada de caminhos. Não é um homem querido. As pessoas o consideram "pecador", excluído da Aliança. Vive explorando os outros. "Não é filho de Abraão".

No entanto, este homem quer ver "quem é Jesus". Ouviu falar dele, mas não o conhece. Não lhe importa passar por ridículo agindo de maneira pouco condizente com sua dignidade: como um moleque qualquer, "corre" para adiantar-se a todos e "sobe numa figueira". Só quer "ver" Jesus. Provavelmente nem ele mesmo sabe que está buscando paz, verdade, um sentido mais digno para sua vida.

Ao chegar àquele ponto, Jesus "levanta os olhos" e vê Zaqueu. O relato sugere um intercâmbio de olhares entre o profeta defensor dos pobres e aquele rico explorador. Jesus o chama pelo nome: "Zaqueu, desce imediatamente". Não há tempo a perder. "Hoje mesmo preciso hospedar-me em tua casa e estar contigo". Jesus quer entrar no mundo deste rico.

Zaqueu lhe abre a porta de sua casa com alegria. Deixa-o entrar em seu mundo de dinheiro e poder, enquanto em Jericó todos criticam Jesus por ter entrado "na casa de um pecador".

Ao contato com Jesus, Zaqueu muda. Começa a pensar nos "pobres": compartilhará com eles seus bens. Lembra-se dos que são vítimas de seus negócios: irá devolver-lhes sobejamente o que lhes roubou. Deixa que Jesus introduza em sua vida verdade, justiça e compaixão. Zaqueu se sente outro. Com Jesus tudo é possível.

Jesus se alegra porque a "salvação" chegou também a essa casa poderosa e rica. Para isto Ele veio: para "procurar e salvar o que estava perdido". Jesus é sincero: a vida dos que são escravos do dinheiro é vida perdida, vida sem verdade, sem justiça e sem compaixão para com os que sofrem. Mas Jesus ama os ricos. Não quer que nenhum deles deite a perder sua vida. Todo rico que o deixar entrar em seu mundo experimentará sua força salvadora.

310

# A salvação do rico

São muitos os cristãos de posição cômoda que se sentem incomodados por esta "moda" que entrou na Igreja de falar tanto dos pobres. Não entendem que o Evangelho possa ser boa notícia só para eles. E, portanto, só possa ser ouvido pelos ricos como ameaça aos seus interesses e como interpelação de sua riqueza.

Parece-lhes que tudo isto não é senão demagogia barata, ideologização ilegítima do Evangelho e, definitivamente, "fazer política de esquerda". Porque, vejamos: não se aproximava Jesus de todos igualmente? Não acolhia pobres e ricos com o mesmo amor? Não ofereceu a todos sua salvação?

Sem dúvida, Jesus se aproxima de todos oferecendo a salvação. Mas não da mesma maneira. E, concretamente, aproxima-se dos ricos para, antes de mais nada, "salvá-los" de suas riquezas.

Em Jericó, Jesus se faz hospedar na casa de um rico. O homem o recebe com alegria. É uma honra para ele acolher o Mestre de Nazaré. Ao encontrar-se com Jesus e ouvir sua mensagem, o rico vai mudar. Descobre que o importante não é acumular, mas compartilhar, e decide dar a metade de seus bens aos pobres. Descobre que precisa fazer justiça àqueles que ele roubou e se compromete a restituir sobejamente. Só então Jesus proclama: "Hoje aconteceu a salvação desta casa".

Ao rico não se oferece outro caminho de salvação senão o de compartilhar o que possui com os pobres que dele precisam. É o único "investimento rentável do ponto de vista cristão" que ele pode fazer com seus bens.

A razão é simples. Não é possível um mundo mais fraterno se os ricos não mudarem de atitude e não aceitarem reduzir seus bens em benefício dos empobrecidos pelo atual sistema econômico.

É este o caminho de salvação que é oferecido aos ricos. "Eles só podem receber ajuda quando reconhecerem sua própria pobreza e estiverem dispostos a entrar na comunidade dos pobres, especialmente daqueles que eles próprios reduziram à miséria através da violência" (Jürgen Moltmann).

## Salvar o que está perdido

Lucas narra o episódio de Zaqueu para que seus leitores conheçam melhor o que podem esperar de Jesus: o Senhor, que eles invocam e seguem nas comunidades cristãs, "veio procurar e salvar o que estava perdido". Não devem esquecer isso.

Ao mesmo tempo, seu relato ajuda a responder à pergunta que não poucos trazem em seu interior: Ainda posso mudar? Já não é demasiado tarde para refazer uma vida que, em boa parte, pus a perder? Que passos posso dar?

Zaqueu é descrito com dois traços que definem com precisão sua vida. É "chefe de publicanos" e é "rico". Em Jericó todos sabem que ele é um pecador. Um homem que não serve a Deus, mas ao dinheiro. Sua vida, como tantas outras, é pouco humana.

No entanto, Zaqueu "procura ver Jesus". Não é mera curiosidade. Quer saber quem Ele é, o que se encerra neste profeta que tanto atrai as pessoas. Não é tarefa fácil para um homem instalado em seu mundo. Mas este desejo de Jesus vai mudar sua vida.

O homem terá que superar diferentes obstáculos. É "baixo de estatura", sobretudo porque sua vida não está motivada por ideais muito nobres. As pessoas são outro impedimento: ele terá que superar preconceitos sociais que lhe tornam difícil o encontro pessoal com Jesus.

Mas Zaqueu prossegue sua busca com simplicidade e sinceridade. Corre para adiantar-se à multidão e sobe numa árvore como uma criança. Não pensa em sua dignidade de senhor importante. Só quer encontrar o momento e o lugar adequado para entrar em contato com Jesus. Quer vê-lo.

É então que ele descobre que também Jesus o está procurando, porque, ao chegar àquele lugar, fixa nele seu olhar e lhe diz: "O encontro será hoje mesmo em tua casa de pecador". Zaqueu desce e o recebe em sua casa, cheio de alegria. Há momentos decisivos em que Jesus passa por nossa vida porque quer salvar o que nós estamos pondo a perder. Não devemos deixá-los escapar.

Lucas não descreve o encontro. Só fala da transformação de Zaqueu. Ele muda sua maneira de olhar a vida: já não pensa só em seu dinheiro, mas no sofrimento dos outros. Muda seu estilo de vida: fará justiça aos que explorou e compartilhará seus bens com os pobres. Mais cedo ou mais tarde, todos nós corremos o risco de "instalar-nos" na vida, renunciando a qualquer aspiração de viver com mais qualidade humana. Todos nós precisamos saber que um encontro mais autêntico com Jesus pode tornar nossa vida mais humana e mais solidária.

## ACOLHER, ESCUTAR, ACOMPANHAR

Não se pode comunicar de qualquer maneira a Boa Notícia de Deus. Jesus o fazia com um estilo inconfundível. A cena de Jericó é um claro exemplo. Na cidade vive Zaqueu, um homem que todos julgam sem piedade: é um pecador. Para Jesus é simplesmente uma pessoa que vive "perdida". Precisamente por isso procura-o com seu olhar, chama-o pelo nome e lhe oferece sua amizade pessoal: irá jantar em sua casa, ouvi-lo-á, poderão dialogar. Acolhido, respeitado e compreendido por Jesus, aquele homem decide reorientar sua vida.

A atuação de Jesus é surpreendente. Ninguém vê nele o representante da Lei, mas o Profeta da compaixão, que acolhe a todos com o amor entranhável do próprio Deus. Não parece preocupado com a moral, mas com o sofrimento concreto de cada pessoa. Não é visto obcecado em defender sua doutrina, mas atento a quem não consegue viver de maneira sadia.

Não anda pela Galileia em atitude de conquista. Não impõe nem pressiona. Oferece-se, convida, propõe um caminho de vida sadia. Sabe que a semente pode cair em terreno hostil e sua mensagem ser rejeitada. Não se sente ofendido. Continua semeando com a mesma atitude de Deus, que envia a chuva e faz sair seu sol sobre seus filhos: bons e maus.

Em certos setores da Igreja está-se vivendo com nervosismo e até com crispação a perda de poder e espaço social. No entanto, não é uma desgraça que precisamos lamentar, mas uma graça que pode nos reconduzir ao Evangelho.

Já não poderemos ser uma Igreja poderosa, segura e autoritária, que pretende "secretamente" impor-se a todos. Seremos uma Igreja mais simples, vulnerável e fraca. Não precisaremos preocupar-nos em defender nosso prestígio e poder. Seremos mais humanos e sintonizaremos melhor com os que sofrem. Estaremos em melhores condições para comunicar o Evangelho.

Será cada vez mais inútil endurecer nossa pregação e intensificar nossas condenações. Teremos que aprender de Jesus a conjugar três verbos decisivos: acolher, escutar e acompanhar. Descobriremos que o Evangelho é comunicado pelos crentes em cuja vida resplandece o amor compassivo de Deus. Sem isto, todo o resto é inútil.

## FORÇA PARA VIVER

Sua posição de autoridade absoluta e indiscutível no meio de uma sociedade de cristandade levou a Igreja, de maneira mais ou menos consciente, a propor a fé como um dever enquadrado num sistema de leis e proibições. Ainda hoje não poucos praticantes entendem e vivem sua religião como uma "obrigação".

Esta percepção enviesada da fé contribuiu para gerar um tipo de cristão sem criatividade nem paixão, que "cumpre seus deveres religiosos", mas não sente desejo de Deus. A estes se referia Simone Weil em sua penetrante observação: "Onde falta o desejo de encontrar-se com Deus, ali não há crentes, mas pobres caricaturas de pessoas que se dirigem a Deus por medo ou por interesse".

No entanto, se se escuta até o fundo a desafeição que alguns sentem para com o religioso, não é difícil observar que o que eles rejeitam não é Deus, mas uma ideia sufocante da religião que parece cercear sua liberdade e abafar o desejo natural que há neles de viver plenamente. Dificilmente o homem ou a mulher de hoje aceitarão uma fé proposta como um "imperativo" que priva do gosto de viver.

Lamentavelmente esquece-se que Deus é, antes de mais nada, o "Amigo da vida", aquele que deseja e busca sempre uma vida mais digna e feliz para todo ser humano e para a criação inteira. Esquece-se que Deus não é controlador de um código de proibições e preceitos, mas fonte e estímulo de vida mais coerente e sadia, mais gratificante e unificada.

Os bispos da França vêm acentuando, de alguns anos para cá, que "o Evangelho de Cristo é esperado hoje de maneira nova: como uma força para viver". Isso é verdade. O Evangelho é, antes de mais nada, "uma força para viver", e só será ouvido por pessoas que andam buscando razões para viver, para amar a vida e para desfrutá-la de maneira sensata e responsável.

No relato evangélico, Jesus se define em casa de Zaqueu como alguém "que veio procurar e salvar o que estava perdido". Não devemos esquecer isto. O Deus cristão é um Deus que procura reavivar e reconstruir o que nós podemos estragar e pôr a perder. Deus não é carga pesada, mas vigor e estímulo para viver corretamente.

# 39

## DEUS DE VIVOS

*Naquele tempo aproximaram-se de Jesus alguns saduceus, que negam a ressurreição, e lhe perguntaram:*

*– Mestre, Moisés nos deixou escrito: "Se alguém morrer deixando a mulher sem filhos, o irmão dele case-se com a viúva e dê descendência a seu irmão". Ora, havia sete irmãos: o primeiro casou-se e morreu sem deixar filhos. E o segundo e o terceiro casaram-se com a viúva, e assim sucessivamente todos os sete, e morreram sem deixar filhos. Por fim, morreu a mulher. Quando chegar a ressurreição, de qual deles ela será mulher? Porque os sete estiveram casados com ela.*

*Jesus lhes respondeu:*

*– Nesta vida, homens e mulheres se casam; mas os que forem considerados dignos da vida futura e da ressurreição dentre os mortos não se casarão. Já não podem morrer, pois são como anjos e são filhos de Deus, porque participam da ressurreição. E que os mortos ressuscitam, o próprio Moisés o dá a entender no episódio da sarça, quando chama o Senhor de: "Deus de Abraão, Deus de Isaac e Deus de Jacó". Ele não é Deus de mortos, mas de vivos, porque para ele todos estão vivos (Lc 20,27-38).*

### É RIDÍCULO ESPERAR EM DEUS?

Os saduceus não gozavam de popularidade entre as pessoas das aldeias. Eram um setor composto por famílias ricas pertencentes à elite de Jerusalém, de tendência conservadora, tanto em sua maneira de viver a religião como em sua política de procurar um entendimento com o poder de Roma. Não sabemos muito mais sobre eles.

O que podemos dizer é que "negavam a ressurreição". Consideravam-na uma "novidade" própria de pessoas ingênuas. Não se preocupavam com a vida além da morte. Estavam contentes com esta vida. Para que preocupar-se com outra coisa?

Um dia se aproximam de Jesus para ridicularizar a fé na ressurreição. Apresentam-lhe um caso absolutamente irreal, fruto de sua fantasia. Falam-lhe de sete irmãos que foram casando sucessivamente com a mesma mulher, para assegurar a continuidade do nome, da honra e da herança ao ramo masculino daquelas poderosas famílias saduceias de Jerusalém. É a única coisa da qual entendem.

Jesus critica sua visão da ressurreição: é ridículo pensar que a vida definitiva junto a Deus vá consistir em reproduzir e prolongar a situação desta vida e, concretamente, dessas estruturas patriarcais das quais se beneficiam os varões ricos.

A fé de Jesus na outra vida não consiste em algo tão irrisório: "O Deus de Abraão, de Isaac e de Jacó não é um Deus de mortos, mas de vivos". Jesus não pode nem sequer imaginar que para Deus seus filhos lhe vão morrendo; Deus não vive por toda a eternidade cercado de mortos. Tampouco pode imaginar que a vida junto a Deus consista em perpetuar as desigualdades, injustiças e abusos deste mundo.

Quando se vive de maneira frívola e satisfeita, desfrutando o próprio bem-estar e esquecendo-se dos que vivem sofrendo, é fácil pensar só nesta vida. Pode até parecer ridículo alimentar outra esperança.

Quando se compartilha um pouco o sofrimento das maiorias pobres, as coisas mudam: o que dizer dos que morrem sem ter conhecido o pão, a saúde ou o amor? O que dizer de tantas vidas malogradas ou sacrificadas injustamente? É ridículo alimentar a esperança em Deus?

## A Deus seus filhos não lhe morrem

Jesus sempre foi muito sóbrio ao falar da vida nova depois da morte. No entanto, quando um grupo de aristocratas saduceus procura ridicularizar a fé na ressurreição dos mortos, ele reage elevando a questão a seu verdadeiro nível.

Antes de mais nada, Jesus rejeita a ideia pueril dos saduceus, que imaginam a vida dos ressuscitados como prolongamento desta vida que conhecemos agora. É um erro representar-nos a vida ressuscitada por Deus a partir de nossas experiências atuais.

Há uma diferença radical entre nossa vida terrena e essa vida plena, sustentada diretamente pelo amor de Deus depois da morte. Essa Vida é absolutamente "nova". Por isso podemos esperá-la, mas nunca descrevê-la ou explicá-la.

As primeiras gerações cristãs mantiveram essa atitude humilde e honesta diante do mistério da "vida eterna". Paulo diz aos crentes de Corinto que se trata de algo que "o olho nunca viu, nem o ouvido ouviu, nem homem algum imaginou, algo que Deus preparou para os que o amam".

Estas palavras nos servem de advertência sadia e prazerosa. Por um lado, o céu é uma "novidade" que está para além de qualquer experiência terrena; mas, por outro, é uma vida "preparada" por Deus para satisfazer plenamente nossas aspirações mais profundas. O próprio da fé não é satisfazer ingenuamente a curiosidade, mas alimentar o desejo, a expectativa e a esperança confiante em Deus.

É precisamente isto que Jesus procura, apelando com toda a simplicidade para um fato aceito pelos saduceus: na tradição bíblica Deus é chamado "Deus de Abraão, de Isaac e de Jacó". Apesar de estes patriarcas terem morrido, Deus continua sendo seu Deus, seu protetor, seu amigo. A morte não conseguiu destruir o amor e a fidelidade de Deus para com eles.

Jesus tira sua própria conclusão, fazendo uma afirmação decisiva para nossa fé: "Deus não é Deus de mortos, mas de vivos, porque para Ele todos estão vivos". Deus é fonte inesgotável de vida. A morte não vai deixando

Deus sem seus filhos e filhas queridos. Quando nós os choramos porque os perdemos nesta terra, Deus os contempla cheios de vida porque os acolheu em seu amor de Pai.

De acordo com Jesus, a união de Deus com seus filhos e filhas não pode ser destruída pela morte. Seu amor é mais forte do que nossa extinção biológica. Por isso, com fé humilde nos atrevemos a invocá-lo: "Meu Deus, em ti confio. Que eu não fique decepcionado" (Sl 25,1-2).

## AMIGO DA VIDA

"Deus é amigo da vida". Esta é uma das convicções básicas de Jesus. Por isso, discutindo certo dia com um grupo de saduceus, que negavam a ressurreição, confessou-lhes claramente sua fé: "Deus não é Deus de mortos, mas de vivos".

Jesus não pode imaginar que para Deus suas criaturas lhe vão morrendo; que, depois de alguns anos de vida, a morte o vá deixando sem seus filhos e filhas queridos. Não é possível. Deus é fonte inesgotável de vida. Deus cria os viventes, cuida deles, defende-os, se compadece deles e resgata sua vida do pecado e da morte.

Provavelmente Jesus nunca leu o livro da Sabedoria, escrito por volta do ano 50 a.C. em Alexandria, mas sua mensagem acerca de Deus lembra uma página inesquecível desse sábio judeu que escreve assim: "Tu te compadeces de todos, porque tudo podes; fechas os olhos aos pecados dos homens para que se arrependam. Amas todos os seres e não detestas nada do que fizeste; se tivesses odiado alguma coisa, não a terias criado. Como conservariam sua existência se tu não os tivesses criado? Mas tu perdoas a todos porque são teus, Senhor, amigo da vida" (Sb 11,23-26).

Deus é amigo da vida. Por isso se compadece de todos os que não sabem ou não podem viver de maneira digna. Chega, inclusive, a "fechar os olhos" aos pecados dos homens para que descubram novamente o caminho da vida. Não detesta nada do que criou. Ama todos os seres; do contrário, não os teria feito. Perdoa a todos, se compadece de todos, quer a vida de todos, porque todos são seus.

Como não amamos com mais paixão a criação inteira? Por que não cuidamos da vida de todos os seres e não a defendemos mais energicamente de tanta depredação e agressão? Por que não nos compadecemos de tantos "excluídos" para os quais este mundo não é sua casa? Como podemos continuar pensando que nosso bem-estar é mais importante do que a vida de tantos homens e mulheres que se sentem estranhos e sem lugar nesta Terra criada por Deus para eles?

É incrível que não captemos o absurdo de nossa religião quando cantamos ao Criador e Ressuscitador da vida e, ao mesmo tempo, contribuímos para produzir fome, sofrimento e degradação em suas criaturas.

## POR QUE TEMOS QUE MORRER?

Por que temos que morrer, se desde o mais profundo de nosso ser nos sentimos feitos para viver? Algo se rebela dentro de nós diante da morte. A vida deveria ser diferente para todos: mais bela, mais feliz, mais segura, mais longa. No fundo, vivemos suspirando por vida eterna.

Não é difícil de entender a atitude, hoje bastante generalizada, de viver sem pensar na "outra vida". Para que, se só estamos seguros desta? Não é melhor concentrar todas as nossas energias em desfrutar ao máximo nossa existência atual? Não chegou a hora de ouvir o professor Tierno Galván e "instalar-nos perfeitamente na finitude"? Não precisamos aprender a viver e a morrer sem refugiar-nos em ilusões de ressurreição ou vida eterna?

São perguntas que estão na consciência do homem contemporâneo. Mas será que esta atitude, aparentemente tão sensata e realista, é a postura mais sábia ou é antes a resignação de quem se fecha ao mistério último da existência, enquanto em seu interior tudo é protesto?

Sem dúvida, esta vida futura encerra um grande valor. É muito grandioso viver, nem que seja apenas uns poucos anos. É muito grandioso amar, gozar, criar um lar, lutar por um mundo melhor. Mas há algo que, honestamente, não podemos eludir: a verdade última de todo processo só é captada em profundidade a partir do final. Assim o afirma a ciência em todos os campos.

Se a última coisa que nos espera a todos e a cada um é o nada, que sentido último podem ter nossos trabalhos, esforços e progressos? O que dizer dos que morreram sem ter desfrutado felicidade alguma? Como fazer justiça aos que morreram para defendê-la? O que dizer de tantas vidas malogradas, perdidas ou sacrificadas? Que esperança pode haver para eles? E que esperança pode haver para nós próprios, que não tardaremos a desaparecer desta vida sem ter visto satisfeitos nossos desejos de felicidade e plenitude?

O mistério último da vida exige alguma resposta. Em certa ocasião, o grande escultor basco Eduardo Chillida dizia assim: "Da morte, a razão me diz que é definitiva. Da razão, a razão me diz que é limitada". A partir dos limites e da obscuridade da razão humana, nós crentes nos abrimos com confiança ao mistério de Deus. A invocação do salmista diz tudo: "Meu Deus, em ti confio. Que eu não fique decepcionado" (Sl 25,1-2).

A única coisa que sustenta o crente é sua fé no poder salvador desse Deus que, de acordo com Jesus, "não é Deus de mortos, mas de vivos". Deus não é só o criador da vida; é o ressuscitador que a leva à sua plenitude.

## AMOR E FESTA

Ao longo dos séculos divulgaram-se formas muito diferentes de "imaginar" o céu. Às vezes considerou-se o paraíso como uma espécie de "país das maravilhas" situado além das estrelas, o *happy end* do filme terreno, esquecendo praticamente a Deus como fonte da realização definitiva do ser humano.

Outras vezes, pelo contrário, insistiu-se quase exclusivamente na "visão beatífica de Deus", como se a contemplação da essência divina excluísse ou tornasse supérflua toda outra felicidade ou experiência prazerosa que não fosse a comunhão de Deus com as almas.

322

Fala-se também, com frequência, da "paz eterna", que expressa bem o fim das fadigas desta vida, mas que pode reduzir a riqueza da plenitude final a uma existência inerte, monótona e nada atraente.

A teologia contemporânea é muito sóbria ao falar do céu. Os teólogos tomam muito cuidado para não descrevê-lo com representações ingênuas. Nossa plenitude final está para além de qualquer experiência terrena, embora possamos evocá-la, esperar e suspirar por ela como a fascinante realização em Deus desta vida que hoje pulsa em nós. Hoje os teólogos recorrem sobretudo à linguagem do amor e da festa.

O amor é a experiência mais profunda e plenificadora do ser humano. Poder amar e ser amado de maneira íntima, plena, livre e total: essa é nossa aspiração mais radical. Se o céu é algo, deve ser experiência plena de amor: amar e ser amados, conhecer a comunhão prazerosa com Deus e com as criaturas, experimentar o gosto da amizade e o êxtase do amor em todas as suas dimensões.

Mas "onde se desfruta o amor nasce a festa". Só no céu se cumprirão plenamente estas palavras de santo Ambrósio de Milão. Conheceremos "a festa do amor reconciliador de Deus". A festa de uma criação sem morte, rupturas e dor; a festa da amizade entre todos os povos, raças, religiões e culturas; a festa das almas e dos corpos; a plenitude da criatividade e da beleza; o gozo da liberdade total.

Nós cristãos olhamos pouco para o céu. Não sabemos levantar nosso olhar para além do imediato de cada dia. Não nos atrevemos a esperar muito de nada nem de ninguém, nem sequer desse Deus revelado como Amor infinito e salvador em Cristo ressuscitado. Esquecemos que Deus "não é um Deus de mortos, mas de vivos". Um Deus que só quer uma vida feliz e plena para todos e por toda a eternidade.

# 40

## Para tempos difíceis

*Naquele tempo alguns falavam sobre a beleza do templo, devido à qualidade das pedras e dos ex-votos. Jesus lhes disse:*

*– Quanto a estas coisas que contemplais, virão dias em que não ficará pedra sobre pedra: tudo será destruído.*

*Eles lhe perguntaram:*

*– Mestre, quando será isto? E qual será o sinal de que tudo isto está para acontecer?*

*Ele respondeu:*

*– Cuidado para que ninguém vos engane. Porque muitos virão em meu nome, dizendo: "Sou eu", ou então: "O momento está próximo". Não os sigais. Quando ouvirdes notícias de guerras e de revoluções, não entreis em pânico. Porque isso deve acontecer primeiro, mas o fim não virá imediatamente.*

*Depois lhes disse:*

*– Levantar-se-á povo contra povo e reino contra reino, haverá grandes terremotos e em diversos países haverá epidemias e fome. Haverá também coisas espantosas e grandes sinais no céu. Mas, antes de tudo isso, vos prenderão, vos perseguirão, entregando-vos aos tribunais e à prisão, e vos conduzirão à presença de reis e governadores por causa de meu nome. Assim tereis ocasião de dar testemunho. Tende o propósito de não preparar vossa defesa, porque eu vos darei palavras e sabedoria às quais nenhum adversário vosso poderá resistir nem contradizer. E até vossos pais e parentes e irmãos e amigos vos entregarão e matarão alguns de vós; e todos vos odiarão por causa de meu*

*nome. Mas nem um único fio de cabelo de vossa cabeça se perderá: por vossa perseverança salvareis vossas vidas (Lc 21,5-19).*

## Para tempos difíceis

As profundas mudanças socioculturais que estão acontecendo em nossos dias e a crise religiosa que sacode as raízes do cristianismo no Ocidente nos devem urgir mais do que nunca a buscar em Jesus a luz e a força de que precisamos para ler e viver estes tempos de maneira lúcida e responsável.

*Chamado ao realismo.* Em nenhum momento Jesus augura aos seus seguidores um caminho fácil de êxito e glória. Pelo contrário, dá-lhes a entender que sua longa história será cheia de dificuldades e lutas. É contrário ao espírito de Jesus cultivar o triunfalismo ou alimentar a nostalgia de grandezas. Este caminho, que a nós parece estranhamente duro, é o mais condizente com uma Igreja fiel ao seu Senhor.

*Não à ingenuidade.* Em momentos de crise, desconcerto e confusão não é estranho ouvir mensagens e revelações propondo caminhos novos de salvação. Estas são as instruções de Jesus. Em primeiro lugar, "que ninguém vos engane": não cair na ingenuidade de dar crédito a mensagens alheias ao Evangelho nem fora nem dentro da Igreja. Em segundo lugar, "não os sigais": não seguir os que nos separam de Jesus Cristo, único fundamento e origem de nossa fé.

*Concentrar-nos no essencial.* Cada geração cristã tem seus próprios problemas, dificuldades e buscas. Não devemos perder a calma, mas assumir nossa responsabilidade. Não se nos pede nada que esteja acima de nossas forças. Contamos com a ajuda do próprio Jesus: "Eu vos darei palavras e sabedoria". Inclusive num ambiente de rejeição ou desafeto podemos praticar o Evangelho e viver com sensatez cristã.

*A hora do testemunho.* Os tempos difíceis não devem ser tempos para as lamentações, a nostalgia ou o desânimo. Não é a hora da resignação, da passividade ou da omissão. A ideia de Jesus é outra: em tempos difíceis "tereis ocasião de dar testemunho". É precisamente agora que precisamos reavivar entre nós o chamado a ser testemunhas humildes, mas convincentes, de Jesus, de sua mensagem e de seu projeto.

*Paciência*. É esta a exortação de Jesus para momentos árduos: "Por vossa perseverança salvareis vossas vidas". O termo original pode ser traduzido indistintamente como "paciência" ou "perseverança". Entre nós cristãos falamos pouco da paciência, mas precisamos dela mais do que nunca. É o momento de cultivar um estilo de vida cristã, paciente e tenaz, que nos ajude a responder a novos desafios sem perder a paz nem a lucidez.

## DAR POR TERMINADO

É a última visita de Jesus a Jerusalém. Alguns dos que o acompanham admiram-se ao contemplar "a beleza do templo". Jesus, pelo contrário, sente algo muito diferente. Seus olhos de profeta veem o templo de maneira mais profunda: naquele lugar grandioso não se está acolhendo o reino de Deus. Por isso, Jesus o dá por terminado: "Quanto a estas coisas que contemplais, virão dias em que não ficará pedra sobre pedra: tudo será destruído".

De repente, as palavras de Jesus dissiparam o autoengano que se vive em torno do templo. Aquele edifício esplêndido está alimentando uma ilusão falsa de eternidade. Aquela maneira de viver a religião sem acolher a justiça de Deus nem ouvir os que sofrem é enganosa e perecível: "Tudo isso será destruído".

As palavras de Jesus não nascem da ira. Menos ainda do desprezo ou do ressentimento. O próprio Lucas nos diz um pouco antes que, ao aproximar-se de Jerusalém e ver a cidade, Jesus "pôs-se a chorar" Seu pranto é profético. Os poderosos não choram. O profeta da compaixão sim.

Jesus chora diante de Jerusalém porque ama a cidade mais que ninguém. Chora por uma "religião velha" que não se abre ao reino de Deus. Suas lágrimas expressam sua solidariedade com o sofrimento de seu povo e, ao mesmo tempo, sua crítica radical àquele sistema religioso que põe obstáculo à visita de Deus: Jerusalém – a cidade da paz! – "não conhece o que leva à paz", porque "está oculto aos seus olhos".

A atuação de Jesus lança não pouca luz sobre a situação atual. Às vezes, em tempos de crise, como os nossos, a única maneira de abrir caminhos à novidade criadora do reino de Deus é dar por terminado aquilo que alimenta uma religião caduca, sem produzir a vida que Deus quer introduzir no mundo.

Dar por terminado algo que foi vivido de maneira sagrada durante séculos não é fácil. Não se faz isso condenando os que querem conservá-lo como eterno e absoluto. Faz-se "chorando", porque as mudanças exigidas pela conversão ao reino de Deus trazem sofrimento a muitos. Os profetas denunciam o pecado da Igreja chorando.

## NÃO DEMONIZAR A CRISE

Como viver estes tempos de "crise religiosa" com lucidez e responsabilidade, sem desviar-nos do Evangelho e sem submergir no desespero? Esta é, talvez, uma das perguntas mais inquietantes que brotam em nós que cremos em Jesus.

É claro que a fé cristã não pode ser vivida nem transmitida a partir de atitudes negativas. É um erro alimentar o vitimismo, viver da nostalgia ou acumular ressentimento. Tudo isso nos afasta do espírito com que Jesus vivia. É o momento de aprender a viver estes tempos de maneira mais positiva, confiante e evangélica.

O apelo de Jesus a "perseverar" deve levar-nos a pensar. É um erro "demonizar" a crise atual, vivendo-a como uma situação impossível. Deus não está em crise. Ele continua atuando em cada ser humano. Nenhuma crise pode impedir que o Criador continue oferecendo-se, comunicando-se e salvando seus filhos e filhas por caminhos a nós desconhecidos.

Esta humanidade tão querida por Deus vive sofrendo. Não encontra o caminho que poderia levá-la a uma vida mais digna e mais feliz. A crise religiosa da qual nós crentes tanto falamos é apenas um fragmento de uma crise mais global que sacode tudo. A nós pode inquietar-nos pensar sobre o que vai ser da Igreja; mas, se olharmos as coisas do ponto de vista de Deus, o que deve preocupar-nos é o que vai ser do mundo.

O importante é "perseverar": não desviar-nos do Evangelho; buscar sempre o reino de Deus e sua justiça, não nossos pequenos interesses; atuar a partir do espírito de Jesus, não de nosso instinto de conservação; buscar o bem de todos e não só o nosso. Não nos enganemos: quem realmente pensa na felicidade de todos é Deus, não somos nós.

"Perseverar" não é repetir de maneira vazia palavras que já não dizem nada, mas inflamar nossa fé em contato direto e pessoal com Cristo. "Perseverar" não é colocar-nos na defensiva diante de qualquer mudança, mas manter a capacidade de escutar a ação de Deus em nossos dias. "Perseverar" não é exigir de outros, mas viver nós mesmos em contínua conversão.

## PERSEVERAR

Ao recolher a mensagem de Jesus sobre o final dos tempos, Lucas se preocupa em sublinhar que "o final não virá imediatamente". A história da humanidade se prolongará. Uma história cheia de problemas e dificuldades, na qual não faltarão momentos de crise, violência e confrontos.

Situações nas quais tudo o que fundamenta a vida parecerá cambalear. A paz será destruída pela violência. A solidariedade entre os povos se romperá. Chegar-se-á ao ódio e à morte entre os irmãos. O próprio universo parecerá negar-se a sustentar a vida dos seres humanos.

A intenção de Jesus não é a de fazer-nos viver sobressaltados, esperando quase que morbidamente o momento em que ocorrerá tudo isto. Pelo contrário, Jesus nos convida a enfrentar com lucidez e responsabilidade uma história longa, difícil e conflituosa.

Concretamente, Ele sublinha uma atitude fundamental: a perseverança. O que nos pode levar à salvação não é nem a violência arrasadora, que pretende resolver tudo pela força, nem a resignação dos que se cansam de continuar lutando por um futuro melhor. Só o trabalho constante e tenaz dos incansáveis nos abre para um porvir melhor.

Vivemos numa sociedade cuja complexidade cresceu de maneira insuspeitada em poucos anos. Os problemas se entrelaçam e se complicam de tal maneira que não é fácil saber qual possa ser a solução mais adequada. Às vezes dir-se-ia que o ser humano é incapaz de resolver um problema sem provocar, ao mesmo tempo, muitos outros.

Por outro lado, a sociedade técnica está suscitando uma atitude que nos impele a buscar soluções eficazes e imediatas, cujos resultados possam ser rapidamente constatados. Então é fácil a tentação de recorrer a meios agressivos e definitivos, em vez de comprometer-nos num trabalho silencioso, constante e aparentemente menos eficaz.

No entanto, não existem "fórmulas mágicas" para construir rapidamente uma sociedade mais humana. Estamos nos acostumando a analisar os problemas e promover soluções em termos de violência, e tendemos quase inconscientemente a impor nosso próprio projeto a qualquer preço e de qualquer maneira.

Mas, onde está, também hoje, a salvação do ser humano e o futuro de nossa sociedade? Nessa violência que cresce cada vez mais entre nós, semeando divisões, desconfianças e medos que impedem o diálogo e a colaboração, ou no compromisso paciente dos que vivem buscando dia a dia novos caminhos para criar a paz na justiça e na liberdade?

## NÃO PERDER A PACIÊNCIA

Lucas recolhe as palavras de Jesus sobre as perseguições e tribulações futuras, sublinhando de maneira especial a necessidade de enfrentar a crise com paciência. O termo empregado pelo evangelista significa inteireza, resistência, constância, perseverança, capacidade de manter-se firme diante das dificuldades, paciência ativa.

Quase não se fala da paciência em nossos dias e, no entanto, poucas vezes ela terá sido tão necessária como nestes momentos de grave crise generalizada, incerteza e frustração.

São muitos os que vivem hoje ao relento e, ao não poder encontrar amparo em nada que lhes ofereça sentido, segurança e esperança, caem no desânimo, na crispação ou na depressão.

A paciência da qual se fala no evangelho não é uma virtude própria de homens fortes e aguerridos. É antes a atitude serena de quem crê num Deus paciente e forte que alenta e conduz a história, às vezes tão incompreensível para nós, com ternura e amor compassivo.

A pessoa animada por esta paciência não se deixa perturbar pelas tribulações e crises dos tempos. Mantém o ânimo sereno e confiante. Seu segredo é a paciência fiel de Deus, que, apesar de tanta injustiça absurda e tanta contradição, continua sua obra até cumprir suas promessas.

Para o impaciente a espera se torna longa. Por isso, se crispa e se torna intolerante. Embora pareça firme e forte, na realidade é fraco e sem raízes. Agita-se muito, mas constrói pouco; critica constantemente, mas quase não semeia; condena, mas não liberta. O impaciente pode terminar no desânimo, no cansaço ou na resignação amarga. Já não espera nada. Nunca infunde esperança.

A pessoa paciente, pelo contrário, não se irrita nem se deixa deprimir pela tristeza. Contempla a vida com respeito e até com simpatia. Deixa os outros serem, não antecipa o juízo de Deus, não pretende impor sua própria justiça.

Nem por isso cai na apatia, no ceticismo ou na desistência. A pessoa paciente luta e combate dia a dia, precisamente porque vive animada pela esperança. "Se nos afadigamos e lutamos é porque temos esperança no Deus vivo" (1Tm 4,10).

A paciência do crente está arraigada no Deus "amigo da vida". Apesar das injustiças que encontramos em nosso caminho e dos golpes que a vida nos dá, apesar de tanto sofrimento absurdo ou inútil, Deus continua sua obra. Nele nós, os crentes, pomos nossa esperança.

# 41

## VIVER DESPERTOS

*Naquele tempo disse Jesus a seus discípulos:*

*– Haverá sinais no sol e na lua e nas estrelas, e na terra angústia das nações, enlouquecidas pelo estrondo do mar e das ondas. As pessoas desfalecerão de medo diante do que está para sobrevir ao mundo, porque as potências do céu serão abaladas. Então verão o Filho do homem chegar numa nuvem, com grande poder e glória. Quando começar a acontecer isto, erguei-vos e levantai a cabeça; aproxima-se a vossa libertação. Tende cuidado para que não se embote a vossa mente com o vício, a bebida e a preocupação pelo dinheiro e não caia sobre vós de surpresa aquele dia, porque cairá como um laço sobre todos os habitantes da terra. Permanecei sempre despertos, pedindo força para escapar de tudo o que está por vir, e mantende-vos de pé diante do Filho do homem (Lc 21,25-28.34-36).*

### PERMANECEI SEMPRE DESPERTOS

Os discursos apocalípticos recolhidos nos evangelhos refletem os medos e a incerteza daquelas primeiras comunidades cristãs, frágeis e vulneráveis, que viviam no meio do vasto império romano entre conflitos e perseguições, com um futuro incerto, sem saber quando chegaria Jesus, seu Senhor amado.

Também as exortações desses discursos representam em boa parte as exortações que se faziam uns aos outros aqueles cristãos, recordando a mensagem de Jesus. Este chamado a viver despertos, alimentando a oração e a confiança, é um traço original e característico do Profeta da Galileia.

Depois de vinte séculos, a Igreja atual caminha como uma anciã, "encurvada" pelo peso dos séculos, pelas lutas e trabalhos do passado. "Com a cabeça baixa", consciente de seus erros e pecados, sem poder mostrar com orgulho a glória e o poder de outros tempos. É o momento de escutar o chamado que Jesus dirige a todos nós.

"Erguei-vos", animai-vos uns aos outros. "Levantai a cabeça" com confiança. Não olheis o futuro somente a partir de vossos cálculos e previsões. "Aproxima-se a vossa libertação". Um dia já não vivereis encurvados, oprimidos nem tentados pelo desânimo. Jesus Cristo é vosso Libertador.

Mas existem maneiras de viver que nos impedem de caminhar com a cabeça erguida, confiando nessa libertação definitiva. Por isso, "tende cuidado para que não se embote a vossa mente". Não vos acostumeis a viver com um coração insensível e endurecido, procurando encher vossa vida de bem-estar e dinheiro, de costas para o Pai do céu e para seus filhos que sofrem na terra. Esse estilo de vida vos tornará cada vez menos humanos.

"Permanecei sempre despertos". Despertai a fé no seio de vossas comunidades. Sede mais atentos ao meu Evangelho. Cuidai melhor de minha presença no meio de vós. Não sejais comunidades dormentes. Vivei "pedindo força". Como continuaremos os passos de Jesus se o Pai não nos sustenta? Como poderemos "manter-nos de pé diante do Filho do homem"?

## O QUE É VIVER DESPERTOS?

Jesus não se dedicou a explicar uma doutrina religiosa para que seus discípulos a aprendessem corretamente e a difundissem depois por todos os lugares. Não era este seu objetivo. Ele lhes falava de um "acontecimento" que já estava em andamento. "Deus está se introduzindo no mundo. Ele quer que as coisas mudem. Ele só busca que a vida seja mais digna e feliz para todos".

Jesus chamava a isto "reino de Deus". Precisamos estar atentos à sua vinda. Precisamos viver despertos: abrir os olhos do coração, desejar ardentemente que o mundo mude, crer nesta boa notícia que tanto demora para tornar-se realidade plena, mudar a maneira de pensar e de agir, viver buscando e acolhendo o "reino de Deus".

Não causa estranheza ouvir tantas vezes, ao longo do evangelho, o apelo insistente de Jesus: "vigiai", "estai atentos à sua vinda", "vivei despertos". É a primeira atitude daquele que se decide a viver a vida como Jesus a viveu. A primeira coisa que precisamos alimentar para seguir seus passos.

"Viver despertos" significa não cair no ceticismo e na indiferença diante da marcha do mundo. Não deixar que nosso coração se endureça. Não ficar apenas em queixas, críticas e condenações. Despertar ativamente a esperança.

"Viver despertos" significa viver de maneira mais lúcida, sem deixar-nos arrastar pela insensatez que às vezes parece invadir tudo. Atrever-nos a ser diferentes. Não deixar que se apague em nós o desejo de buscar o bem para todos.

"Viver despertos" significa viver com paixão a pequena aventura de cada dia. Não desinteressar-nos dos que necessitam de nós. Continuar fazendo esses "pequenos gestos" que aparentemente não servem para nada, mas que sustentam a esperança das pessoas e tornam a vida um pouco mais amável.

"Viver despertos" significa despertar nossa fé. Buscar a Deus na vida e a partir da vida. Intuí-lo muito perto de cada pessoa. Descobri-lo atraindo-nos a todos nós para a felicidade. Viver não só de nossos pequenos projetos, mas atentos ao projeto de Deus.

## ALIMENTAR A ESPERANÇA

Todos nós vivemos com o olhar fixo no futuro. Sempre pensando no que nos espera. E não só isso. No fundo, quase todos nós andamos buscando "algo melhor", uma segurança, um bem-estar maior. Queremos que tudo nos corra bem e, se possível, que nos corra melhor. É essa confiança básica que nos sustenta no trabalho e nos esforços de cada dia.

Por isso, quando a esperança se apaga, apaga-se também a vida. A pessoa já não cresce, não busca, não luta. Pelo contrário, se apequena, desaba, deixa-se levar pelos acontecimentos. Se se perde a esperança, perde-se tudo. Por isso, a primeira coisa que é preciso alimentar no coração da pessoa, no seio da sociedade ou na relação com Deus, é a esperança.

A esperança não consiste na reação otimista de um momento. É, antes, um estilo de vida, uma maneira de enfrentar o futuro de forma positiva e confiante, sem deixar-nos cair no derrotismo. O futuro pode ser mais ou menos favorável, mas a característica peculiar de quem vive com esperança é sua atitude positiva, seu desejo de viver e de lutar, sua postura decidida e confiante. Nem sempre é fácil. É preciso trabalhar a esperança.

A primeira coisa é olhar para frente. Não ficar no que já passou. Não viver de recordações ou nostalgias. Não ficar sentindo saudades de um passado talvez mais feliz, mais seguro ou menos problemático. É agora que devemos viver enfrentando o futuro de maneira positiva.

A esperança não é uma atitude passiva, é um estímulo que nos impele à ação. Quem vive animado pela esperança não cai na inércia. Pelo contrário, se esforça para mudar a realidade e torná-la melhor. Quem vive com esperança é realista, assume os problemas e as dificuldades, mas o faz de maneira criativa, dando passos, buscando soluções e transmitindo confiança.

A esperança não se sustenta no ar. Tem suas raízes na vida. Em geral, as pessoas vivem de "pequenas esperanças" que vão se realizando ou vão se frustrando. Precisamos valorizar e alimentar essas pequenas esperanças, mas o ser humano precisa de uma esperança mais radical e indestrutível, que possa sustentar-se quando toda outra esperança desaba. Assim é a esperança em Deus, salvador último do ser humano. Quando andamos cabisbaixos e com o coração desanimado, precisamos escutar estas inesquecíveis palavras de Jesus: "Levantai a cabeça, pois se aproxima vossa libertação".

## NÃO MATAR A ESPERANÇA

Jesus foi um incansável criador de esperança. Toda sua existência consistiu em transmitir aos outros a esperança que Ele próprio vivia a partir do mais fundo de seu ser. Hoje ouvimos seu grito de alerta: "Erguei-vos e levantai a cabeça; aproxima-se a vossa libertação. Mas tende cuidado para que não se embote vossa mente com o vício, a bebida e a preocupação pelo dinheiro".

As palavras de Jesus não perderam atualidade, porque também hoje continuamos matando a esperança e estragando a vida de muitas maneiras. Não pensemos naqueles que, à margem de toda fé, vivem de acordo com essa de "comamos e bebamos, porque amanhã morreremos", mas pensemos em nós que, considerando-nos cristãos, podemos cair numa atitude não muito diferente: "Comamos e bebamos, porque amanhã virá o Messias".

Quando, numa sociedade, se tem como objetivo quase único da vida satisfazer cegamente os apetites e cada um se fecha em seu próprio desfrute, ali a esperança morre.

Os satisfeitos não buscam nada realmente novo. Não trabalham para mudar o mundo. Não lhes interessa um futuro melhor. Não se revoltam diante das injustiças, dos sofrimentos e dos absurdos do mundo presente. Na realidade, este mundo é para eles "o céu" ao qual se candidatariam para sempre. Podem permitir-se o luxo de não esperar nada melhor.

Como é tentador adaptar-nos sempre à situação, instalar-nos confortavelmente em nosso pequeno mundo e viver tranquilos, sem maiores aspirações. Quase inconscientemente aninha-se em nós a ilusão de poder conseguir a própria felicidade sem mudar em nada o mundo. Mas não esqueçamos: "Somente aqueles que fecham os olhos e os ouvidos, somente aqueles que se tornaram insensíveis, podem sentir-se à vontade num mundo como este" (R.A. Alves).

Quem ama verdadeiramente a vida e se sente solidário com todos os seres humanos sofre ao ver que uma imensa maioria ainda não pode viver de maneira digna. Este sofrimento é sinal de que ainda continuamos vivos e temos consciência de que algo vai mal. Precisamos continuar buscando o reino de Deus e sua justiça.

## Por favor, que haja Deus!

Muitas vezes eu havia pensado na importância que o contexto sociopolítico tem em nossa maneira de ler o Evangelho, mas só adquiri uma consciência viva disto quando passei uma temporada um pouco mais longa em Ruanda.

Ainda me lembro bem da sensação que tive ao ler este texto do evangelho de Lucas. Não é a mesma coisa ouvir este discurso apocalíptico a partir do bem-estar da Europa ou a partir da miséria e do sofrimento da África.

Apesar de todas as crises e problemas, na Europa continua-se pensando que o mundo irá melhorando sempre. Ninguém espera nem quer o fim da história. Ninguém deseja que as coisas mudem muito. No fundo estamos indo bastante bem para nós. A partir desta perspectiva, ouvir falar que um dia tudo pode desaparecer "soa" a "visões apocalípticas" nascidas do desvario de mentes tenebrosas.

Tudo muda quando o mesmo Evangelho é lido a partir do sofrimento do Terceiro Mundo. Quando a miséria já é insuportável e o momento presente é vivido apenas como sofrimento destruidor, é fácil sentir exatamente o contrário. "Graças a Deus isso não durará para sempre".

Os últimos da Terra são os que melhor podem compreender a mensagem de Jesus: "Felizes os que choram, porque deles é o reino de Deus". Estes homens e mulheres, cuja existência é fome e miséria, estão esperando algo novo e diferente que corresponda a seus anseios mais profundos de vida e de paz.

Um dia "o sol, a lua e as estrelas tremerão", ou seja, desabará tudo aquilo em que acreditávamos poder confiar para sempre. Nossas ideias de poder, segurança e progresso serão abaladas. Tudo aquilo que não leva o ser humano à verdade, à justiça e à fraternidade será arrasado, e "na terra haverá angústia das nações".

Mas a mensagem de Jesus não é de desespero para ninguém: Mesmo então, no momento da verdade última, não desespereis, permanecei despertos, "mantende-vos de pé", ponde vossa confiança em Deus. Vendo de perto o sofrimento cruel daquela gente da África, surpreendi-me a mim mesmo sentindo algo que pode parecer estranho num cristão. Não é propriamente uma oração a Deus. É um desejo ardente e uma invocação diante do mistério da dor humana. É isto o que saía de dentro de mim: "Por favor, que haja Deus!"

# 42

## CRUCIFICADO

*Quando chegaram ao lugar chamado "Caveira", ali o crucificaram, e com Ele os malfeitores, um à direita e o outro à esquerda.*

*Jesus dizia:*

*– Pai, perdoa-lhes, porque não sabem o que fazem.*

*E repartiram entre si suas vestes, sorteando-as.*

*Já era quase meio-dia e caíram trevas sobre toda a região, até à meia-tarde, pois o sol se escureceu. O véu do templo rasgou-se ao meio. E Jesus, clamando em alta voz, disse:*

*– Pai, em tuas mãos entrego o meu espírito.*

*E, dito isto, expirou (Lc 23,33-34.44-46).*

### ESCÂNDALO E LOUCURA

Os primeiros cristãos sabiam. Sua fé num Deus crucificado só podia ser vista como um escândalo e uma loucura. Quem teve a ideia de dizer algo tão absurdo e horrendo de Deus? Nunca religião alguma se atreveu a confessar algo semelhante.

Sem dúvida, a primeira coisa que todos nós descobrimos no Crucificado do Gólgota, torturado injustamente até à morte pelas autoridades religiosas e pelo poder político, é a força destruidora do mal, a crueldade do ódio e o fanatismo da justiça. Mas precisamente ali, nessa vítima inocente, nós, seguidores de Jesus, vemos Deus identificado com todas as vítimas de todos os tempos.

Despojado de todo poder dominador, de toda beleza estética, de todo êxito político e de toda auréola religiosa, Deus se nos revela, no mais puro e insondável de seu mistério, como amor e somente amor. Por isso padece conosco, sofre nossos sofrimentos e morre nossa morte.

Este Deus crucificado não é o Deus poderoso e controlador, que trata de submeter seus filhos e filhas buscando sempre sua glória e honra. É um Deus humilde e paciente, que respeita até o fim nossa liberdade, mesmo que nós abusemos sempre de novo de seu amor. Ele prefere ser vítima de suas criaturas a ser seu verdugo.

Este Deus crucificado não é tampouco o Deus justiceiro, ressentido e vingativo, que ainda continua perturbando a consciência de não poucos crentes. Deus não responde ao mal com o mal. "Em Cristo está Deus, não levando em conta as transgressões dos seres humanos, mas reconciliando o mundo consigo" (2Cor 5,19). Enquanto nós falamos de méritos, culpas ou direitos adquiridos, Deus está nos acolhendo a todos com seu amor insondável e seu perdão.

Este Deus crucificado se revela hoje em todas as vítimas inocentes. Está na cruz do Calvário e está em todas as cruzes onde sofrem e morrem os mais inocentes: as crianças famintas e as mulheres maltratadas, os torturados pelos verdugos do poder, os explorados por nosso bem-estar, os esquecidos por nossa religião.

Nós cristãos continuamos celebrando o Deus crucificado, para não esquecer nunca o "amor louco" de Deus pela humanidade e para manter viva a lembrança de todos os crucificados. É um escândalo e uma loucura. No entanto, para nós que seguimos a Jesus e cremos no mistério redentor que se encerra em sua morte, é a força que sustenta nossa esperança e nossa luta por um mundo mais humano.

## O QUE FAZ DEUS NUMA CRUZ?

De acordo com o relato evangélico, os que passam diante de Jesus crucificado sobre a colina do Gólgota zombam dele e, rindo de sua impotência, lhe dizem: "Se és Filho de Deus, desce da cruz". Jesus não responde à provocação. Sua resposta é um silêncio carregado de mistério. Precisamente porque Ele é Filho de Deus, permanecerá na cruz até sua morte.

As perguntas são inevitáveis: Como é possível crer num Deus crucificado pelos seres humanos? Damo-nos conta do que estamos dizendo? O que faz Deus numa cruz? Como pode subsistir uma religião fundada numa concepção tão absurda de Deus?

Um "Deus crucificado" constitui uma revolução e um escândalo que nos obriga a questionar todas as ideias que nós, os seres humanos, nos fazemos da divindade. O Crucificado não tem o rosto nem os traços que as religiões atribuem ao Ser supremo.

O "Deus crucificado" não é um ser onipotente e majestoso, imutável e feliz, alheio ao sofrimento dos seres humanos, mas um Deus impotente e humilhado, que sofre conosco a dor, a angústia e até a própria morte. Com a cruz, ou termina nossa fé em Deus ou nos abrimos a uma compreensão nova e surpreendente de um Deus que, encarnado em nosso sofrimento, nos ama de maneira incrível.

Diante do Crucificado começamos a intuir que Deus, em seu mistério último, é alguém que sofre conosco. Nossa miséria o afeta. Nosso sofrimento o salpica. Não existe um Deus cuja vida transcorre, por assim dizer, à margem de nossas penas, lágrimas e desgraças. Ele está em todos os Calvários de nosso mundo.

Este "Deus crucificado" não permite uma fé frívola e egoísta num Deus posto a serviço de nossos caprichos e pretensões. Este Deus nos coloca olhando para o sofrimento e o abandono de tantas vítimas da injustiça e das desgraças. Com este Deus nos encontramos quando nos aproximamos de qualquer crucificado.

Nós cristãos continuamos dando todo tipo de rodeios para não topar com o "Deus crucificado". Aprendemos, inclusive, a levantar nosso olhar para a cruz do Senhor, desviando-o dos crucificados que estão diante de nossos olhos. No entanto, a maneira mais autêntica de celebrar a paixão do Senhor é reavivar nossa compaixão para com os que sofrem. Sem isto, dilui-se nossa fé no "Deus crucificado" e abre-se a porta a todo tipo de manipulações.

## DEUS NÃO É UM SÁDICO

Não são poucos os cristãos que entendem a morte de Jesus na cruz como uma espécie de "negociação" entre Deus Pai e seu Filho. Segundo esta maneira de entender a crucifixão, o Pai, justamente ofendido pelo pecado dos seres humanos, exige para salvá-los uma reparação, que o Filho lhe oferece entregando sua vida por nós.

Se fosse assim, as consequências seriam gravíssimas. A imagem de Deus Pai ficaria radicalmente pervertida, porque Deus seria um ser justiceiro, incapaz de perdoar gratuitamente; uma espécie de credor implacável, que não pode salvar-nos se não for saldada previamente a dívida contraída com Ele. Seria difícil evitar a ideia de um Deus "sádico", que encontra no sofrimento e no sangue um "prazer especial", algo que lhe agrada de maneira particular e o leva a mudar de atitude para com suas criaturas.

Esta maneira de apresentar a cruz de Cristo exige uma profunda revisão. Na fé dos primeiros cristãos, Deus não aparece como alguém que exige previamente sangue para que sua honra fique satisfeita, e Ele possa assim perdoar. Pelo contrário, Deus envia seu Filho somente por amor e oferece a salvação quando ainda éramos pecadores. Jesus, por sua vez, não aparece nunca procurando influir sobre o Pai com seu sofrimento, a fim de compensá-lo e assim obter dele uma atitude mais benévola para com a humanidade.

Então, quem quis a cruz e por quê? Certamente não o Pai, que não quer que se cometa crime algum, e menos ainda contra seu Filho amado, e sim os seres humanos, que rejeitam Jesus e não aceitam que Ele introduza no mundo um reinado de justiça, de verdade e de fraternidade. O que o Pai quer não é que matem seu Filho, mas que seu Filho viva seu amor ao ser humano até às últimas consequências.

Deus não pode evitar a crucifixão, porque para isso deveria destruir a liberdade dos seres humanos e negar-se a si mesmo como Amor. O Pai não quer o sofrimento e o sangue, mas não se detém nem sequer diante da tragédia da cruz e aceita o sacrifício de seu Filho querido unicamente por amor insondável para conosco. Assim é Deus.

### MORREU COMO HAVIA VIVIDO

Como viveu Jesus suas últimas horas? Qual foi sua atitude no momento da execução? Os evangelhos não se detêm a analisar seus sentimentos. Simplesmente lembram que Jesus morreu como havia vivido. Lucas, por exemplo, quis destacar a bondade de Jesus até o final, sua proximidade aos que sofrem e sua capacidade de perdoar. De acordo com seu relato, Jesus morreu amando.

No meio da multidão que observa a passagem dos condenados a caminho da cruz, algumas mulheres se aproximam de Jesus chorando. Não podem vê-lo sofrer assim. Jesus "volta-se para elas" e as olha com a mesma ternura com que as havia olhado sempre: "Não choreis por mim, chorai por vós e por vossos filhos". Assim caminha Jesus para a cruz: pensando mais naquelas pobres mães do que em seu próprio sofrimento.

Faltam poucas horas para o final. Da cruz só se ouvem os insultos de alguns e os gritos de dor dos justiçados. De repente, um deles se dirige a Jesus: "Lembra-te de mim". A resposta de Jesus é imediata: "Asseguro-te: hoje estarás comigo no paraíso". Ele sempre fez a mesma coisa: suprimir medos, infundir confiança em Deus, transmitir esperança. E continua fazendo isso até o final.

O momento da crucifixão é inesquecível. Enquanto os soldados o vão pregando no madeiro, Jesus diz: "Pai, perdoai-lhes, porque não sabem o que estão fazendo". Assim é Jesus. Assim viveu sempre: oferecendo aos pecadores o perdão do Pai, mesmo que não o mereçam. De acordo com Lucas, Jesus morre pedindo ao Pai que continue abençoando os que o crucificam, que continue oferecendo seu amor, seu perdão e sua paz a todos, inclusive aos que o estão matando.

Não é estranho que Paulo de Tarso convide os cristãos de Corinto a descobrir o mistério que se encerra no Crucificado: "Em Cristo Deus não está levando em conta as transgressões dos seres humanos, mas reconciliando o mundo consigo". Assim está Deus na cruz: não nos acusando de nossos pecados, mas oferecendo-nos seu perdão.

## COM OS CRUCIFICADOS

O mundo está cheio de igrejas cristãs presididas pela imagem do Crucificado, e está cheio também de pessoas que sofrem, crucificadas pela desgraça, pelas injustiças e pelo esquecimento: doentes privados de cuidado, mulheres maltratadas, anciãos ignorados, meninos e meninas violentados, emigrantes sem documentos nem futuro. E gente, muita gente afundada na fome e na miséria no mundo inteiro.

É difícil imaginar um símbolo mais carregado de esperança do que essa cruz plantada pelos cristãos em toda parte: "memória" comovente de um Deus crucificado e lembrança permanente de sua identificação com todos os inocentes que sofrem de maneira injusta em nosso mundo.

Essa cruz, erguida entre as nossas cruzes, nos lembra que Deus sofre conosco. Deus se condói da fome das crianças de Calcutá, sofre com os assassinados e torturados do Iraque, chora com as mulheres maltratadas diariamente em seu lar. Não sabemos explicar a raiz última de tanto mal. E, mesmo que o soubéssemos, não nos adiantaria muito. Só sabemos que Deus sofre conosco. Não estamos sós.

Mas os símbolos mais sublimes podem ficar pervertidos se não recuperarmos sempre de novo seu verdadeiro conteúdo. O que significa a imagem do Crucificado, tão presente entre nós, se não vemos marcados em seu rosto o sofrimento, a solidão, a tortura e a desolação de tantos filhos e filhas de Deus?

Que sentido tem trazer uma cruz sobre nosso peito se não sabemos carregar a mais pequena cruz de tantas pessoas que sofrem junto a nós? O que significam nossos beijos no crucificado se não despertam em nós o carinho, a acolhida e a aproximação aos que vivem crucificados?

O Crucificado desmascara como ninguém nossas mentiras e covardias. A partir do silêncio da cruz, Ele é o juiz firme e manso do aburguesamento de nossa fé, de nossa acomodação ao bem-estar e de nossa indiferença diante dos que sofrem. Para adorar o mistério de um Deus crucificado não basta celebrar a Semana Santa; é necessário, além disso, aproximar-nos mais dos crucificados, semana após semana.

# 43
## ZOMBAR OU INVOCAR

*Naquele tempo as autoridades e o povo escarneciam de Jesus, dizendo:*
*– Salvou a outros; salve-se a si mesmo, se é o Messias de Deus, o Eleito.*
*Zombavam dele também os soldados, oferecendo-lhe vinagre e dizendo:*
*– Se és o rei dos judeus, salva-te a ti mesmo.*
*Acima dele havia um letreiro em grego, latim e hebraico: "Este é o rei dos judeus".*
*Um dos malfeitores crucificados o insultava dizendo:*
*– Não és o Messias? Salva-te a ti mesmo e a nós.*
*Mas o outro o repreendia:*
*– Nem sequer tu, que estás sofrendo o mesmo suplício, temes a Deus? O nosso sofrimento é justo, porque recebemos o pagamento pelo que fizemos; este, porém, não fez mal nenhum.*
*E dizia:*
*– Jesus, lembra-te de mim quando chegares ao teu reino.*
*Jesus lhe respondeu:*
*– Asseguro-te: hoje estarás comigo no paraíso (Lc 23,35-43).*

### ZOMBAR OU INVOCAR?

Lucas descreve com acentos trágicos a agonia de Jesus no meio de zombarias e brincadeiras dos que o cercavam. Ninguém parece entender sua entrega. Ninguém captou seu amor aos últimos. Ninguém viu em seu rosto o olhar compassivo de Deus para o ser humano.

A certa distância, as "autoridades" religiosas e o "povo" zombam de Jesus, "fazendo caretas": "Salvou a outros; salve-se a si mesmo, se é o Messias". Os soldados de Pilatos, ao vê-lo sedento, lhe oferecem vinho avinagrado, muito popular entre eles, enquanto se riem dele: "Se és o rei dos judeus, salva-te a ti mesmo". A mesma coisa lhe diz um dos delinquentes, crucificado com Ele: "Não és o Messias? Pois salva-te a ti mesmo".

Lucas chega a repetir três vezes a zombaria: "Salva-te a ti mesmo". Que "Messias" pode ser este, se não tem poder para salvar-se? Que tipo de "Rei" pode ser? Como irá salvar seu povo da opressão de Roma, se não pode escapar dos quatro soldados que vigiam sua agonia? Como irá Deus estar de seu lado, se não intervém para libertá-lo?

De repente, no meio de tanta zombaria, uma invocação: "Jesus, lembra-te de mim quando chegares ao teu reino". É o outro delinquente, que reconhece a inocência de Jesus, confessa sua culpa e, cheio de confiança no perdão de Deus, só pede a Jesus que se lembre dele. Jesus lhe responde imediatamente: "Hoje estarás comigo no paraíso". Agora estão os dois agonizando, unidos no desamparo e na impotência. Mas hoje mesmo estarão os dois juntos desfrutando a vida do Pai.

O que seria de nós, se o Enviado de Deus buscasse sua própria salvação escapando dessa cruz que o une para sempre a todos os crucificados da história? Como poderíamos crer num Deus que nos deixasse mergulhados em nosso pecado e em nossa impotência diante da morte?

Há também hoje os que zombam do Crucificado. Não sabem o que fazem. Não o fariam com Martin Luther King. Estão zombando do homem mais humano que a história nos deu. Qual é a postura mais digna diante desse Crucificado, encarnação suprema da proximidade de Deus ao sofrimento do mundo: zombar dele ou invocá-lo?

350

## MÁRTIR FIEL

Nós cristãos atribuímos ao Crucificado diversos nomes: "redentor", "salvador", "rei", "libertador". Podemos aproximar-nos dele agradecidos: Ele nos resgatou da perdição. Podemos contemplá-lo comovidos: ninguém nos amou assim. Podemos abraçá-lo para encontrar forças no meio de nossos sofrimentos e dores.

Entre os primeiros cristãos Ele era chamado também "mártir", ou seja, "testemunha". Um escrito chamado Apocalipse, redigido por volta do ano 95, vê no Crucificado o "mártir fiel", a "testemunha fiel". Da cruz, Jesus se nos apresenta como testemunha fiel do amor de Deus e também de uma existência identificada com os últimos. Não devemos esquecer-nos disso.

Ele se identificou tanto com as vítimas inocentes que terminou como elas. Sua palavra incomodava. Tinha ido longe demais ao falar de Deus e de sua justiça. Nem o Império nem o templo podiam consentir nisso. Era preciso eliminá-lo. Antes que Paulo começasse a elaborar sua teologia da cruz, entre os pobres da Galileia vivia-se talvez esta convicção: "Ele morreu por nós", "por defender-nos até o fim", "por atrever-se a falar de Deus como defensor dos últimos".

Ao olhar para o Crucificado deveríamos recordar instintivamente a dor e a humilhação de tantas vítimas desconhecidas que, ao longo da história, sofreram, sofrem e sofrerão, esquecidas por quase todos. Seria uma zombaria beijar o Crucificado, invocá-lo ou adorá-lo enquanto vivemos indiferentes a todo sofrimento que não seja o nosso.

O crucifixo está desaparecendo de nossos lares e instituições, mas os crucificados continuam ali. Podemos vê-los todos os dias em qualquer telejornal. Precisamos aprender a venerar o crucificado não num pequeno crucifixo, mas nas vítimas inocentes da fome e das guerras, nas mulheres assassinadas por companheiros, nos que se afogam quando suas balsas afundam.

Confessar o Crucificado não é apenas fazer grandes profissões de fé. A melhor maneira de aceitá-lo como Senhor e Redentor é imitá-lo, vivendo identificados com os que sofrem injustamente.

## CARREGAR A CRUZ

O relato da crucificação nos lembra a nós, seguidores de Jesus, que seu reino não é um reino de glória e de poder, mas de serviço, amor e entrega total para resgatar o ser humano do mal, do pecado e da morte.

Habituados a proclamar a "vitória da cruz", corremos o risco de esquecer que o Crucificado nada tem a ver com um falso triunfalismo que esvazia de conteúdo o gesto mais sublime de serviço humilde de Deus às suas criaturas. A cruz não é uma espécie de troféu que mostramos aos outros com orgulho, mas o símbolo do Amor crucificado de Deus, que nos convida a seguir seu exemplo.

Cantamos, adoramos e beijamos a cruz de Cristo porque, no mais profundo de nosso ser, sentimos a necessidade de dar graças a Deus por seu amor insondável, mas sem esquecer que a primeira coisa que Jesus nos pede insistentemente não é beijar a cruz, mas carregá-la. E isto consiste simplesmente em seguir seus passos de maneira responsável e comprometida, sabendo que esse caminho nos levará, mais cedo ou mais tarde, a compartilhar seu destino doloroso.

Não nos é permitido aproximar-nos do mistério da cruz de maneira passiva, sem intenção alguma de carregá-la. Por isso, precisamos tomar muito cuidado com certas celebrações que podem criar em torno da cruz uma atmosfera atraente, mas perigosa, se nos distraírem do seguimento fiel ao Crucificado, levando-nos a viver a ilusão de um cristianismo sem cruz. É precisamente ao beijar a cruz que precisamos escutar o chamado de Jesus: "Se alguém vier atrás de mim... carregue sua cruz e me siga".

Para nós, seguidores de Jesus, reivindicar a cruz é aproximar-nos prestativamente dos crucificados, introduzir justiça onde se abusa dos indefesos, reclamar compaixão onde só existe indiferença diante dos que sofrem. Isto nos trará conflitos, rejeição e sofrimento. Será nossa maneira humilde de carregar a cruz de Cristo.

O teólogo católico Johann Baptist Metz vem insistindo no perigo de que a imagem do Crucificado esteja ocultando de nós o rosto dos que vivem hoje crucificados. No cristianismo dos países do bem-estar está ocorrendo, de acordo com ele, um fenômeno muito grave: "A cruz já não intranquiliza ninguém, não tem nenhum aguilhão; perdeu a tensão do seguimento de Jesus, não chama a nenhuma responsabilidade, mas exonera dela".

Não precisamos todos nós rever qual é a nossa verdadeira atitude diante do Crucificado? Não precisamos aproximar-nos dele de maneira mais responsável e comprometida?

## LEMBRA-TE DE MIM

Estatísticas realizadas em diversos países da Europa mostram que só uns 40% das pessoas creem hoje na vida eterna e que, além disso, para muitas delas, esta fé já não tem nenhuma força ou significado em sua vida diária.

O mais surpreendente nestas estatísticas é algo que pude comprovar também entre nós em mais de uma ocasião. Não são poucos os que dizem crer em Deus e ao mesmo tempo pensam que não existe nada além da morte.

No entanto, crer na vida eterna não é uma arbitrariedade de alguns cristãos, mas a consequência da fé num Deus que se preocupa com a felicidade total do ser humano. Um Deus que, do mais profundo de seu ser divino, busca o bem final de toda a criação.

Antes de mais nada, precisamos recordar que a morte é o acontecimento mais trágico e brutal que nos espera a todos. É inútil querer esquecer isto. A morte está aí, cada dia mais próxima. Uma morte absurda e obscura que nos impede de ver em que terminarão nossos desejos, lutas e aspirações: Acaba tudo ali? Começa precisamente ali a verdadeira vida?

Ninguém tem dados científicos para dizer nada com segurança. O ateu "crê" que não existe nada depois da morte, mas não tem provas científicas para demonstrá-lo. O crente "crê" que nos espera uma vida nova, mas tampouco tem prova científica alguma. Diante do mistério da morte, todos nós somos seres radicalmente ignorantes e impotentes.

A esperança dos cristãos brota da confiança total no Deus de Jesus Cristo. Toda a mensagem e o conteúdo da vida de Jesus, morto violentamente pelos homens, mas ressuscitado por Deus para a vida eterna, nos levam a esta convicção: "A morte não tem a última palavra. Existe um Deus empenhado em que seus filhos e filhas conheçam a felicidade total por cima de tudo, inclusive por cima da morte. Podemos confiar nele".

Diante da morte, o crente se sente indefeso e vulnerável como qualquer outro; como se sentiu, por outro lado, o próprio Jesus. Mas há algo que, do fundo de seu ser, o convida a confiar em Deus para além da morte e a pronunciar as mesmas palavras de Jesus: "Pai, em tuas mãos entrego minha vida". É este o núcleo essencial da fé cristã: deixar-nos amar por Deus até à vida eterna, abrir-nos confiantemente ao mistério da morte, esperando tudo de seu amor criador.

É precisamente esta a oração do malfeitor crucificado junto com Jesus. No momento de morrer, aquele homem não encontra nada melhor do que confiar-se inteiramente a Deus e a Cristo: "Jesus, lembra-te de mim quando chegares ao teu reino". E ouve essa promessa que tanto consola o crente: "Asseguro-te: hoje estarás comigo no paraíso".

## UMA ESPERANÇA SECRETA

Todos nós sabemos desde muito cedo que precisamos morrer. Mas vivemos como se a morte não fosse conosco. Parece-nos natural que os outros morram, inclusive aqueles seres queridos cujo desaparecimento nos doerá profundamente. Mas nos custa "imaginar" que também nós morreremos. Não negamos com nossa cabeça que algum dia longínquo e incerto isso acontecerá. É outra coisa. O prestigioso psiquiatra Carlos Castilla del Pino diz que se trata de uma singular "negação" emocional, que nos permite viver e projetar o futuro como se, de fato, não fôssemos morrer nunca.

No entanto, o desenvolvimento da medicina moderna está provocando cada vez mais situações de pessoas que se veem obrigadas a viver a experiência de saber que, num prazo mais ou menos breve, irão viver sua própria morte. Qualquer um de nós pode sofrer hoje uma intervenção "com risco de vida" ou ver-se submetido aos tratamentos de uma doença terminal.

As reações podem ser diversas. É normal que, de imediato, desperte o medo. A pessoa se sente "presa numa armadilha". Impotente diante de um mal que pode acabar com sua vida. Depois começam a brotar perguntas inquietantes: Irei morrer já? Quando e como será? O que sentirei nesses momentos? O que acontecerá depois? Acabará tudo com a morte? Será verdade que me encontrarei com Deus?

Estas perguntas, formuladas a partir de uma atitude de angústia reprimida ou repetidas sempre de novo no íntimo de si mesmo, não fazem bem. A postura deve ser outra. É o momento de viver mais intensamente do que nunca o dom de cada dia. É agora que se pode viver com mais verdade e também com mais amor. Sem perder a confiança em Deus, comunicando-nos com a pessoa amiga, colaborando com os médicos para viver com dignidade e sem sofrer muito.

O doutor Reil, eminente médico do século passado, dizia que "os doentes incuráveis perdem a vida, mas não a esperança". É este o grande desafio do incurável: não perder a esperança. Mas, esperança em quê? Esperança em quem? Ouvi o professor Laín Entralgo falar dessa "esperança genuína" que, de acordo com os estudos do médico de Heidelberg H. Plügge, habita na pessoa colocada diante da morte e que ocorre inclusive em quem não professa nenhuma religião. Uma esperança secreta que não se orienta para este mundo nem para as coisas desta vida, mas tende para algo indeterminado e aponta para a vida como aspiração firme e segura do ser humano.

O incurável crente confia todo este anseio de vida nas mãos de Deus. Todo o resto se torna secundário. Não importam os erros do passado, a infidelidade ou a vida medíocre. Agora só conta a bondade e a força salvadora de Deus. Por isso, de seu coração brota uma oração semelhante à do malfeitor moribundo na cruz: "Jesus, lembra-te de mim quando chegares ao teu reino". Uma oração que é invocação confiante, petição de perdão e, sobretudo, ato de fé viva num Deus salvador.

# 44

## Os discípulos de Emaús

*Naquele mesmo dia, o primeiro da semana, dois discípulos de Jesus estavam a caminho de uma aldeia chamada Emaús, distante cerca de doze quilômetros de Jerusalém. Iam comentando tudo o que havia acontecido. Enquanto conversavam e discutiam, Jesus em pessoa aproximou-se e se pôs a caminhar com eles. Mas seus olhos não eram capazes de reconhecê-lo. Ele lhes disse:*

*– Que conversa é essa que tendes enquanto caminhais?*

*Eles pararam pesarosos. E um deles, chamado Cléofas, lhe respondeu:*

*– Por acaso és o único forasteiro em Jerusalém que não sabes o que aconteceu ali nestes dias?*

*Ele lhes perguntou:*

*– O que foi?*

*Eles responderam:*

*– A respeito de Jesus de Nazaré, que foi profeta poderoso em obras e palavras diante de Deus e de todo o povo. Os sumos sacerdotes e os nossos chefes o entregaram para ser condenado à morte e o crucificaram. Nós esperávamos que Ele fosse o futuro libertador de Israel. E já faz dois dias que isto aconteceu. É verdade que algumas mulheres do nosso grupo nos assustaram, porque foram de manhã bem cedo ao sepulcro e não encontraram seu corpo, e inclusive voltaram dizendo que haviam visto uma aparição de anjos, que lhes disseram que ele estava vivo. Alguns dos nossos foram também ao sepulcro e encontraram as coisas como as mulheres haviam dito; mas a Ele não viram.*

*Então Jesus lhes disse:*

– *Como sois insensatos e lerdos para crer em tudo o que os profetas anunciaram! Não era necessário que o Messias padecesse isto para entrar em sua glória?*

*E, começando por Moisés e continuando pelos profetas, explicou-lhes o que se referia a Ele em toda a Escritura. Já perto da aldeia para onde iam, Ele fez de conta que ia mais adiante, mas eles o forçaram, dizendo:*

– *Fica conosco, porque é tarde e o dia já está terminando!*

*E Ele entrou para ficar com eles. Sentado à mesa com eles, tomou o pão, pronunciou a bênção, partiu-o e o deu a eles. Então seus olhos se abriram e eles o reconheceram. Mas Ele desapareceu. Eles comentaram entre si:*

– *Não ardia o nosso coração enquanto Ele nos falava pelo caminho e nos explicava as Escrituras?*

*E, levantando-se no mesmo instante, voltaram a Jerusalém, onde encontraram reunidos os Onze com seus companheiros, que diziam:*

– *É verdade, o Senhor ressuscitou e apareceu a Simão.*

*E eles contaram o que lhes havia acontecido pelo caminho e como o reconheceram ao partir o pão (Lc 24,13-35).*

## RECUPERAR A ESPERANÇA

Os relatos pascais nos revelam diversos caminhos para encontrar-nos com o Ressuscitado. O relato de Emaús é, talvez, o mais significativo e, sem dúvida, o mais extraordinário.

A situação dos discípulos está bem descrita desde o começo e reflete um estado de ânimo no qual podemos encontrar-nos também nós hoje. Os discípulos têm aparentemente tudo o que é necessário para crer. Conhecem os escritos do Antigo Testamento, a mensagem de Jesus, sua atuação e sua morte na cruz. Ouviram também a mensagem da ressurreição. As mulheres lhes comunicaram sua experiência e lhes anunciaram que Ele "está vivo". Tudo é inútil. Eles continuam seu caminho, envoltos em tristeza e desânimo. Todas as esperanças postas em Jesus desvaneceram-se com o fracasso da cruz.

O evangelista vai sugerir dois caminhos para recuperar a fé viva no Ressuscitado. O primeiro é a escuta da Palavra de Jesus. Aqueles discípulos continuam, apesar de tudo, pensando em Jesus, falando dele, perguntando por Ele. E é precisamente nesse momento que o Ressuscitado se faz presente em sua caminhada. Onde alguns homens e mulheres recordam Jesus e se perguntam pelo significado de sua mensagem e de sua pessoa, ali está Ele, embora eles sejam incapazes de reconhecer sua presença.

Não esperemos grandes prodígios. Se alguma vez, ao ouvir o Evangelho de Jesus e recordar suas palavras, sentimos "arder o nosso coração", não esqueçamos que Ele caminha conosco.

O evangelista nos recorda uma segunda experiência. É o gesto da Eucaristia. Os discípulos retêm o caminhante desconhecido para cearem juntos na aldeia de Emaús. O gesto é simples, mas íntimo. Uns caminhantes cansados da viagem sentam-se para compartilhar a mesma mesa. Aceitam-se como amigos e descansam juntos das fadigas de uma longa caminhada. É nesse momento que "se abrem os olhos" dos discípulos e eles descobrem Jesus como alguém que alimenta sua vida, os sustenta no cansaço e os fortalece para o caminho.

Se alguma vez, por pequena que seja nossa experiência, ao celebrar a Eucaristia nos sentimos fortalecidos em nosso caminho e animados para continuar nosso viver diário, não esqueçamos que é Jesus quem está alimentando nossa vida e nossa fé.

## DUAS EXPERIÊNCIAS-CHAVE

Com o passar dos anos, foi-se colocando espontaneamente nas comunidades cristãs um problema muito real. Pedro, Maria Madalena e os outros discípulos haviam vivido experiências muito "especiais" de encontro com Jesus vivo depois de sua morte. Experiências que os levaram a "crer" em Jesus ressuscitado. Mas os que se aproximaram mais tarde do grupo dos seguidores, como podiam despertar e alimentar essa mesma fé?

Este é também hoje o nosso problema. Nós não vivemos o encontro com o Ressuscitado que os primeiros discípulos viveram. Com que experiências podemos nós contar? É isto que o relato dos discípulos de Emaús expõe.

Os dois caminham para casa, tristes e desolados. Sua fé em Jesus apagou-se. Já não esperam nada dele. Foi tudo uma ilusão. Jesus, que os segue sem fazer-se notar, alcança-os e caminha com eles. Lucas expõe assim a situação: "Jesus se pôs a caminhar com eles. Mas seus olhos não eram capazes de reconhecê-lo". O que podem fazer para experimentar sua presença viva junto a eles?

O importante é que estes discípulos não esquecem Jesus, "conversam e discutem" sobre Ele, lembram suas "palavras" e seus "feitos" de grande profeta, deixam que aquele desconhecido lhes vá explicando o que ocorreu. Seus olhos não se abrem imediatamente, mas "seu coração começa a arder".

É a primeira coisa de que necessitamos em nossas comunidades: recordar Jesus, aprofundar-nos em sua mensagem e em sua atuação, meditar em sua crucificação... Se, em algum momento, Jesus nos comove, se suas palavras chegam a penetrar em nós e se o nosso coração começa a arder, é sinal de que nossa fé está despertando.

Mas isto não basta. De acordo com Lucas, é necessária a experiência da ceia eucarística. Embora ainda não saibam quem Ele é, os dois caminhantes sentem necessidade de Jesus. Sua companhia lhes faz bem. Não querem que Ele os deixe: "Fica conosco". Lucas o realça com prazer: "Jesus entrou para ficar com eles". Na ceia seus olhos se lhes abrem.

São estas as duas experiências-chave: sentir arder o nosso coração ao recordar a mensagem de Jesus, sua atuação e sua vida inteira; sentir que, ao celebrar a Eucaristia, sua pessoa nos alimenta, nos fortalece e nos consola. Assim cresce na Igreja a fé no Ressuscitado.

## CONTATO PESSOAL COM JESUS

A caminho de Emaús, dois discípulos caminham com ar triste. Não têm meta nem objetivo. Sua esperança apagou-se. Jesus desapareceu de suas vidas. Falam e discutem sobre Ele, mas, quando Jesus se aproxima deles cheio de vida, seus olhos "não são capazes de reconhecê-lo".

Jesus os havia imaginado de outra maneira ao enviá-los dois a dois: cheios de vida, transmitindo paz em cada casa, aliviando o sofrimento, curando a vida e anunciando a todos que Deus está próximo e se preocupa conosco.

Aparentemente, estes discípulos têm o necessário para manter viva a fé, mas algo morreu dentro deles. Conhecem as Escrituras sagradas: mas isso não lhes serve de nada. Ouviram o Evangelho na Galileia: mas tudo lhes parece agora uma ilusão do passado. Chegou até eles o anúncio de que Jesus está vivo: mas isso é coisa de mulheres, quem pode acreditar em algo semelhante? Estes discípulos têm tudo e não têm nada. Falta-lhes a única coisa que pode fazer "arder" seu coração: o contato pessoal com Jesus vivo.

Não será este o nosso problema? Por que tanta mediocridade e desencanto entre nós? Por que tanta indiferença e rotina? Prega-se sempre de novo a doutrina cristã, escrevem-se excelentes encíclicas e cartas pastorais, publicam-se estudos eruditos sobre Jesus. Não faltam palavras e celebrações. Talvez nos falte uma experiência mais viva de alguém que não pode ser substituído por nada nem por ninguém: Jesus Cristo, o Vivente.

Não basta celebrar missas nem ler textos bíblicos de qualquer maneira. O relato de Emaús fala de duas experiências básicas. Os discípulos não leem um texto, ouvem a voz inconfundível de Jesus, que faz arder seu coração. Não celebram uma liturgia, sentam-se como amigos à mesma mesa e descobrem juntos que é o próprio Jesus quem os alimenta.

Para que continuar fazendo coisas de uma maneira que não nos transforma? Não precisamos, antes de mais nada, de um contato mais real com Jesus? De uma nova simplicidade? De uma fé diferente? Não precisamos aprender a viver tudo com mais verdade e a partir de uma dimensão nova? Se Jesus desaparece de nosso coração, todo o resto é inútil.

## LEMBRAR-SE MAIS DE JESUS

O relato dos discípulos de Emaús nos descreve a experiência vivida por dois seguidores de Jesus enquanto caminham de Jerusalém para a pequena aldeia de Emaús, a cerca de doze quilômetros de distância da capital. O narrador o faz com tal maestria que nos ajuda a reavivar também hoje nossa fé em Cristo ressuscitado.

Dois discípulos de Jesus se afastam de Jerusalém, abandonando o grupo de seguidores que fora se formando em torno dele. Morto Jesus, o grupo vai se desfazendo. Sem Ele não tem sentido continuar reunidos. O sonho se desvaneceu. Ao morrer Jesus, morre também a esperança que Ele havia despertado em seu coração. Não está acontecendo algo disto em nossas comunidades? Não estamos deixando morrer a fé em Jesus?

No entanto, estes discípulos continuam falando de Jesus. Não conseguem esquecê-lo. Comentam o que aconteceu. Procuram descobrir algum sentido para o que viveram junto com Ele. "Enquanto conversam, Jesus se aproxima e se põe a caminhar com eles". É o primeiro gesto do Ressuscitado. Os discípulos não são capazes de reconhecê-lo, mas Jesus já está presente, caminhando com eles. Não caminha Jesus hoje veladamente junto a tantos crentes que abandonam a Igreja, mas continuam a recordá-lo?

A intenção do narrador é clara: Jesus se aproxima quando os discípulos o recordam e falam dele. Torna-se presente ali onde se comenta seu Evangelho, onde há interesse por sua mensagem, onde se conversa sobre seu estilo de vida e seu projeto. Não está Jesus tão ausente entre nós porque falamos pouco dele?

Jesus está interessado em conversar com eles: "Que conversa é essa que tendes enquanto caminhais?" Ele não se impõe revelando-lhes sua identidade. Pede-lhes que continuem contando sua experiência. Conversando com Jesus, eles irão descobrindo sua cegueira. Seus olhos se abrirão quando, guiados por sua palavra, fizerem um percurso interior. É assim. Se na Igreja falarmos mais de Jesus e conversarmos mais com Ele, nossa fé reviverá.

Os discípulos lhe falam de suas expectativas e decepções; Jesus os ajuda a aprofundar-se na identidade do Messias crucificado. O coração dos discípulos começa a arder: sentem necessidade de que aquele "desconhecido" fique com eles. Ao celebrar a ceia eucarística, seus olhos se abrem e eles o reconhecem: Jesus está com eles, alimentando sua fé!

Nós cristãos precisamos lembrar-nos mais de Jesus: citar suas palavras, comentar seu estilo de vida, aprofundar-nos em seu projeto. Precisamos abrir mais os olhos de nossa fé e descobri-lo cheio de vida em nossas eucaristias. Jesus não está ausente. Ele caminha conosco.

## Não fugir para Emaús

Não são poucos os que olham hoje a Igreja com pessimismo e desencanto. Não é a Igreja que eles desejariam. Uma Igreja viva e dinâmica, fiel a Jesus Cristo, comprometida deveras em construir uma sociedade mais humana.

Veem-na imóvel e defasada, excessivamente ocupada em defender uma moral obsoleta que já não interessa a muitos, fazendo penosos esforços para recuperar uma credibilidade que parece encontrar-se "em nível baixíssimo". Percebem-na como uma instituição que está aí quase sempre para acusar e condenar, poucas vezes para ajudar e infundir esperança no coração humano. Sentem-na frequentemente triste e entediada, e de alguma maneira intuem – com o escritor francês Georges Bernanos – que "o contrário de um povo cristão é um povo triste".

A tentação fácil é o abandono e a fuga. Alguns já o fizeram há tempo, inclusive de maneira ruidosa: hoje afirmam quase com orgulho que creem em Deus, mas não na Igreja. Outros vão se distanciando dela aos poucos, "na ponta dos pés e sem fazer ruído": sem que quase ninguém perceba, vai se apagando em seu coração o afeto e a adesão de outros tempos.

Sem dúvida, seria um erro alimentar nestes momentos um otimismo ingênuo, pensando que virão tempos melhores. Mais grave ainda seria fechar os olhos e ignorar a mediocridade e o pecado da Igreja. Mas nosso maior pecado seria "fugir para Emaús", abandonar a comunidade e dispersar-nos tomando cada um o seu caminho, mergulhados na decepção e no desencanto.

Precisamos aprender a "lição de Emaús". A solução não está em abandonar a Igreja, mas em restabelecer nossa vinculação com algum grupo cristão, comunidade, movimento ou paróquia onde possamos compartilhar e reavivar nossa esperança em Jesus.

Onde há homens e mulheres que caminham perguntando-se por Ele e aprofundando-se em sua mensagem, ali se torna presente o Ressuscitado. É provável que um dia, ao ouvir o Evangelho, sintam de novo "arder seu coração". Onde há crentes que se encontram para celebrar juntos a Eucaristia, ali está o Ressuscitado alimentando sua vida. É provável que um dia "seus olhos se abram" e o vejam.

Por mais morta que apareça aos nossos olhos, nesta Igreja habita o Ressuscitado. Por isso, também aqui têm sentido os versos de Antonio Machado: "Acreditei que minha lareira estava apagada, revolvi as cinzas... e queimei a mão".

# 45

## TESTEMUNHAS DO RESSUSCITADO

*Naquele tempo os discípulos contavam o que lhes havia acontecido pelo caminho e como reconheceram Jesus ao partir o pão. Enquanto falavam, Jesus apresentou-se no meio deles e lhes disse:*

*– Paz a vós.*

*Cheios de medo por causa da surpresa, acreditavam ver um fantasma. Ele lhes disse:*

*– Por que vos alarmais? Por que surgem dúvidas em vosso coração? Olhai minhas mãos e meus pés: sou eu mesmo. Apalpai-me e vede: um fantasma não tem carne e osso como vedes que eu tenho.*

*Dito isto, mostrou-lhes as mãos e os pés. E como não ainda conseguissem acreditar por causa da alegria, e continuavam atônitos, lhes disse:*

*– Tendes aí alguma coisa para comer?*

*Ofereceram-lhe um pedaço de peixe assado. Ele o tomou e comeu diante deles. E lhes disse:*

*– Isto é o que eu vos dizia enquanto estava convosco: era preciso que se cumprisse tudo o que está escrito a meu respeito na Lei de Moisés e nos Profetas e nos Salmos.*

*Então abriu-lhes a mente para compreenderem as Escrituras. E acrescentou:*

*– Assim estava escrito: o Messias padecerá, ressuscitará dentre os mortos no terceiro dia e, em seu nome, pregar-se-á a conversão e o perdão dos pecados a todos os povos, a começar por Jerusalém. Vós sois testemunhas disto (Lc 24,35-48).*

## CRER POR EXPERIÊNCIA PRÓPRIA

Não é fácil crer em Jesus ressuscitado. Em última instância, é algo que só pode ser captado a partir da fé que o próprio Jesus desperta em nós. Se não experimentarmos nunca por dentro a paz e a alegria que Jesus infunde, é difícil encontrarmos "por fora" provas de sua ressurreição.

Algo disto nos diz Lucas ao nos descrever o encontro de Jesus ressuscitado com o grupo de discípulos. Entre eles há de tudo. Dois discípulos estão contando como o reconheceram ao cear com Ele em Emaús. Pedro diz que Ele lhe apareceu. A maioria não teve ainda nenhuma experiência. Não sabem o que pensar.

Então "Jesus se apresenta no meio deles e lhes diz: 'Paz a vós'". A primeira coisa para despertar a nossa fé em Jesus ressuscitado é poder captar, também hoje, sua presença no meio de nós: fazer circular em nossos grupos, comunidades e paróquias a paz, a alegria e a segurança que dá saber que Ele está vivo, acompanhando-nos de perto nestes tempos nada fáceis para a fé.

O relato de Lucas é muito realista. A presença de Jesus não transforma de maneira mágica os discípulos. Alguns se assustam e "acreditavam estar vendo um fantasma". No íntimo de outros "surgem dúvidas" de todo tipo. Há os que "não chegam ainda a acreditar por causa da alegria". Outros continuam "atônitos".

Assim acontece também hoje. A fé em Cristo ressuscitado não nasce em nós de maneira automática e segura. Ela vai despertando em nosso coração de forma frágil e humilde. No começo é quase só um desejo. Geralmente cresce rodeada de dúvidas e interrogações: É possível que seja verdade algo tão grande?

De acordo com o relato, Jesus fica com eles, come com eles e se dedica a "abrir-lhes a mente" para que possam compreender o que aconteceu. Quer que eles se transformem em "testemunhas", que possam falar a partir de sua experiência e pregar não de qualquer maneira, mas "em seu nome".

Crer no Ressuscitado não é questão de um dia. É um processo que às vezes pode durar anos. O importante é nossa atitude interior. Confiar sempre em Jesus. Reservar-lhe muito mais lugar em cada um de nós e em nossas comunidades cristãs.

## Precisamos de testemunhas

Os relatos evangélicos repetem-no sempre de novo. Encontrar-se com o Ressuscitado é uma experiência que não pode calar. Quem experimentou Jesus cheio de vida sente necessidade de contar isso a outros. Transmite o que vive. Não permanece mudo. Transforma-se em testemunha. Os discípulos de Emaús "contavam o que lhes havia acontecido pelo caminho e como o haviam reconhecido ao partir o pão". Maria de Mágdala deixou de abraçar Jesus, foi para junto dos outros discípulos e lhes disse: "Vi o Senhor". Os onze ouvem invariavelmente o mesmo chamado: "Vós sois testemunhas destas coisas": "como o Pai me enviou, assim eu vos envio"; "proclamai a Boa Notícia a toda a criação".

A força decisiva que o cristianismo tem de comunicar a Boa Notícia contida em Jesus são as testemunhas. Esses crentes que podem falar em primeira pessoa. Os que podem dizer: "É isto que me faz viver nestes momentos". Paulo de Tarso o dizia à sua maneira: "Já não sou eu que vivo. É Cristo que vive em mim".

A testemunha comunica sua própria experiência. Ela não crê "teoricamente" coisas sobre Jesus; ela crê nele porque o sente cheio de vida. Não só afirma que a salvação do ser humano está em Cristo; ela própria se sente sustentada, fortalecida e salva por Ele. Em Jesus vive "algo" que é decisivo em sua vida, algo inconfundível que ela não encontra em nenhum outro lugar.

Sua união com Jesus ressuscitado não é uma ilusão: é algo real que está transformando pouco a pouco sua maneira de ser. Não é uma teoria vaga e etérea: é uma experiência concreta que motiva e impulsiona sua vida. Algo preciso, concreto e vital.

A testemunha comunica o que ela vive. Fala do que lhe aconteceu no caminho. Diz o que viu quando seus olhos se abriram. Oferece sua experiência, não sua sabedoria. Irradia e transmite vida, não doutrina. Não ensina teologia, "faz discípulos" de Jesus.

O mundo de hoje não precisa de mais palavras, teorias e discursos. Precisa de mais vida, esperança, sentido e amor. São necessárias testemunhas, mais que defensores da fé. Crentes que nos possam ensinar a viver de outra maneira, porque eles próprios estão aprendendo a viver de Jesus.

## CRER COM ALEGRIA

Fala-se muito do problema do mal. Diz-se que o mal é "o rochedo do ateísmo" e de fato são muitas as pessoas para as quais é difícil crer que possa existir um Deus bom do qual tenha brotado um mundo no qual o mal tem tanto poder.

As perguntas surgem aos borbotões: Como pode Deus permanecer passivo diante de tantas desgraças físicas e tragédias morais, ou diante da morte cruenta de tantos inocentes? Como pode permanecer mudo diante de tantos crimes e desmandos, cometidos muitas vezes por quem se diz seu amigo?

E, sem dúvida, é difícil obter uma resposta se a pessoa não se encontra com o rosto do "Deus crucificado". Um Deus que, respeitando absolutamente as leis do mundo e a liberdade dos seres humanos, sofre Ele próprio conosco e, a partir desta "solidariedade crucificada", abre nossa existência dolorosa para uma vida definitiva.

Mas não existe só o problema do mal. Há também um "problema do bem". O famoso biólogo francês Jean Rostand, ateu confesso, mas inquieto até à morte, fazia em certa ocasião esta honesta confissão: "O problema não é que haja mal. Ao contrário, o que me causa estranheza é o bem. Que de vez em quando apareça, como diz Schopenhauer, o milagre da ternura... A presença do mal não me surpreende, mas esses pequenos relâmpagos de bondade, esses traços de ternura são para mim um grande problema".

Aquele que só é sensível ao mal e não sabe saborear a alegria do bem que a vida encerra, dificilmente será crente. Só quem é capaz de captar a generosidade, a ternura, a amizade, a beleza, a criatividade e o bem, é capaz de intuir "o mistério do bem" e abrir-se confiantemente ao Criador da vida.

É significativa a observação de Lucas, que nos diz que os discípulos "não conseguiam acreditar, chegavam a crer por causa da alegria". O horizonte que o Cristo ressuscitado lhes abre parece-lhes demasiado grande para crer. Só crerão se aceitarem que o mistério último da vida é algo bom, grande e prazeroso.

Paulo VI, em sua bela exortação *Gaudete in Domino*, convida a aprender a saborear as múltiplas alegrias que o Criador põe em nosso caminho: vida, amor, natureza, silêncio, dever cumprido, serviço aos outros... Isso pode ser o melhor caminho para "ressuscitar" nossa fé. O papa chega a pedir que "as comunidades cristãs se transformem em lugares de otimismo, onde todos os membros se entreguem resolutamente ao discernimento dos aspectos positivos da pessoa e dos acontecimentos".

### COMPANHEIRO DE CAMINHADA

Há muitas maneiras de pôr obstáculos à verdadeira fé. Uma delas é a atitude do fanático, que se agarra a um conjunto de crenças sem nunca deixar-se interrogar por Deus e sem jamais dar ouvidos a alguém que possa questionar sua posição. Sua fé é uma fé fechada, onde falta acolhida e escuta do Mistério e onde sobra arrogância. Esta fé não liberta da rigidez mental nem ajuda a crescer, porque não se alimenta do verdadeiro Deus.

Temos também a posição do cético, que não busca nem se interroga, porque já não espera nada de Deus, nem da vida, nem de si mesmo. Sua fé é uma fé triste e apagada. Falta nela o dinamismo da confiança. Nada vale a pena. Tudo se reduz a simplesmente continuar vivendo.

Temos, além disso, a postura do indiferente, que já não se interessa nem pelo sentido da vida nem pelo mistério da morte. Sua vida é pragmatismo. Só lhe interessa o que pode proporcionar-lhe segurança, dinheiro ou bem-estar. Para ele Deus significa cada vez menos. Na verdade, de que adianta crer nele?

Temos também aquele que se sente proprietário da fé, como se esta consistisse num "capital" recebido no batismo e que está aí, não se sabe muito bem onde, sem que a pessoa precise preocupar-se demais. Esta fé não é fonte de vida, mas "herança" ou "costume" recebido de outros. A pessoa poderia desfazer-se dela quase sem sentir falta.

Temos ainda a fé infantil dos que creem não em Deus, mas naqueles que falam dele. Nunca tiveram a experiência de dialogar sinceramente com Deus, de buscar seu rosto ou de abandonar-se a seu mistério. Basta-lhes crer na hierarquia ou confiar "naqueles que sabem dessas coisas". Sua fé não é experiência pessoal. Falam de Deus "por ouvir dizer".

Em todas estas atitudes falta o mais essencial da fé cristã: o encontro pessoal com Cristo. A experiência de caminhar pela vida acompanhados por alguém vivo, com quem podemos contar e a quem podemos nos confiar. Só Ele nos pode fazer viver, amar e esperar apesar de nossos erros, fracassos e pecados.

De acordo com o relato evangélico, os discípulos de Emaús contavam "o que lhes havia acontecido pelo caminho". Caminhavam tristes e desesperançados, mas algo novo despertou neles ao encontrar-se com um Cristo próximo e cheio de vida. A verdadeira fé sempre nasce do encontro pessoal com Jesus como "companheiro de caminhada".

## COM AS VÍTIMAS

De acordo com os relatos evangélicos, o Ressuscitado se apresenta a seus discípulos com as chagas do Crucificado. Não é um detalhe banal, de interesse secundário, mas uma observação de importante conteúdo teológico. As primeiras tradições cristãs insistem sem exceção num dado que, de modo geral, não costumamos valorizar hoje em sua justa medida: Deus não ressuscitou alguém qualquer: ressuscitou um crucificado.

Dito de maneira mais concreta: ressuscitou alguém que anunciou um Pai que ama os pobres e perdoa os pecadores; alguém que se solidarizou com todas as vítimas; alguém que, ao encontrar-se pessoalmente com a perseguição e a rejeição, manteve até o final sua confiança total em Deus.

A ressurreição de Jesus é, portanto, a ressurreição de uma vítima. Ao ressuscitar Jesus, Deus não só livra um morto da destruição da morte. Além disso, "faz justiça" a uma vítima dos seres humanos. E isto lança uma nova luz sobre o "ser de Deus".

Na ressurreição não só se nos manifesta a onipotência de Deus sobre o poder da morte. Também se nos manifesta o triunfo de sua justiça sobre as injustiças cometidas pelos seres humanos. Por fim e de maneira plena triunfa a justiça sobre a injustiça, a vítima sobre o verdugo.

É esta a grande notícia. Deus se nos revela em Jesus Cristo como o "Deus das vítimas". A ressurreição de Cristo é a "reação" de Deus ao que os seres humanos fizeram com seu Filho. Assim o sublinha a primeira pregação dos discípulos: "Vós o matastes, elevando-o numa cruz... mas Deus o ressuscitou dentre os mortos". Onde nós semeamos morte e destruição, Deus semeia vida e libertação.

Na cruz, Deus ainda guarda silêncio e se cala. Esse silêncio não é manifestação de sua impotência para salvar o Crucificado. É expressão de sua identificação com aquele que sofre. Deus está ali, compartilhando até o final o destino das vítimas. Os que sofrem devem saber que não estão mergulhados na solidão. O próprio Deus está em seu sofrimento.

Na ressurreição, pelo contrário, Deus fala e atua para empregar sua força criadora em favor do Crucificado. A última palavra pertence a Deus. E é uma palavra de amor ressuscitador para com as vítimas. Os que sofrem haverão de saber que seu sofrimento terminará em ressurreição.

A história continua. São muitas as vítimas que continuam sofrendo hoje, maltratadas pela vida ou crucificadas injustamente. O cristão sabe que Deus está nesse sofrimento. Conhece também sua última palavra. Por isso, seu compromisso é claro: defender as vítimas, lutar contra todo poder que mata e desumaniza, esperar a vitória final da justiça de Deus.

# 46

## A BÊNÇÃO DE JESUS

*Naquele tempo Jesus disse a seus discípulos:*

*– Assim estava escrito: o Messias padecerá, ressuscitará dentre os mortos no terceiro dia e, em seu nome, pregar-se-á a conversão e o perdão dos pecados a todos os povos, a começar por Jerusalém. Vós sois testemunhas disto. Eu enviarei sobre vós aquele que meu Pai prometeu; portanto, permanecei na cidade até serdes revestidos da força do alto.*

*Depois os levou para Betânia e, erguendo as mãos, os abençoou. E, enquanto os abençoava, distanciou-se deles e era levado para o céu.*

*Eles voltaram a Jerusalém com grande alegria e estavam sempre no templo, bendizendo a Deus (Lc 24,46-53).*

### O ÚLTIMO GESTO

Jesus era realista. Sabia que não podia transformar de um dia para o outro aquela sociedade onde via tanta gente sofrer. Ele não tem poder político nem religioso para provocar uma mudança revolucionária. Só sua palavra, seus gestos e sua fé imensa no Deus dos que sofrem.

Por isso, gosta tanto de fazer gestos de bondade. "Abraça" as crianças da rua para que não se sintam órfãs. "Toca" os leprosos para que não se vejam excluídos das aldeias. "Acolhe" amigavelmente à sua mesa pecadores e indesejáveis para que não se sintam desprezados.

Não são gestos convencionais. Nascem de sua vontade de fazer um mundo mais amável e solidário, no qual as pessoas se prestem ajuda e cuidado mútuo. Não importa que sejam gestos pequenos. Deus leva em conta até o "copo de água" que damos a quem tem sede.

Jesus gosta, sobretudo, de "abençoar". Abençoa os pequenos e abençoa, sobretudo, os doentes e desventurados. Seu gesto está carregado de fé e de amor. Ele deseja envolver os que mais sofrem com a compaixão, a proteção e a bênção de Deus.

Não causa estranheza que, ao narrar sua despedida, Lucas descreva Jesus erguendo as mãos e "abençoando" seus discípulos. É seu último gesto. Jesus entra no mistério insondável de Deus e seus seguidores ficam envoltos em sua bênção.

Já faz muito tempo que o esquecemos, mas a Igreja deve ser, no meio do mundo, uma fonte de bênção. Num mundo onde é tão frequente "maldizer", condenar, prejudicar e difamar, é mais necessária do que nunca a presença de seguidores de Jesus que saibam "abençoar", buscar o bem, fazer o bem, atrair para o bem.

Uma Igreja fiel a Jesus está chamada a surpreender a sociedade com gestos públicos de bondade, rompendo esquemas e distanciando-se de estratégias, estilos de atuação e linguagens agressivas que nada têm a ver com Jesus, o Profeta que abençoava as pessoas com gestos e palavras de bondade.

## ABENÇOAR

De acordo com o sugestivo relato de Lucas, Jesus volta para seu Pai "abençoando" seus discípulos. É seu último gesto. Jesus deixa atrás de si sua bênção. Os discípulos respondem ao gesto de Jesus indo ao templo cheios de alegria. E estavam ali "bendizendo" a Deus.

A bênção é uma prática arraigada em quase todas as culturas como o melhor desejo que podemos despertar para com os outros. O judaísmo, o islamismo e o cristianismo lhe deram sempre grande importância. E, embora em nossos dias tenha sido reduzida a um ritual quase em desuso, não são poucos os que destacam seu conteúdo profundo e a necessidade de recuperá-la.

Abençoar é, antes de mais nada, desejar o bem às pessoas que encontramos em nosso caminho. Querer o bem de maneira incondicional e sem reservas. Querer a saúde, o bem-estar, a alegria..., tudo o que pode ajudá-las a viver com dignidade. Quanto mais desejamos o bem para todos, mais possível é sua manifestação.

Abençoar é aprender a viver a partir de uma atitude básica de amor à vida e às pessoas. Aquele que abençoa esvazia seu coração de outras atitudes pouco sadias, como a agressividade, o medo, a hostilidade ou a indiferença. Não é possível abençoar e ao mesmo tempo viver condenando, rejeitando, odiando.

Abençoar é desejar a alguém o bem do mais profundo de nosso ser, mesmo que nós não sejamos a fonte da bênção, mas apenas suas testemunhas e portadores. Aquele que abençoa não faz senão evocar, desejar e pedir a presença bondosa do Criador, fonte de todo bem. Por isso, só se pode abençoar numa atitude de agradecimento a Deus.

A bênção faz bem a quem a recebe e a quem a pratica. Quem abençoa os outros abençoa-se a si mesmo. A bênção fica ressoando em seu interior, como prece silenciosa que vai transformando seu coração, tornando-o melhor e mais nobre. Ninguém pode sentir-se bem consigo mesmo enquanto continuar maldizendo o outro no fundo do seu ser. Nós, seguidores de Jesus, somos portadores e testemunhas da bênção de Jesus ao mundo.

## CRESCIMENTO E CRIATIVIDADE

Os evangelhos nos oferecem diversas chaves para entender como as primeiras comunidades cristãs começaram sua caminhada histórica sem a presença de Jesus à frente de seus seguidores. Talvez nem tudo tenha sido tão simples como às vezes imaginamos. Como entenderam e viveram elas sua relação com Jesus depois que Ele desapareceu da terra?

Mateus não diz nenhuma palavra sobre a ascensão de Jesus ao céu. Termina seu evangelho com uma cena de despedida sobre um monte da

Galileia, em que faz aos discípulos esta solene promessa: "Sabei que estou convosco todos os dias até o fim do mundo". Os discípulos não irão sentir sua ausência. Jesus estará sempre com eles. Mas como?

Lucas oferece uma visão diferente. Na cena final de seu evangelho, Jesus "distancia-se, separa-se deles e é levado para o céu". Os discípulos precisam aceitar com todo o realismo a separação: Jesus já vive no mistério de Deus. Mas sobe para o Pai "abençoando" os seus. Seus seguidores começam sua caminhada, animados por aquela bênção com a qual Jesus curava os doentes, perdoava os pecadores e acariciava os pequenos.

O evangelista João põe nos lábios de Jesus algumas palavras que propõem outra chave. Ao despedir-se dos seus, Jesus lhes diz: "Eu vou para o Pai e vós estais tristes... No entanto, é conveniente para vós que eu vá, para que recebais o Espírito Santo". A tristeza dos discípulos é explicável. Desejam a segurança que lhes dá o ter Jesus sempre junto deles. É a tentação de viver de maneira infantil sob a proteção do Mestre.

A resposta de Jesus mostra uma sábia pedagogia. Sua ausência fará crescer a maturidade de seus seguidores. Ele deseja que recebam a marca do seu Espírito. Será este quem, na ausência de Jesus, promoverá o crescimento responsável e adulto dos seus. É bom recordar isto nestes tempos em que parece crescer entre nós o medo da criatividade, a tentação do imobilismo ou a nostalgia de um cristianismo pensado para outros tempos.

Nós cristãos caímos mais de uma vez, ao longo da história, na tentação de viver o seguimento de Jesus de maneira infantil. Precisamos recordar que, terminada a presença histórica de Jesus, vivemos o "tempo do Espírito", tempo de criatividade e de crescimento responsável. O Espírito não nos proporciona a nós, seguidores de Jesus, "receitas eternas". Mas nos dá luz e ânimo para buscar caminhos sempre novos a fim de reproduzir hoje sua atuação. Assim nos conduz para a verdade completa de Jesus.

## ONDE ESTÁ AQUILO QUE PROCURAMOS?

Todos nós procuramos ser felizes, mas nenhum de nós sabe dar uma resposta clara quando lhe perguntam pela felicidade. O que é a felicidade? Em que consiste realmente? Como alcançá-la?

Mais ainda. Todos nós andamos atrás da felicidade, mas será que é possível alcançá-la? Não é buscar o impossível? De fato, as pessoas parecem bastante pessimistas diante da possibilidade de alcançar a felicidade. Os cientistas não falam de felicidade. Tampouco os políticos se atrevem a prometê-la ou a incluí-la em seus programas.

E, no entanto, o ser humano não renuncia à felicidade, precisa dela, continua a buscá-la. O filósofo Fernando Savater diz que a felicidade "é impossível, mas imprescindível". Julián Marías a definia como "o impossível necessário". É este o paradoxo: não podemos ser plenamente felizes e, no entanto, precisamos sê-lo.

Há em nós um anseio profundo de felicidade que, ao que parece, nada nem ninguém pode saciar. A felicidade é sempre "o que nos falta", o que ainda não possuímos. Para ser feliz não basta conseguir o que andávamos procurando. Quando, por fim, conseguimos aquilo que tanto queríamos, logo descobrimos que estamos de novo buscando felicidade.

Esta insatisfação última do ser humano não se deve a fracassos ou decepções concretas. É algo mais profundo. Está no próprio interior do ser humano e nos obriga a fazer-nos perguntas que não têm resposta fácil. Se a felicidade parece sempre "o que nos falta", o que é que realmente nos falta? De que precisamos para ser felizes? O que é que, do fundo de seu ser, está pedindo a humanidade inteira?

Em seu ensaio *Felicidade e salvação*, o teólogo alemão Gisbert Greshake formulou da seguinte maneira a alternativa diante da qual se encontra o ser humano. Ou a felicidade plena é pura ilusão e o ser humano, empenhado em ser plenamente feliz, é algo absurdo e sem sentido. Ou então a felicidade é dom, plenitude de vida que só nos pode chegar como graça a partir daquele que é a fonte da vida.

Diante desta alternativa, o cristão adota uma postura de esperança. É certo que, quando almejamos a felicidade plena, estamos buscando algo que não podemos dar-nos a nós mesmos; mas há uma felicidade última que tem sua origem em Deus e que nós podemos acolher e desfrutar eternamente.

O decisivo é abrir-nos ao mistério da vida com confiança. Escutar até o fim esse anseio de felicidade eterna que se encontra em nós e esperar a salvação como graça que nos é oferecida a partir do mistério último da realidade que é Deus.

## O CÉU COMEÇA NA TERRA

Falar do céu pode parecer a muitos não só escapismo e evasão covarde dos problemas que nos envolvem, mas até um insulto insuportável e uma zombaria. Não é com o céu que nos devemos importar, mas com a terra, a nossa terra.

Provavelmente muitos subscreveriam de alguma forma as palavras apaixonadas de Friedrich Nietzsche: "Eu vos conjuro, meus irmãos, permanecei fiéis à terra e não creiais nos que vos falam de experiências supraterrenas. Conscientemente ou inconscientemente são uns envenenadores... A terra está cansada deles: que vão embora de uma vez!"

Mas, o que é ser fiel a esta terra que clama por uma plenitude e reconciliação totais? O que é ser fiel a esta humanidade que não pode alcançar essa libertação e essa paz que tão ardentemente busca? O que é ser fiel ao ser humano e a toda a sede de felicidade que ele encontra em seu ser?

Nós crentes fomos acusados de ter fixado os olhos no céu e esquecido a terra. Sem dúvida é verdade que uma esperança mal-entendida levou muitos cristãos a abandonar a construção da terra, e inclusive a suspeitar das conquistas humanas nesta vida.

No entanto, a esperança cristã consiste precisamente em buscar e esperar a plenitude total desta terra. Crer no céu é procurar ser fiel a esta terra até o fim, sem defraudar nem desesperar de nenhum anseio ou aspiração verdadeiramente humanos.

A esperança que nos leva a desinteressar-nos dos problemas e sofrimentos desta terra não é esperança cristã. Precisamente porque crê, busca e espera um mundo novo e definitivo, o crente não pode conformar-se com este mundo cheio de lágrimas, sangue, injustiça, mentira e violência.

Quem não faz nada para mudar este mundo não crê em outro melhor. Quem não trabalha para desterrar a violência não crê numa sociedade fraterna. Quem não luta contra a injustiça não crê num mundo mais justo. Quem não trabalha para libertar o ser humano de suas escravidões não crê num mundo novo e feliz. Quem não faz nada para mudar a terra não crê no céu.

# Índice Litúrgico

## Ciclo C (Lucas)

### Advento

1º Domingo. Viver despertos (21,25-28.34-36) – n. 41, p. 333

2º Domingo. Abrir caminhos para Deus (3,1-6) – n. 4, p. 45

3º Domingo. O que podemos fazer? (3,10-18) – n. 5, p. 53

4º Domingo. A alegria de crer (1,39-45) – n. 1, p. 29

### Natal

Natal do Senhor. Nascimento de Jesus (2,1-20) – n. 3, p. 37

Batismo do Senhor. Batismo de Jesus (3,15-16.21-22) – n. 6, p. 61

### Quaresma

1º Domingo. As tentações de Jesus (4,1-13) – n. 7, p. 69

2º Domingo. Escutar Jesus (9,28b-36) – n. 18, p. 155

3º Domingo. Figueira estéril (13,1-9) – n. 27, p. 225

4º Domingo. O Pai bom (15,11-32) – n. 31, p. 256

Domingo de Ramos. Crucificado (23,33-34.44-46) – n. 42, p. 341

### Páscoa

Páscoa (missa vespertina). Os discípulos de Emaús (24,13-35) – n. 44, p. 358

Ascensão do Senhor. A bênção de Jesus (24,46-53) – n. 46, p. 373

## Tempo Comum

3° Domingo. O programa de Jesus (4,14-21) – n. 8, p. 77

4° Domingo. Rejeitado em seu povo (4,21-30) – n. 9, p. 85

5° Domingo. Uma palavra diferente (5,1-11) – n. 10, p. 93

6° Domingo Felicidade não convencional (6,17.20-26) – n. 11, p. 101

7° Domingo. Perdoar (6,27-38) – n. 12, p. 109

8° Domingo. Frutos bons (6,39-45) – n. 13, p. 115

9° Domingo. Fé humilde (7,1-10) – n. 14, p. 123

10° Domingo. Não chores (7,11-17) – n. 15, p. 131

11° Domingo. Não excluir ninguém (7,36–8,3) – n. 16, p. 139

12° Domingo. Quem dizeis que eu sou? (9,18-24) – n. 17, p. 147

13° Domingo. Seguir Jesus (9,51-62) – n. 19, p. 163

14° Domingo. Enviados por Jesus (10,1-12.17-20) – n. 20, p. 171

15° Domingo. Amor compassivo (10,25-37) – n. 21, p. 179

16° Domingo. Só uma coisa é necessária (10,38-42) – n. 22, p. 187

17° Domingo. Pedir, buscar, bater (11,1-13) – n. 23, p. 195

18° Domingo. Insensatez (12,13-21) – n. 24, p. 203

19° Domingo. Viver despertos (12,32-48) – n. 25, p. 211

20° Domingo. Fogo (12,49-53) – n. 26, p. 219

21° Domingo. Porta estreita (13,22-30) – n. 28, p. 233

22° Domingo. Gratuitamente (14,1.7-14) – n. 29, p. 241

23° Domingo. Lucidez (14,25-33) – n. 30, p. 247

24° Domingo. O Pai bom (15,11-32) – n. 31, p. 255

25° Domingo. Deus ou o Dinheiro (16,1-13) – n. 32, p. 263

26° Domingo. Um mendigo chamado Lázaro (16,19-31) – n. 33, p. 271

27° Domingo. Aumenta-nos a fé (17,5-10) – n. 34, p. 279

28° Domingo. Dar graças (17,11-19) – n. 35, p. 287

29° Domingo. Não desanimar (18,1-8) – n. 36, p. 293

30° Domingo. Parábola desconcertante (18,9-14) – n. 37, p. 301

31° Domingo. Na casa de um rico (19,1-10) – n. 38, p. 309

32º Domingo. Deus de vivos (20,27-38) – n. 39, p. 317

33º Domingo. Para tempos difíceis (21,5-19) – n. 40, p. 325

Festa de Cristo Rei. Zombar ou invocar (23,35-43) – n. 43, p. 349

Festa da Imaculada Conceição. Um anúncio prazeroso (1,26-38) – n. 1, p. 21

## Ciclo B

4º Advento. Um anúncio prazeroso (1,26-38) – n.1, p. 21

3º Páscoa. Testemunhas do Ressuscitado (24,35-48) – n. 45, p. 365

## Ciclo A

3º Páscoa. Os discípulos de Emaús (24,13-35) – n.44, p. 357

# ÍNDICE TEMÁTICO

**Agradecimento.** Voltar a Jesus dando graças, 287; Recuperar a gratidão, 288; Agradecer, 290; Vida agradecida, 291.

**Alegria.** Alegra-te, 23; A alegria é possível, 25; Alegria para todo o povo, 40s.

**Amar.** Acompanhar ao vivo, 34s.; Repartir com quem não tem, 55; Atrever-nos-emos a compartilhar?, 56-59; O que devemos fazer?, 58s.; Não esperar nada, 112s.; Questão de amor, 114 ; Acolher o estranho, 127s.; O fogo do amor, 222s.; Desvalorização do amor, 223; Sem esperar nada em troca, 241s.; Amor gratuito, 246; Abençoar, 373-376. Cf. também *Compaixão*.

**Compaixão.** O primeiro olhar, 78-80; Sensíveis à dor, 135; Amor compassivo, 144; Os feridos das valetas, 180s.; Igreja samaritana, 182s.; Faze tu o mesmo, 181; Outra maneira de viver, 183; Sem rodeios, 184s.; Não ignorar aquele que sofre, 273s.; Aproximar-nos, 275; Refugiar-se na compaixão de Deus, 304; Com as vítimas, 370s. Cf. também *Pobres; Sofrimento*.

**Confiança.** Confiança e docilidade, 62; Ninguém está só, 90s.; Não temas, 98s.; Com confiança, ... ; Até quando durará isto?, 293. Cf. também *Esperança*.

Conversão. A voz do deserto, 45; Perguntas, 50s.; O que podemos fazer?, 53; O que devemos fazer?, 58s.; Transformar tudo em pão, 73; Perder ou ganhar, 74s.; Parar, 118s.; O que eu busco?, 215; Vida estéril, 226-228; Nem tudo dá no mesmo, 233; Uma frase dura, 235s.; Rigorismo ou radicalidade, 236; Ídolos privados, 250s.; Parábola para nossos dias, 258s.; O outro filho, 260s. Cf. também *Mudança social*; *Vigilância*.

Conversão da Igreja. Identificar as tentações, 71; Ficaremos sem profetas?, 87s.; Uma Palavra que vem de Deus, 94; Reconhecer nosso pecado, 95; Inverno na Igreja, 167; Igreja samaritana, 182-184; Para que uma Igreja estéril?, 225; A orientação de fundo, 229-231 ; Acolher, escutar, acompanhar, 313; Não fugir para Emaús, 363; Crescimento e criatividade, 375.

Cruz. O que é carregar a cruz?, 251s.

Cruz de Cristo. Escândalo e loucura, 341; O que faz Deus numa cruz?, 343; Deus não é um sádico, 344; Morreu como havia vivido, 345; Com os crucificados, 346s.; Zombar ou invocar?, 349; Mártir fiel, 351s.

Deus. Anúncio surpreendente, 22; Voltar a Belém, 39; Uma noite diferente, 42; Deus encarnado, 43s.; Deus não quer ver-nos chorando, 131-133; Deus não é violento, 168s.; Como Jesus experimenta Deus, 256s.; A melhor metáfora para Deus, 257; A tragédia de um pai bom, 259; Deus não é imparcial, 296; Para inaceitáveis, 306s.; Amigo da vida, 320-322.

Encontro com Deus. Abrir caminhos para Deus, 45-48; Por ouvir dizer, 47; Ir ao essencial, 49; Parar, 118s.; Viver diante do Mistério, 158; A paz de Deus, 176s.; Refugiar-se na compaixão de Deus, 304. Cf. também *Deus*; *Fé*.

Esperança. Alimentar a esperança, 335; Não matar a esperança, 337s.; Por favor, que haja Deus!, 338; Lembra-te de mim, 353; Uma esperança secreta, 354s.; Não fugir para Emaús, 363; Onde está aquilo que buscamos?, 377; O céu começa na terra, 378. Cf. também *Confiança*; *Vigilância*; *Ressurreição dos mortos*.

Espiritualidade. Viver com o Espírito de Jesus, 61; Espiritualidade cristã, 63s.; Uma experiência decisiva, 65; Na mesma direção, 79s.; Mística ou mistificação?, 192s. Cf. também *Fé em Jesus*; *Seguimento de Jesus*.

Eucaristia. Comungar, 126; Recuperar a esperança, 358s.; Duas experiências-chave, 359.

Evangelizar. Portadores do Evangelho, 172s.; Duas instruções de Jesus, 173; Com meio pobres, 174s.; Um destino surpreendente, 175s.; Força para viver, 314s.; Precisamos de testemunhas, 367.

Excluídos. Excluídos do Evangelho, 141; Não afastar ninguém de Jesus, 142s.; Não interessam, 276s.

Fé. Feliz aquele que crê, 31; Crer é outra coisa, 33s.; Para que crer?, ...-... ; Fé humilde, 123; Fé mais viva em Jesus, 279; Aumenta-nos a fé, 279s.; A audácia de crer, 282s.; Crer por experiência própria, 366; Crer com alegria, 368s. Cf. também *Confiança*.

Fé em Jesus. Cremos em Jesus?, 147; Confessar com a vida, 149s.; O que fizemos de Jesus?, 150; O fator decisivo, 152; A quem escutar?, 155; Escutar somente Jesus, 156s.; Onde escutar Jesus?, 160s.; Mestre interior, 191s.; O fogo trazido por Jesus, 219; Oxalá já estivesse ardendo, 220s.; Fé mais viva em Jesus, 279; Voltar a Jesus dando graças, 287; Recuperar a esperança, 358s.; Duas experiências-chave, 359; Contato pessoal com

Jesus, 361s.; Lembrar-se mais de Jesus, 362s.; Crer por experiência própria, 366; Companheiro de caminhada, 369. Cf. também *Seguimento de Jesus*.

Felicidade. Feliz aquele que crê, 31; Felizes os que nós marginalizamos, 101; Que felicidade?, 105; Felicidade ameaçada, 106s.; Lucidez de Jesus, 206s.; O que eu busco?, 215s.; Com dinheiro, mas sem felicidade, 268s.; Onde está aquilo que procuramos?, 377s. Cf. também *Alegria*.

Jesus. Nasceu-nos o Salvador, 38; Tentações, 70s.; Lucidez e fidelidade, 72s.; O programa de Jesus, 77; O primeiro olhar, 78s.; Um dito muito atual, 86; Um olhar diferente, 140; Amor compassivo, 144; Paixão pela vida, 145s.; Duas instruções de Jesus, 173; Lucidez de Jesus, 206s.; Como Jesus experimenta Deus, 256s.; Salvar o que está perdido, 312; O último gesto, 373. Cf. também *Seguimento de Jesus*.

Maria. Modelo da Igreja, 26s.; Traços característicos, 30s.; Feliz aquele que crê, 31.

Mudança social. Quando um povo se equivoca, 89; Diante da sabedoria convencional, 104; Árvores boas, 115; A bondade do coração, 117; A falta de verdade, 119; A cegueira da ciência, 120s.; Renunciar a um poder enganoso, 124s.; Perdidos, 159s.; Algo mais que um sistema, 208s.; Não basta criticar, 230; Que tolerância?, 238s.; Reagir, 305s.

Mulher. Mães crentes, 29; Mulher, não chores, 136s.; Direito de sentar-se, 189.

Oração, Pedir, buscar, bater, 195; Com confiança, 197; Precisamos orar, 198s.; Aprender a orar, 199; "Pai nosso", 200; Orar a partir da dúvida,

283; Para que serve rezar?, 297; Não desanimar, 298; Desconcertante, 301. Cf. também *Encontro com Deus.*

Palavra de Deus. Uma Palavra que vem de Deus, 94; Necessário e urgente, 187; Direito de sentar-se, 189.

Pecado. Reconhecer nosso pecado, 95; Erro nefasto, 96s.; Uma moral sem pecado?, 97; Contra a ilusão de inocência, 302s. Cf. também *Conversão.*

Perdão. Amor ao inimigo, 102; O que é perdoar?, 110s.; O perdão cristão, 111.

Pobres. O primeiro olhar, 78s.; Na mesma direção, 79; Boa notícia para os pobres, 81; Sem escapatória, 82; Acolher o estranho, 127s.; Os feridos das valetas, 180s.; Foi a opção de Jesus, 243s.; Convidar os pobres, 244; Gratuitamente, 245s.; Nós somos o obstáculo, 272; Novo classismo, 274s.; Não interessam, 276s.; O clamor dos que sofrem, 294s.; Deus não é imparcial, 296. Cf. também *Excluídos.*

Religião. Críticas, 128s.; Viver diante do Mistério, 158; Prisioneiros de uma religião burguesa, 227s.; Reconstruir a experiência religiosa, 284s.

Ressurreição de Cristo. Recuperar a esperança, 358s.; Duas experiências-chave, 359; Contato pessoal com Jesus, 361s.; Com as vítimas, 370s.; O último gesto, 373.

Riquezas. Insensatez, 203; Basta de tanta insensatez, 204s.; Lucidez de Jesus, 206; De maneira mais sadia, 207; Algo mais que um sistema, 208s.; Cuidado com o dinheiro, 212s.; Jesus fala aos ricos, 264; A lógica de Jesus, 265; Deus ou o dinheiro, 266s.; Compromisso impossível, 267; Com dinheiro, mas sem felicidade, 268s.; Nós somos o obstáculo, 272; Novo classismo, 274s.; Jesus ama os ricos, 309; A salvação do rico, 311s.

Seguimento de Jesus. Viver com o Espírito de Jesus, 61; Confiança e docilidade, 62; Lucidez e fidelidade, 72s.; Na mesma direção, 79; O medo de ser diferentes, 88s.; Não instalar-se nem olhar para trás, 164; Seguir Jesus, 165; Um cristianismo de seguimento, 166s.; Seguidores lúcidos, 249s.; Carregar a cruz, 352. Cf. também *Jesus*; *Fé em Jesus.*

Sofrimento. Não chores, 131; Deus não quer ver-nos chorando, 132s.; Perder o ente querido, 134s.; O que fazer diante do sofrimento?, 252s.; O clamor dos que sofrem, 294s. Ver também *Compaixão.*

Tentações. Tentações, 69-71; Identificar as tentações, 71; Lucidez e fidelidade, 72s.

Vigilância. Não viver dormindo, 213; Despertar, 214s.; Precisamos deles mais do que nunca, 216s.; Realismo responsável, 247; Seguidores lúcidos, 247-250; Para tempos difíceis, 325-327; Não demonizar a crise, 328s.; Perseverar, 329; Não perder a paciência, 330s.; Permanecei sempre despertos?, 333; O que é viver despertos, 333-355. Cf. também *Esperança.*

Conecte-se conosco:

**f** facebook.com/editoravozes

**◉** @editoravozes

**𝕏** @editora_vozes

**▶** youtube.com/editoravozes

**☎** +55 24 2233-9033

www.vozes.com.br

Conheça nossas lojas:

www.livrariavozes.com.br

Belo Horizonte – Brasília – Campinas – Cuiabá – Curitiba
Fortaleza – Juiz de Fora – Petrópolis – Recife – São Paulo

*Vozes de Bolso*

EDITORA VOZES LTDA.
Rua Frei Luís, 100 – Centro – Cep 25689-900 – Petrópolis, RJ
Tel.: (24) 2233-9000 – E-mail: vendas@vozes.com.br